天皇の歴史 7

明治天皇の大日本帝国

西川　誠

講談社学術文庫

目次

天皇の歴史　7

明治天皇の大日本帝国

地図・図版作成
さくら工芸社

序章　欧化と復古を生きた「大帝」

京都御所御内庭――孝明天皇父子の空間

春と秋、京都御所は一般公開される。西側の宜秋門《ぎしゅうもん》から入り案内に従って進めば、承明門《しょうめいもん》の外から左近の桜と右近の橘がある南庭《なんてい》ごしに紫宸殿《ししんでん》が見える。王朝の眺めである。

御所は、寛政《かんせい》期（一七八九～一八〇一）の建造では平安時代の古式の復興が目指された。紫宸殿や、平安時代には天皇の常の御座所であった清涼殿《せいりょうでん》は、寝殿造りで再興された。ところで清涼殿は中世には儀式が行われるようになったために、天正《てんしょう》十八年（一五九〇）に天皇の常在する殿舎が別に設けられていた。御常御殿《おつねごてん》である。寛政期の復興に当たって、御常御殿は廃止されなかった。古式への復興という理念と生活の便利さという現実とは接近しなかった。そして寛政期の造作が、以後、御所が焼失する度に再興の模範となる。

案内は順路にそって北に小御所《こごしょ》・御学問所と進んで、その御常御殿に至る。これらの殿舎は、畳敷で、天井や襖障子があり、ほぼ書院造りである。御常御殿の東には、水の流れのある御内庭がある。小御所東側の池の周りを回遊する庭園に連なる、室町時代以降の様式の庭である。儀式に用いる白砂の広場の紫宸殿南庭とは、趣が異なる。一般公開ではのぞき見る程度にしか目にすることはできないが、庭に沿って、御常御殿の北に孝明《こうめい》天皇の勉強部屋で

聴雪の「中の間」　聴雪は孝明・明治両天皇が好んだ茶室で、京都御所御内庭の北にあり、内部は３室からなる

数寄屋造りの迎春《こうしゅん》、その北に孝明天皇が好んだ茶室の聴雪《ちょうせつ》がある。聴雪の北には枯山水の庭もあった。御常御殿のスペース、つまり明治天皇が父孝明天皇と共にした空間は、室町時代に発生し江戸時代に完成した和風の空間であった。

明治二十二年（一八八九）二月十一日の憲法発布式は、東京の洋風にしつらえられた宮殿において、洋装の明治天皇と皇后が臨席して行われた。明治天皇とその在り方は、和から大きく洋へ転換した。すなわち近代化であり、明治においてそれは欧化とほぼ同義である。

幕末に生まれて明治を生きた人は、生活環境においても大きく変化した二つの時代を生きた。つまりは、明治天皇もそうした一人であった。

また江戸時代、御所には御《お》黒戸《くろど》と呼ばれる、仏壇と歴代天皇の位牌を納める部屋があった。北朝四代後光厳天皇から孝明天皇まで、葬儀は京都の南東、泉涌寺《せんにゅうじ》で行われていた。維新後、御所内の仏教関係の施設は泉涌寺に移される。宮中の祭祀は、神道に統一される。国学的な復古観にも支えられた尊王論の高まりの後の王政復古であった。神も仏もともに祀るという一般の日本人の宗教意識に近かった天皇は、神道のみへと大きく転換した。

ところで、欧化と日本らしさの追求である復古とは対立しないのであろうか。しなかったとしか言いようがない。時代の必要性が原理的な対立を乗り越えてしまった。そしてそれは今も残っている。平成の皇位継承儀礼では、即位礼を中心に、今上天皇は黄櫨染御袍《こうろぜんのごほう》の束帯《そくたい》を着用し、皇后は五衣《いつつぎぬ》、いわゆる十二単《じゅうにひとえ》を着用した。そして賓客を招いての宴会などでは、天皇は燕尾服、皇后はローブ・デコルテであった。政教分離は問題となっても、この復古と

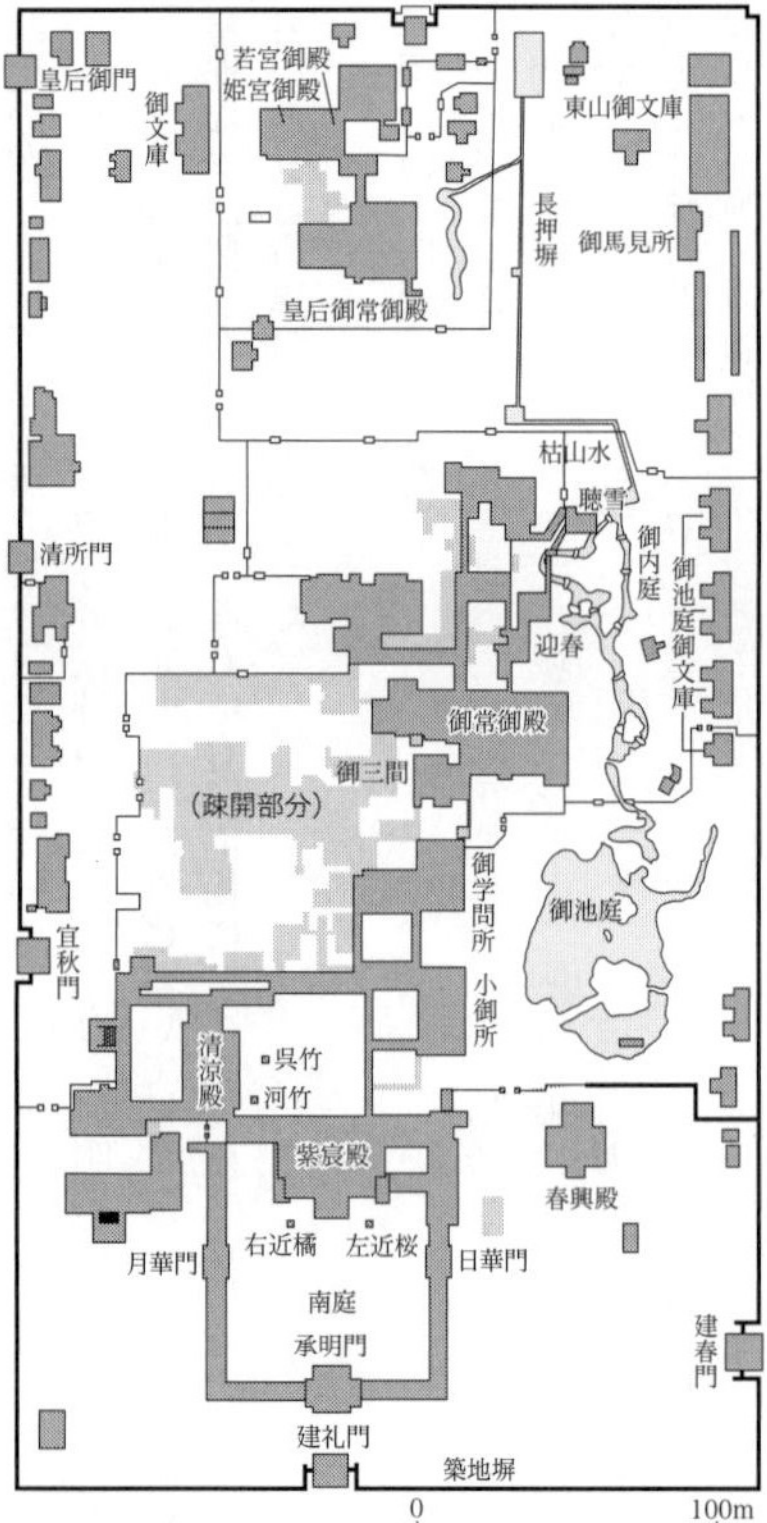

京都御所　現在、一般に公開されているのは、清所門―御常御殿のラインより南側で、清涼殿、小御所、御学問所などの外観を見ることができる。薄いアミの部分には、御台所や武家詰所、能舞台などがあったが、第二次大戦中に、空襲による延焼を防ぐ「建物疎開」のため、取り壊された

欧化の在り方は不思議無く受け入れられている。

わたくしたちは、政治の分野以外の天皇の在り方を、明治に整理された在り方で理解しているといってよい。天皇制を否定しない限りにおいて抵抗無く受け入れられる像は、明治に整理なった在り方であろう。そもそも即位礼における天皇の衣装は、江戸時代までは袞冕《こんべん》ともいわれる唐風の礼服《らいふく》であった。

明治の「伝統」と現在

ところで、欧化、復古と述べたが、事態はもう少し複雑である。

明治二十一年、かつての江戸城跡に落成した明治宮殿は、和風建築でありながら、儀礼の空間は、洋風に装飾されていた。明治末に造られた東宮御所、現在の迎賓館は、欧州の十九世紀末に流行したネオバロック様式の洋館であった。また天皇は神道の主宰者となったが、大師・国師・禅師号を、仏教者に発給し続けた。

わたくしたちが「伝統」と考えているものは、所詮近い時代に成立したという議論を「作られた伝統」という。それは歴史学に新しい視角を与えた。「伝統を守れ」というのは、往々にして強い作為性のある主張であることが明らかになったし、「伝統」ということが意識される時代性への考察も深まった。明治時代には何が伝統として作られたのかという問題意識である。

江戸時代から何が継続し、明治時代に何が変更されて付け加わったかを確認することは、天皇の在り方について考える際に必要なことであろう。

天皇の在り方について、明治に制度化されて明文化された規定は、皇室典範とその下位法である皇室令である。これらは、大正末までにはほぼ完成する。第二次世界大戦後、皇室典範は改正され、皇室令は廃止された。しかし宮内府長官官房文書課長の依命通牒によって、原則として戦前の制度は維持された。以後新しい法令が整備されない場合は、慣例にしたがって処理されてきた。明治から整備された天皇の在り方が常識となっている間は、慣例の維持は意識されない。説明されなくても了解されていた。しかし今や敗戦後七〇年が経過した。了解は成立しているのであろうか。皇室典範ですら、説明しなければ解らない法となっていないだろうか。

平成十八年（二〇〇六）に悠仁《ひさひと》親王が生まれて、近年の皇位継承問題は下火となった。では男女平等の新憲法下において、愛子内親王は、天皇になれなくて良いのであろうか。男系という旧皇室典範の常識は、戦後憲法との整合性を説明しなければならない。その際、旧典範制定時、皇統の護持は、どのように考慮されていたのであろうか、確認しておく必要もあろう。

江戸時代から何が継続し、明治に何が変えられ付け加えられたかを確認する必要は、日本人と天皇ということを考える場合には、まだありそうである。なぜなら、わたくしたちの天皇・皇室の在り方への理解は、明治に基礎作りが行われ、敗戦までに成立していた在り方に基づいていると考えられるのだから。そしてその理解は揺らぎつつあるのだから。

本巻では、儀礼・祭祀・文化等を中心に、そうした点を整理したいと考えている。

「立憲君主」という制限

前近代の天皇と近代の天皇と戦後憲法下の天皇との大きな差は、政治的な位置づけである。明治国家の末期、国家は個人の生命と自由を総動員の名の下に奪った。法治国家である以上、それは法によって行われ、その法は天皇が裁可したものであった。こうして個人に対立するものとして、天皇を戴く国家体制が、天皇制として研究される。天皇は主権者として批判的に研究された。明治憲法の構造は、主権者たる天皇によって国務が統合されていたから、そうした理解に十分根拠はある。

ところで、西洋の近代憲法は、人権を守るために君主の恣意的な権力行使を制限するために作られた。西洋の近代憲法を範とした明治憲法にも、その要素はある。憲法ができた以上、天皇も憲法の制限下にあるという考え方である。この考え方を進めれば、美濃部達吉《みのべたつきち》の天皇機関説となる。少しの政治的な事例を考えれば、近代三代の天皇が自らの意思を十全に実現していないことに思い至る。早くも一九五〇年代に、久野収《くのおさむ》氏は、巧みな比喩でこの問題を整理した（久野収・鶴見俊輔『現代日本の思想』）。国民には絶対的な主権者として現れる天皇と、実際の政治・行政の場では憲法内存在として機関説的に理解される天皇がいる、前者は国民に広く教化された「顕教」であり、後者は統治エリートが知っている「密教」であると。

しかし密教というには余りにあからさまではなかったか。もっとも密教の加持祈禱は広く薄く日本社会を覆っていたのであるから、ただしく密教的かも知れない。

政治の場で、近代の天皇はどのように振る舞ったか。動的な政治史を考慮しようとする研究動向が強まるにつれ、近代三代の天皇の行動が検討されるようになった。顕彰的と批判された明治百年事業によって、宮内庁『明治天皇紀』が刊行され、明治天皇の動向が具体的に分かるようになった。あわせて一次史料も公開されるようになった。その二〇年後、昭和天皇の崩御とともに、昭和天皇に関する一次史料が公開されるようになった。こうして近代の天皇についての実証的研究が可能になり、成果が出されるようになった。明治天皇についての理解を強いてまとめれば、明治中期以降は、指導者集団の一人として、政治に参画する存在であったということになる。

さらに伊藤博文《いとうひろぶみ》が導入しようとした明治憲法についても、新たな成果が出現した。強国となるためには、君主権と相対的に独立した行政権の確立が必要であり、君主権と行政権と立法権（国会）のバランスある調和が重要である、と伊藤は捉えたという瀧井一博氏の説である（『ドイツ国家学と明治国制』）。したがって当然君主権は制限される。

この二つの理解の到達点が、伊藤之雄氏の評伝『明治天皇』である。明治天皇は憲法制定後に、自らの権力は制限されていることを理解し、かつ認められている権力の行使にも抑制的で、他方権威を獲得していたと、述べる。もはやこれに付け加えるべきものはないようである。しかし、少しの違和感がある。

ひとつには、明治中期までの明治天皇の政治的意見が政府首脳に抑えられるたびに、天皇の権力はないと繰り返されていることである。今ひとつには、立憲的存在という点である。明治憲法下である限り天皇の政治的権力の行使は存在し得たのであり、そして明治天皇はその権力を、どの分野においてどの程度に行使し、それが認められていたかについては差があるのではないかという予想が、わたくしにはある。

江戸時代の天皇は、全国的な統治に関係ない領域に存在しており、その点で非政治的存在であった。その天皇を国家の統治者に置くのが維新の構想であった。しかし現実の天皇は十代の若者であった。制度設計は、理念と現実において困難を抱える。とにもかくにも制度設計が進みつつあるところで、現実が発言を始める。結果として明治天皇の発言が実現しなかったとしても、政府首脳が考えもしない行動は制度設計に影響を及ぼさないであろうか。天皇中心の国家を創り、その上で天皇の権力を制限する憲法を導入するという体制の変容と、明治天皇の成長と立憲君主としての安定は同時に進行した。その相互作用を検討してみたい。

たしかに、立憲君主となった明治天皇は権力の行使に自制的であった。では意思が出せる領域と程度は存在しなかったであろうか。昭和天皇は、田中義一《たなかぎいち》への叱責など若気の至りで立憲君主を逸脱したという。しかし官制大権によって田中・政友会の恣意的な人事に不満を漏らしたし、満州神社の裁可はしばらく店ざらしにしている。これらは激情に駆られての一時的な逸脱ではない。明治天皇にもそのような領域や行動はなかったであろうか。

明治中期には、明治政府の実力者すなわち元老の中で、明治天皇もその一員という了解が成立していたと考えられる。鳥海靖氏の評価でいえば、ファウンディング・ファーザーズ（建国の父祖）の一員であった（『「明治」をつくった男たち』）。しかし天皇は首相になれない。また退職することもできない。政治の実践部分には立てないし、一時逃避もできない。その一方で長期的な観点に敏感ではなかったか。元老たちと異なる視点を持ち得たのではないだろうか。

明治天皇が発言しうる領域と程度について、元老たちとの間で相互の了解が成立し、天皇は制度的に安定した。その試行錯誤を考えてみよう。

つまり、政治の分野において、制度的な天皇では捉えきれない、生身の政治家の成長と決断の積み重ねを検討していこうというのが、この本の目的である。

明治大帝と国民国家

最後に明治大帝ということを考えてみたい。

江戸時代に文化的統合が進むにつれ、武士をはじめとする知識階層には天皇の存在は知れ渡っていったであろう。平曲《へいきょく》や歌舞伎を考えれば、京に天子がいるという知識は、知識階層を超えてもっと広がっていたかも知れない。しかし天皇が存在するという実感を持てた百姓・町人は、京都周辺のごく一部であったろう。明治新政府が、天皇を中心とする国家の形成を考えたならば、天皇を人々の前に示さなければならない。はやくも明治元年には大坂行幸が実行され、さらには東幸が行われ、翌二年の東幸後は天皇はそのまま東京に留まった。明治五年からは国内の大巡幸が始まる。また天皇の写真の下付もあった。御真影《ごしんえい》である。こうして天皇の存在は人々に知られていくようになる。

国民の統合を考えれば、政府は、天皇を宣伝しなければならなかった。教育勅語で、家族国家観を広めなければならなかった。慈善も行われたであろう。

天皇が抑圧の象徴であれば、人々は天皇を知っても敬慕はしない。昭和天皇の死に際し、病状は日々新聞で示された。実は明治天皇の死の際にも、病状は新聞で発表されていた。天皇の死は日本に居住する人々の関心事であった。権力の狡知で搦め取られていただけとは言えない興奮であった。人々は、我らの天皇という考えを持っていた。大日本帝国の大帝であった。

そうした考えの成立は、日本に居住する人々が、「我ら」という考えを共有するようになったこと、つまりは国民国家の成立と不可分である。

国民国家とは、ある国家の領域内の住人が、その国家の運命を自分の運命のように感じるようになり、そうした人々が多数を占めるようになって成立する。

領域内の住人が、ある国家に所属しているという考えを必ず持つとは限らない。十四世紀の百年戦争は、プランタジネット朝イングランド王が、ヴァロア朝フランス王家の伯（アンジュー伯）として領地を持っていたことに起因する。アンジュー伯の領地の住民の帰属意識はフランスにあったろうか、イングランドにあったろうか。そもそも貴族の領地の住人は、貴族の支配に帰属意識はあったろうか。政府が国境を画定してその内部を排他的に支配し、その住人が文化的に統合されていて一体感を持ち、国家に帰属意識を持つというのは、近代において出現した状況である。

幕末の外圧は、日本に日本という領域を意識しての危機感を発生させ、その危機感が昂じて外国に対する日本の優越性の強調となり、その根拠として天皇の統治の永続性が主張されるようになった。尊王論の高まりである。しかし百姓・町人にとって、ペリー来航は恐怖でも、喉元過ぎれば遊山の対象であった。幕末の変動は、「迷惑」であった。幕府が百姓を兵にしようとしても、年貢を納めている以上「武」は自分たちの任でないと拒否された。その百姓・町人が徴兵されていく。武士や知識人が抱いた幕末の危機意識を共有するようになった。住んでいる領域の運命と自らの運命が深く結びつけられる。国民国家の成立である。そして日本の優越性が、あるいは日本らしさが、天皇の統治と関連づけられている以上、天皇への意識は拡大する。

近年、国民国家の形成が、論じられることが多い。その成果をくみ取りつつ、明治天皇が「我らの大帝」として認識されていくことを検証していきたい。

何人もの史家がすでに行っているが、まずは『明治天皇紀』を精読して、検討を進めよう。

歴史家は往々にして史実に惑溺し、史実を語るに饒舌である。わたくしには、その傾向が強い。史料の岐《みち》に迷い羊を失うかもしれないが、おおよそ右のことを課題に、本書を書き進めていきたい。

第一章　小御所会議の「幼冲の天子」

1　「江戸時代」の皇子

王政復古

慶応《けいおう》三年（一八六七）十二月九日朝、長州（萩）藩処分をめぐる徹夜の朝廷会議が終わった。禁門の変で御所を攻撃して罪に問われていた長州藩主毛利《もうり》敬親《たかちか》父子は赦免された。また長州藩と連動して処罰を受けていた三条実美《さんじょうさねとみ》・東久世通禧《ひがしくぜみちとみ》らの位が復旧され、和宮《かずのみや》降嫁を推進した前関白九条尚忠《ひさただ》・岩倉具視《いわくらともみ》らの復飾（出家から俗人に戻ること）も許された。摂政二条斉敬《なりゆき》以下の廷臣と会議に参加していた在京の藩主・重臣のほとんどが退出したが、廷臣の中山忠能《なかやまただやす》・正親町三条実愛《おおぎまちさんじょうさねなる》・長谷信篤《ながたにのぶあつ》、前福井藩主松平慶永《まつだいらよしなが》（春嶽《しゅんがく》）・前名古屋（尾張）藩主徳川慶勝《よしかつ》・広島藩世子《せいし》浅野《あさの》茂勲《もちこと》が宮中に留まった。岩倉の参内が待たれていた。

岩倉と鹿児島（薩摩）藩の大久保《おおくぼ》利通《としみち》らは、すでに大規模な政治改革を決意し、計画を固めていた。午前一〇時頃岩倉は参内、王政復古の断行を明治天皇に奏上した。鹿児島・名古屋・福井・高知（土佐）・広島の各藩兵が御所の各門を警備するなか、天皇は王政復古の沙汰書を下した。朝廷の正規の会議を経ずに変革が始まったのであり、まさにクーデタであっ

束帯姿の明治天皇　明治５年４月、内田九一が撮影した21歳の天皇

た。

王政復古の沙汰書、いわゆる王政復古の大号令は、書き下すと、次のようなものであった。

徳川《とくがわ》内府《ないふ》、従前《じゅうぜん》御委任大政返上、将軍職辞退の両条、今般断然聞《きこ》しめされ候。抑《そもそも》 癸《き》丑《ちゅう》以来未曾有の国難、先帝頻年《ひんねん》宸襟《しんきん》を悩ませられ候御次第、衆庶《しゅうしょ》の知る所に候。これにより叡慮《えいりょ》を決せられ、王政復古、国威挽回の御基《もとい》立てさせられ候間《あいだ》、自今《じこん》摂関・幕府等廃絶、即ち今先《まず》仮《か》りに総裁《そうさい》・議《ぎ》定《じょう》・参与《さんよ》の三職を置かれ、万機行わせらるべく、諸事神武創業の始めに原《もと》づき、縉紳《しんしん》・武弁《ぶべん》・堂上《とうしょう》・地下《じげ》の別なく、至当の公議を竭《つく》し、天下と休戚《きゅうせき》を同じく遊ばさるべき叡念《えいねん》につき、各《おのおの》 勉励《べんれい》、旧来《きゅうらい》 驕惰《きょうだ》の汙《お》習《しゅう》を洗い、尽忠報国の誠をもって奉公いたすべく候事。（『復古記』第一冊）

大意は次のようになる。内大臣徳川慶喜《よしのぶ》が、これまで委任されていた国政を朝廷に返し、将軍職を辞すると申し出ていたが、このたび天皇は確然と御許可になった。そもそも嘉永《かえい》六年（一八五三年。癸丑。ペリー来航の年）以来の国家の危機に対して、孝明天皇が毎年のようにお心を悩ませておられたことは、人々の知るところである。これによって天皇は、「王政復古」を行い、国の威信を回復するという基礎をお立てになったので、今後は摂政・関白・幕府などは廃止し、まずしばらくは総裁・議定・参与の三つの職を設置し、種々の政務を行わせることになる。すべての事は「神武創業」すなわち神武天皇の国家創造時にもとづいて、上級公家・武家・堂上・地下の区別なく、正当で公正な議論をつくし、世の中の人々と喜び悲しみを共にしたいという天皇の御意思である。

こうして将軍は廃止され、つまりは幕府は正式になくなり、天皇を中心とする新しい国家が出発することとなった。

小御所会議への出御

その日の夜、御所内の小御所において、明治天皇が出席しての三職会議が開かれた。三職とは王政復古の大号令で定められた、総裁・議定・参与で、以下のメンバーであった。

総裁　有栖川宮《ありすがわのみや》熾仁《たるひと》親王

議定　仁和寺宮《にんなじのみや》嘉彰《よしあき》親王、山階宮《やましなのみや》晃《あきら》親王、中山忠能、正親町三条実愛、中御門《なかみかど》経之《つねゆき》、徳川慶勝、浅野茂勲《もちこと》、松平慶永、山内豊信《やまうちとよしげ》、島津《しまづ》忠義《ただよし》

参与　大原重徳《おおはらしげとみ》、万里小路《までのこうじ》博房《ひろふさ》、長谷信篤、岩倉具視、橋本実梁《はしもとさねやな》、名古屋藩・福井藩・広島藩・高知藩・鹿児島藩から各三人

小御所上段の間（上）と外観（下）　紫宸殿の東北にあり、幕府の使者や諸大名との謁見に使われた。写真提供・宮内庁京都事務所

中山忠能が開会を宣言し、王政の基礎を確定し、政治の方針を決定するために、公議を尽くそうと述べた。それに対し、山内豊信（容堂《ようどう》）が、徳川慶喜の会議への参加を提案した。慶喜には大政奉還という功績がある、それなのに二、三の公家が「幼冲《ようちゅう》の天子を擁し、陰険の挙をおこなわんとし」ている（幼い天皇を担ぎ上げて陰険の処置を行っている）（『明治天皇紀』第一）と難詰したのである。岩倉が色をなして反論する。誰への当てこすりか明瞭であった。

激論のあと休憩に入る。会議に出ていた参与大久保利通から様子を聞いた西郷隆盛《さいごうたかもり》は豊信の排除を仄《ほの》めかし、それを聞いた側近の後藤象二郎《ごとうしょうじろう》が豊信を説得、会議再開後は豊信は緘黙した。会議は午前零時頃、慶喜に辞官納地（官位と所領の返上）を求めることを決して終了した。明治天皇が出席した会議で、最初の政治方針が決定された。

天皇が政治を行う、つまりは天皇親政が始まったわけだが、その天皇の前で、御簾《みす》で隔てられたとはいえ、議定の一人が「幼い天皇」を担ぐ「陰険」な公卿を非難する。非難された岩倉は文久二年（一八六二）以来参内していない。明治天皇は少なくとも五年は会ったことがないはずである。幼いと諷された一六歳（数え年、以下同じ）の明治天皇は、二人の激論をどのように感じたのであろうか。

こうして新しい地位に就いた近代の天皇の出発までを本章では考えよう。まずは明治天皇の成長をたどってみる。なお本書では、特に出典がない場合は、『明治天皇紀』に依拠している。また、人名・藩名などは、よく知られているもので表記している。

誕生と成長儀礼

明治天皇は、嘉永五年（一八五二）九月二十二日の午後一時頃、孝明天皇と典侍《すけ》中山慶子《よしこ》の子として、慶子の実家中山忠能邸で生まれた。孝明天皇二二歳、慶子一八歳、天皇の第二皇子であった。昼餐の最中に知らせを聞いた孝明天皇は、庭の菊を眺めながら杯を重ねて喜びをかみしめた。孝明天皇にはすでに二人の子がいたが、嘉永三年に生まれた第一皇子は即日死去、同年生まれた第一皇女順子《よりこ》内親王はこの年の六月に亡くなっていた。こののち三人の妹宮が生まれたが、みな幼くして死んでいる。

当時は出産に血の穢れが発生すると考えられており、天皇の配偶者は実家に帰って出産し、子女はしばらくそこで生母に育てられ、御所に戻る慣習であった。江戸時代、現在の京都御苑には、天皇の住まいと儀式の場である禁裏御所を取り囲んで、公家の屋敷があった。中山邸は御所の北東に位置していた。

明治天皇は、二十九日七夜の礼で、「祐宮《さちのみや》」と名付けられた。「周易」の「自天祐之吉无不利」(天より之を祐《たす》く、吉《きつ》にして利《よろ》しからざるはなし)に依る。この名は、曾祖父光格《こうかく》天皇の幼名と同じ名前であり、孝明天皇が「深慮」あって選んだという。祐宮は儲君《ちょくん》となり親王《しんのう》宣下《せんげ》があって、「睦仁《むつひと》」の名を与えられる。本書では、親王宣下までは祐宮、以後即位までは睦仁、即位後を明治天皇と記そう。

十月二十二日参内始《さんだいはじめ》で、祐宮は初めて父天皇に会い、二十九日まで御所の慶子の局(部屋)に滞在した。翌年五月二十七日、孝明天皇が切に対面を望んだために、執匙《しっぴ》(お付きの医者)の誕生日後という意見を抑えて、参内が命じられている。

以後の成長について、宮中儀礼を中心に、父孝明天皇と比較すると、左頁の表のようになる。主なものを説明しよう。

儲君治定《ちょくんちじょう》は、皇太子となる存在を決定すること。元来天皇の後継者は皇太子であるが、皇太子となる立太子の儀礼は中世に廃絶していた。江戸時代の霊元天皇が愛息朝仁親王を後継

孝明天皇		年齢	明治天皇	
天保2・6・14 (1831)	誕生	1歳	嘉永5・9・22 (1852)	誕生
6・20	御命名		9・29	御命名・七夜の礼
7・14	御参内始・内侍所に参拝		10・22	御参内始
10・15	御箸始（推定）			
天保3・12・14	御髪置	2歳	嘉永6・1・27	御箸始 ＊9月大患
			12・2	御髪置
天保4・3・21	准后御里御殿へ渡御 ＊この時までには宮中へ	3歳	安政元・4・6	皇居炎上
12・18	御色直		12・16	御色直
天保6・6・21	儲君　准后の実子に	5歳	安政3・9・29	宮中（母の局）へ
7・22	飛香舎（准后の局）へ			
9・18	親王宣下　統仁			
12・25	御髪上			
天保8・10・26	花御殿（継嗣の殿舎）へ	7歳	安政5・5・13	習字拝見
12・27	深曾木			
天保9・11・6	御手習始　内大臣近衛忠熙　かな　いろは	8歳	安政6・3・22	御手習師範任命
			4・27	読書師範任命（内儀の読書始）
天保10・3・16	御紐直	9歳	万延元・3・16	深曾木
6・7	御読書始　舟橋在賢		3・28	御紐直
			7・10	儲君　准后の実子に　准后の殿舎の若宮御殿へ
			9・28	親王宣下　睦仁
天保11・3・14	立太子	10歳		
天保12・11・24	和歌題を東宮三卿に賜う	11歳	文久2・5・27	御読書始
天保14・2・23	紀伝道御書始	13歳		
弘化元・3・23	御鉄漿始（お歯黒）	14歳		
3・27	御元服 ＊天皇実母死去により1年延びる			
		17歳	明治元・1・15	御元服　この日お歯黒

孝明天皇と明治天皇の成長過程

者とするために、まずは後継者であることを示す儲君とし、幕府との交渉後立太子礼を復活させて、正式の皇太子とした。約三〇〇年ぶりの皇太子の復活である。以後後継者の決定は、儲君治定と立太子礼の二段階を経ることとなる。儲君となって天皇の正妻の実子となり、そののち親王宣下（親王の称号を与えること）があって名前が授けられる。さらに立太子礼が行われて、皇太子となる。

深曾木《ふかそぎ》では、皇子は碁盤の上に立ち、髪が切って整えられ、盤上の二つの石を踏んだ上で碁盤から吉方へ降りる。

御元服は成年となる儀礼で、加冠が行われる。親王は、未成年用の闕腋袍《けってきのほう》（腋が縫われていない袍）の束帯を着し総角《あげまき》（みずら）で座に就く。髪が整えられ、空頂黒幘《くうちょうこくさく》（頂《いただき》の空いた額当て）を着ける。ついで加冠役の公家が黒幘を外して冠を着ける。親王は成人用に衣服を改めて（皇太子の場合黄丹《おうに》縫腋袍《ほうえきのほう》）、天皇に拝舞（御礼の所作）を行い、宴が行われる。

こうした宮中儀礼を経て、成人となる。

短気で勝ち気な少年

さて孝明天皇と比べると、明治天皇は宮中への帰還と儲君治定が遅いが、他はそれほど大差ないと思われる。宮中帰還の遅れは、安政《あんせい》元年（一八五四）四月に御所が炎上したためであろう。孝明天皇は、「取戻」と表現したように（『孝明天皇紀』第二）、祐宮の御所への帰還を楽しみにしていた。儲君治定の遅れは、条約勅許問題による朝廷と幕府の対立のために儀礼が遅れたのであろう。祐宮は、二歳の嘉永六年九月末から十二月十八日まで床に就くとという大病を患っているが、儀礼の進行から考えて、病弱というより、父孝明天皇と同じ程度には順調に育っていた。

明治二十一年から、内廷まではいる宮内省出仕として明治天皇に仕えた藪篤麿《やぶあつまろ》は、幕末に稚児《ちご》（祐宮の相手として出仕を命じられた同年代の公家の子弟）を務めた父実休《さねたる》（幼名亀丸）から聞いた話として、「明治天皇ハ御幼少ノ砌《みぎり》ニハ御活溌デ居ラセラレタサウデアリマス、父ハオイタスラノ仲間ニナツテ居リマシタ」、そこで中山慶子は、祐宮を叱るわけにはいかず実休が御文庫に罰として入れられたと、回想している（「子爵藪篤麿談話速記」）。実休の妹でのちに掌侍《しょうじ》となる藪嘉根子《かねこ》は、先輩の女官から、稚児と戦事《いくさごと》を行い自ら木太刀を持って斬り合った、また実休といっしょに女官に水鉄砲を掛ける、万年青《おもと》の葉を切る等の「おいた」が激しかった、中山慶子は時には実休と共に御文庫に閉じこめたと、聞いている（講談社編『明治大帝』）。

祐宮の乳人《めのと》木村ライの子で一歳年下の木村禎之助《ていのすけ》は、二歳から七歳の秋まで遊び相手であったが、次のように回想している。祐宮が好んだ遊びは、下に箱車の付いた四五センチくらいの木馬に乗る木馬遊びであった。祐宮は木馬に乗ってハイハイと声を掛けて、禎之助や侍女達が局の廊下をゴロゴロと引いていく。飽きると禎之助を乗せて自らがホイホイとかけ声を掛けて手綱を引く。また孝明天皇にねだって貰った柿本人麻呂の土人形を、怒りにまかせて投げつけて真っ二つにしたことがあった。勝ち気で気が短く、気に入らないことがあると、誰でも小さな拳でぶっていた（渡辺幾治郎『明治天皇』上）。小さい頃から、柔弱な少年ではなかった。チャンバラ遊びをしたり、木馬に乗ったり引いたりと活発だった。そして短気で勝ち気なところがある少年であった。

中山忠能と公家の世界

祐宮は、満四歳の誕生日過ぎまで中山忠能邸で養育されたため、中山家の人々と屋敷に愛着があった。宮中に戻ってからも、忠能邸の杏の実を毎年届けて貰っていた。祐宮を育てた祖父中山忠能と母慶子はどのような人だったのだろうか。

中山忠能は、文化《ぶんか》六年（一八〇九）生まれで、祐宮が誕生したときは、四四歳、権大納言であった。家格は羽林《うりん》家で、家禄は二〇〇石である。

江戸時代の公家の世界は、朝廷に仕えるという点では一体でありながら、内部には厳しい身分秩序が存在した。その一つが家格である。

まず禁裏御所の清涼殿に代々昇殿が許されている堂上《とうしょう》と、許されていない地下《じげ》に大きく分かれる。王政復古の沙汰書に出てきた言葉である。

堂上の中で、最上位が藤原氏の本流である近衛・九条・二条・一条・鷹司の摂関家で、摂政・関白に昇進した。五摂家と称される。その次が三条・西園寺・徳大寺などの清華《せいが》家で、太政大臣まで進み、左右近衛大将を兼任する。ただし内大臣止まりであることが多い。九つの家があり、九清華と呼ばれた。ついで大臣家が三家あり、近衛大将にはなれないが大臣まで進み得た。実際は内大臣が限界であった。ここまでが上級公家で、以下は平《ひら》堂上と呼ばれる。

羽林家は権大納言に進みうる武官の家。羽林とは近衛府の唐名である。慶応三年には六三家あった。名家は権大納言に進みうる文官の家で、二五家あった。その下に半家があり、三二家あった（松田敬之『次男坊たちの江戸時代』）。

大臣家までが上級公家ではあったが、実は清華家以下は摂関家のいずれかに原則としては「門流」「家礼《けらい》」として仕えていた。摂家と門流の関係は、歴史的に形成されており、系図上

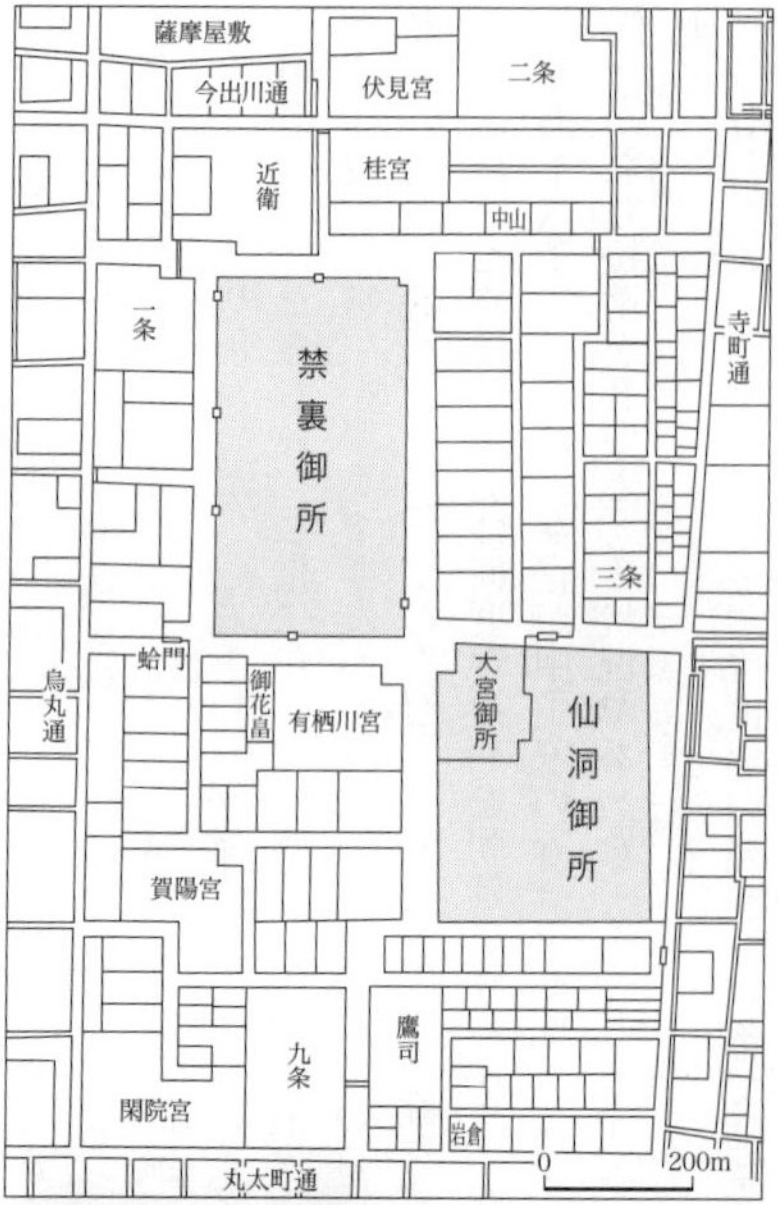

幕末の御所と公家町の略図　幕末まで御所のまわりには宮家や公家の屋敷が存在し、公家町を形成していた。現在は、石垣で囲んで芝を敷いた公園となり、京都御苑と呼ばれている。明治天皇は、禁裏御所の北東にある中山忠能（写真左）邸で生まれ、満４歳までそこで養育された

では一流となる家々が別の門流に属しているのは普通であった。門流は、摂家の元日参内に随従しなければならず、元服・嫁取り・養子取りには摂家の許可が必要であった。つまりは、主従関係に近いと考えてよい。中山家は一条家の門流であった。

さて、中山忠能は、二〇〇石という平堂上としては平均的な家禄を保持していたが、どうも困窮していたらしい。弘化《こうか》二年（一八四五）中山忠能は東宮三卿（世話係）を辞退しているが、内実は官服を用意できなかったためといわれている（矢野健治「江戸時代に於ける公家衆の経済」下）。そのため慶子の実家として出産準備をするには、収入が不足していた。産殿造営のために、忠能は何度か援助を朝廷に願い出て、先例を越えて一五〇両を借り受けた。嘉永六年二月には、女官が中山家の家計を心配して祐宮の宮中帰還を提起している。実際にかなり援助を必要とする状況であった。そうした中で、祐宮は質実に育てられたと思われる。

中山忠能本人の人となりは、将軍継嗣問題で京都で活躍中の橋本左内《はしもとさない》に依れば、「骨格雄厳」で公家の「形貌」ではなく「卓然たる人物」で、「文学なけれど頗《すこぶ》ル才略」はあり、「持守は諸卿第一」であるという。持守とは節操が固いというほどの意であろうか。厳格で決断力のある人物であったのだろう。忠能は、皇子とはいえ孫として愛情を込めて、そして厳格に育てたと思われる。祐宮が禁裏に帰った後のことであるが、忠能が学問を手伝っていたときに、祐宮が突然内廷へ入ったことがあった。忠能はその無規律を怒り、置き手紙をおいて帰邸、反省を促している（渡辺幾治郎『明治天皇』上）。

安政六年（一八五九）七月二日、忠能は、誤記のない古歌を祐宮から貰い、余白に中山と書かれているのを見て、感激している。厳しくも祖父であった。

実母中山慶子

祐宮の生母の中山慶子は典侍《すけ》であった。典侍とはどういう存在であったのだろうか。律令の規定では、天皇の配偶者としては、正妻の皇后の他、夫人《ぶにん》・妃《ひ》・嬪《ひん》があった。平安時代中期、皇后が二人となり、中宮の名称を生み出した。夫人・妃・嬪は、平安時代には女《にょう》御《ご》・更衣《こうい》に変わり、更衣は中世になって途絶えている。

室町時代以後皇后・女御とも置かれなくなった。後陽成《ごようぜい》天皇の時に女御が復活、後水尾《ごみずのお》天皇の時に徳川秀忠《ひでただ》の娘和子《まさこ》が入内、女御となり、ついで立后され、女御→皇后のルートが復活した。なお江戸時代には皇后と中宮が同時に置かれたことはないし、皇后も常に置かれてはいない。正妻は、徳川和子以外は、皇族・摂関家出身者が常であった。

江戸時代では、「スケ」「テンシ」と呼ばれる典侍が中心となって、内廷（奥、天皇の私的空間）の諸用を務めた。定員は超過することもあるが四名。そのトップは大典侍《おおすけ》と呼ばれ、奥の

中山慶子　明治天皇の生母

総取締を行った。そもそも典侍とは、天皇に近侍する内侍司《ないしのつかさ》の次官であった。内侍司の長官は尚侍《ないしのかみ》であったが、院政期以後ほとんど任命されなくなった。典侍の下が掌侍《しょうじ》で、そのトップを勾当《こうとう》あるいは勾当内侍《こうとうのないし》と呼び、庶務を担当し、長橋局《ながはしのつぼね》とも呼ばれるようになる。掌侍は「ナイシノジョウ」とも呼ばれ、呼称は「〇〇内侍」と名付けられる。配膳や掃除を行った。典侍・掌侍の出自は羽林家・名家が常であった。その下の命婦《みょうぶ》以下が雑務をこなした。

そして、典侍や掌侍が天皇の側室となるようになった。とはいえ全員が側室ではない。というのは、代替わりの際に全員が退職するわけではなかった。特に大典侍と次位の典侍や長橋局は宮中に残り、奥の実務を継続して維持することが多かった（高橋博『近世の朝廷と女官制度』）。孝明天皇の大典侍中山績子《いさこ》は、父仁孝天皇の大典侍で、明治天皇にも当初仕えている。

さて、孝明天皇の正妻は九条夙子《あさこ》で、嘉永元年（一八四八）十二月七日入内《じゅだい》、翌日女御宣下があった。六年五月七日准三宮《じゅさんぐう》宣下。准三宮とは、准后《じゅごう》ともいい、太皇太后・皇太后・皇后につぐ待遇を受ける存在で、男子も任命される。その後立后されることなく、孝明天皇没後の明治元年三月十八日、皇太后宣下があった。明治三十年に没し、諡号《しごう》は英照《えいしょう》皇太后。子供は二人いたが夭折している。

中山慶子は嘉永四年三月宮中に召され、名を安栄《あえ》と名付けられる。四月典侍となり、五月に権典侍《ごんのすけ》と称して側室としての生活が始まり、祐宮の母となった。なお孝明天皇との間に子を儲けた典侍は慶子のほかに二人いる。

中山慶子は、「男子も及ばぬ気象」をもって（「嵯峨仲子刀自談話筆記」）、愛情を注ぎながら厳しく育てた。厳しさは、御文庫に閉じこめたという話にも表れていよう。明治天皇は後に「一位（中山慶子）も今は年をとつて、かようにやさしくなつたが、若いときにはなかなか厳しい人で、わたしが与えられた予定の課業をおわらないと、昼になつても食事をさせなかつた」（渡辺幾治郎『明治天皇』上）と回想したという。

宮中の日々と父孝明天皇の期待

安政三年（一八五六）九月二十九日、祐宮は宮中に戻った。翌四年十一月には、「月見れは　雁かとんてゐる　水のなかにも　うつるなりける」という歌を詠んだ。おそらく初めての歌であろう。

安政五、六年頃、孝明天皇は祐宮と会うたびに、和歌の題を五つ出して、完成すると菓子を与えたという。のち元治《げんじ》元年（一八六四）に和歌を家職とする冷泉為理《れいぜいためただ》が和歌の修学が必要と進言したが、天皇は急がなかった。天皇の死後、そして睦仁の即位後の慶応三年（一八六七）五月二十八日、ようやく有栖川宮幟仁《たかひと》親王が歌道師範に任じられ、冷泉為理らに詠題提出が命じられた。近世の天皇の基本的教養である歌を、孝明天皇は自ら指導したかったのであろう。

安政六年、八歳になると、宮中行事への初めての参加が増える。八歳そのものに意味があったようだが、孝明天皇が意識的に、宮中行事に慣れさせようとしたのではないだろうか。
まずは宮中の儀礼への参加である。

正月十五日には、式日として初めて参賀している。節朔、つまり正月七日（人日《じんじつ》）・三月三日（上巳《じょうし》）・五月五日（端午）・七月七日（七夕）・九月九日（重陽《ちょうよう》）の節日（五節句）と毎月一日（朔日）、加えて三ヵ日と正月十五日に、天皇に公家が賀を述べる式日御礼という儀礼への参加であった。この年からは祐宮の朔日参賀の記事も見える。節句では、上巳は不明、端午は風邪で中止しているが、七夕と重陽は参賀している。ほかにも、正月十九日の鶴包丁《つるのほうちょう》の儀、六月十六日嘉定《かじょう》、七月十四日中元、八月一日八朔《はっさく》、九月八日菊綿《きくのわた》の下賜、十月二十三日御茶口切《おちゃくちきり》の儀への参加などがあった。

次に信仰に関することでは、三月二日に石清水八幡宮《いわしみずはちまんぐう》の遷宮があった。その際、孝明天皇は夜一一時、清涼殿東庭で拝賀し、儀が終わるまで床に就かなかった。祐宮も就寝しなかった。遷宮でありこの年に限った行事であるが、注意したい。実は前年九月二十一日、石清水八幡宮の仮殿への遷宮があり、孝明天皇は感冒のため庭上御拝は代拝となったが、明け方四時まで床に就かなかった。そして祐宮も双六《すごろく》をして遅くまで寝具に入らなかった。これに先立つ六月十七日には、条約勅許問題で揺れるなか国家鎮護を願い伊勢神宮に奉幣使《ほうべいし》が派遣された。伊勢神宮に貢ぎ物を捧げる使いである。奉幣使が戻るまでの八日間、孝明天皇は毎夜東庭で神宮と賢所《かしこどころ》への御拝を欠かさなかった。このとき祐宮も庭上に従っていた。

つまり孝明天皇は、特別な祈りと考えるものには、一部なりとも祐宮に参加するよう指導していた。十一月十四日の新嘗祭《しんじょうさい》には深更に及ぶため内廷から雑煮が贈られており、祐宮は遅くまで起きていたと思われる。翌万延《まんえん》元年からは、祐宮も徹夜して慎むようになる。軽いものとしては、二月十五日涅槃会《ねはんえ》のときに内廷での涅槃賭《ねはんがけ》に参加し、二十五日の天神祭でも賭に参加している。こうした神仏関係の宮中儀礼では、内廷では内々の楽しみとして各自が景品を出して籤《くじ》が行われており、それに参加するようになった。

学習関係では、三月二十二日に有栖川宮幟仁が御手習《おてならい》師範となる。前年の五月から正親町実徳《さねあつ》が習字の指導をしていたが、正課としてはじめられる。四月二十七日には伏原宣明《ふしはらのぶはる》が読書師範となり、漢籍の学習が始まり、孝経の素読が行われた。当初はどちらも一〇日に一度ぐらいであった。日々の指導は中山慶子が当たり、先に述べた厳しい指導があった。なお文久二年五月には儀礼としての御読書始があった。

近世の宮中では、儀礼が、神道・仏教・道教・いずれともわかち難い習俗によって形成されていたことが確認できる。そうした行事に祐宮が参加するように天皇が指示していたようである。そして特別な神事には、その重要性が体得できるように指導していたと思われる。

儲君治定と親王宣下

万延元年（一八六〇）七月十日、九歳、儲君、准后夙子《あさこ》の実子となり、夙子と同じ殿舎での起居が命じられた。御所の北にある殿舎である。あわせて天皇から親王宣下の意向が示される。九月三日には、典侍をやめ祐宮附となって新宰相と呼ばれていた中山慶子が御殿に仕えることとなった。二ヵ月ぶりの正式な再会である。

九月二十八日親王宣下が行われる。天皇が名「睦仁」を認《したた》め、陣の儀の論議に委ねる。しかしこれは儀礼であり、すでに摂家の意見を聞いて決定されている。睦の字は、「広韻《こういん》」の「睦莫六切和睦」と「孝経《こうきょう》」の「民用和睦上下無怨」による。ついで祐宮に、家司以下の任命、睦仁の命名と親王任命の宣旨の伝達の儀である直廬《じきろ》代の儀が行われる。孝明天皇はひそかにこれらの儀礼の進行を見守った。終了後睦仁は天皇に礼を言い、その後公家の参賀と宴が続いた。

さて親王であるが、律令によれば、皇兄弟・皇子は親王とする規定であったが、平安初期の嵯峨天皇によって、宣下を受けたものが親王・内親王となることとなった。その結果天皇の子であっても宣下がないと王・女王となることになる。平家追討の令旨《りょうじ》で知られる以仁王《もちひとおう》は、後白河の皇子であったが宣下がなく「王」であった。

江戸時代になると、天皇の皇子・皇女が宣下を受けて親王・内親王となるほか、代々当主が天皇の猶子(養子のようなもの)となり親王となって宮号を継承する世襲親王家が成立する。室町時代に成立した伏見宮家、江戸初期成立の桂宮家（もと八条宮家・京極宮家）と有栖川宮（もと高松宮）、江戸中期成立の閑院宮の四家である。ほかに門跡寺院（原則として皇族・上級貴族が主となる寺院）に出家して入る場合も親王宣下を受けるようになっていた。

睦仁が親王宣下を受けたとき、俗体（出家していない人）では伏見宮貞教《さだのり》二五歳・有栖川宮幟仁《たかひと》四九歳・有栖川宮熾仁《たるひと》二六歳が宣下を受けて、親王であった。桂宮・閑院宮は当主不在である。孝明天皇は、日米修好通商条約が締結された際に譲位を表明し、その際に、一大事の時であり、「幼年之者（祐宮）ニ譲リ候事本意ナキ事、依之《これにより》伏見有栖川三親王之中へ譲《ゆず》り度存候《たくぞんじそうろう》」と述べていた（『孝明天皇紀』第二）。貞教親王たち三親王は、天皇の子である直宮が存在する以上即位の可能性はかなり低いが、皇位継承の有資格者ではあった。もちろん孝明天皇は譲位表明の直前の神宮遥拝に祐宮を従えていたように、祐宮を継嗣と考えていた。しかし激動の時代であった。

宣下翌日、御礼を述べる睦仁に、孝明天皇は三献を与えた。酒盃を三回与える儀礼だが、三回目は天皇自ら酒を注いでいる。睦仁が儲君・親王となって、天皇の安堵は大きかった。

2　幕末政治の中で

八月十八日の政変と禁門の変

親王となったことで、宮中の年中行事への参加が増える。すでに述べたようにこの年（万延元年）の新嘗祭から、睦仁は徹夜をしている。

文久二年（一八六二）十二月十五日、総角《あげまき》・直衣《のうし》の睦仁は、准后とともに天皇にしたがって、はじめて三種の神器の一つである鏡を奉安する内侍所《ないしどころ》を参拝した。内侍所は、おそれおいことから賢所《かしこどころ》とも呼ばれ、紫宸殿東方にある春興殿《しゅんこうでん》が充てられていた。宮中の神事への正式な参加である。

さて中山忠能は、安政六年正月に祐宮御世話卿となり、その後も儲君御肝煎《おきもいり》・親王御肝煎として、祐宮の成長を見守っていた。文久に入り尊王攘夷運動が盛んになると、朝廷の権威向上と公武一和のために推進された和宮降嫁までも、遡って批判されるようになった。忠能も文久二年八月に差控を命じられている。そして文久三年二月一日には親王御肝煎も、過激派の三条実美と交代する。政治の変動が直接に睦仁に及んできた。以後忠能は睦仁に伺候《しこう》することはなくなり、睦仁は淋しく思ったのであろう、四月五日には組肴四重を、七月三日には魚を、八月四日には草藤を手折り吸物・組肴を添えて贈った。屛居《へいきょ》していた忠能は、秋色の濃い草藤を受け取って、生を保つよすがと涙をこぼす。睦仁と祖父は深い愛情に結ばれていた。

七月三十日には禁裏御所建春門外で、天皇・公卿が軍事を知るために、会津藩は練兵を行い、睦仁も陪覧した。天皇が軍事操練を見ることは、久しくなかった。八月五日には米沢藩が西洋式銃隊の操練を行い砲声が轟いた。驚愕した子女が多かったが、睦仁は泰然としていた。

八月十八日、孝明天皇と中川宮尊融《そんゆう》（朝彦《あさひこ》）親王は、会津藩と薩摩藩とともに、朝廷会議を無視したクーデタを敢行、対外戦争を覚悟して条約破棄の攘夷論を主張する三条実美らを宮中より追い出し、長州藩を京都より追い落とした。二十日と二十六日、天皇は小御所に京都守護職会津藩主松平容保《かたもり》ら諸侯を招いて労をねぎらったが、いずれも睦仁は総角・直衣で中段の間に着座した。政治の場への登場である。とはいえこの後の登場はない。孝明天皇は、意識して、対外戦争の可能性のある過激な攘夷論の放逐という決断を、睦仁に示したのであろう。

政変で中山忠能も議奏格に復帰し、睦仁は鯛などを贈って喜んでいる。九月二十七日には忠能・愛子夫妻が参内し、親王宣下以後は全く会っていなかった愛子は感激に涙している。

しかし孝明天皇が力を取り戻した朝廷は中山忠能に疑いを持っていたらしい。十二月には忠能は睦仁に会おうとしたが、参殿を憚れとの天皇の命があるとの理由で認められなかった。

元治元年七月十九日、長州藩兵が勢力回復のために御所に攻め上った。禁門の変である。戦闘は御所周辺で行われた。睦仁は准后とともに天皇の御常御殿に移動している。二十日夜、御常御殿の内廷に三〇〇人余りが進入、板輿を準備するという事件があった。十津川郷士が動座を目指しているとの噂があり、徳川慶喜が急ぎ参内、退散を命じた。天皇は御三《お》間《ま》、紫宸殿と移動し、睦仁・准后もともに移動した。随従の女官たちが号泣したために、睦仁は卒倒、水を与えられて落ち着いている。雰囲気に飲まれたのではあろうが、切迫した状況であった。

二十一日、睦仁は忠能を呼び寄せ、絵本を読んで貰っている。不安な折に甘えたいのは祖父忠能であった。しかし二十七日、忠能は長州藩士との呼応の疑いで、参朝停止が命じられた。

睦仁の日常は、年中行事への参加と習熟、勉学が中心であった。しかし身辺に政治の動向が及んできていた。

天皇の政治的地位の上昇と国学

睦仁に政治の動向が及んでいたのは、いうまでもなく幕末における天皇の政治的地位の上昇の結果であった。王政復古の大号令で新政府が発足したとき、睦仁は幕末に形成された天皇像を引き継いでいる。その一つが、政治を主宰する天皇であった。
天皇の政治的向上は、尊王論の高まりを背景とする。尊王論の高まりは、国学と水戸学の影響が大きかった。

国学は、古典研究である。大成者本居宣長《もとおりのりなが》は、もの・ことに深く共感する「もののあはれ」を日本の古典文学の核心とし、文学鑑賞の中心に据えることを主張した。そして「もののあはれ」を感じる心は、中国古代にも存在したが、「かの国は神の御国にあらぬけにや」、つまり「神の御国」でないから変化が起こったと捉える（「石上私淑言《いそのかみのささめごと》」）。宣長には、天照大神の国であるから他の国より優れているという自国中心の確信が、「もののあはれ」という文学論と分かちがたく存在した。

そして宣長は、日本が天照大神の御国であり、天照大神の子孫が「大御神の神勅によりて」「天地のかはらざるかぎりは」統治を命じられている国だから、神意が実現する国であり、生起する事柄は「神の御しわざ」であるという（「玉くしげ」）。この前半は、『日本書紀』の、天照大神が天孫ニニギノミコトに天地とともに極まりなく統治せよと命じたという神話であり、天壌無窮《てんじょうむきゅう》の神勅と言われるようになる。天照大神が守護しその子孫である天皇が統治する国であるから、日本は優秀であった。とすれば、天皇への敬意は増す。尊王論である。そして「もののあはれ」が純粋に表現されている古代をあるべき社会とし、その探求が必要というのであれば、古代に戻るのが正しいという復古主義が導かれることになる。

ところで神意が実現しているのだから、将軍が統治をしている現状も神意となる。「まづ天照大御神の御はからひ、朝廷の御任《みよさし》によりて」、つまり天皇が統治を将軍に委ねていると説明される（「同」）。これを「御任論《みよさしろん》」という。尊王・復古だが、宣長には幕府批判はない。

平田篤胤《ひらたあつたね》は宣長の自称の弟子である。その説には宣長の門人たちからの反発も強かったが、多量の手紙をおくるなどの活動で多くの門人を抱えるに至った。

篤胤の関心は、宣長が説明しなかった神の世界・死後の世界の解明にあった。篤胤は、人の死後、霊魂は黄泉へ行くとした宣長を批判、霊魂は国土にとどまると説いた。記紀を解釈して、天照大神は現世「顕明事《あらわにごと》」を天孫に委ね、霊の世界「幽冥事《かみごと》」を出雲大社の大国主《おおくにぬしのみこと》命に委ねたとする。「幽冥事」は、この世と同じ処にあって、この世からは見えない。したがって霊魂はこの国土にとどまっている。そして人は、生前の行いの善悪により、大国主命によって死後審判され、善い霊魂は「幽冥事」つまりこの国土にとどまることとなる（「霊の真柱」）。

一方善悪の基準は、記紀神話では完結しない。そもそも神話の神は道徳的でない。人々の行いの基準は、儒教道徳の言葉を使って、社会の生活倫理で示されることとなる。篤胤は

「皇神《すめがみ》の道」とは、清浄・忠孝・妻への信愛・子孫繁栄・親族の和・友への信・奴婢への憐憫・家の繁栄と述べている（『玉襷《たまだすき》』）が、父子・君臣・夫婦・長幼・朋友を大切にせよという儒教の五倫に、家の維持が加わっている。

篤胤の弟子・六人部是香《むとべよしか》は、大国主命や子孫の神々が村々の産土社《うぶすな》に鎮座しているとし、善良だった人々は、その地の産土社の神に仕え、「不忠・不義・不慈・不孝」を行ったものは「凶徒界」に落ちて「妖魔」の仲間になると説いている（『産須那社古伝抄《うぶすなしやこでんしよう》』）。

古典研究であった国学は、神の世界を説明し、人々に道徳を教える平田派の神道へと変容する。変容したあとの国学は、死後の魂の説明、祖先崇拝や村々の神々への信仰などによって、地方の知識人や農村指導者に受け入れられていった。

大政委任論

宣長の御任論とよく似た考え方に大政委任論がある。

幕府と朝廷の関係の難問は、端的にいえば、王が二人存在するということをどう説明するかということである。徳川家康が覇者となって征夷大将軍（将軍）となったとき、将軍の任命者について思いを廻らす者は多くなかったはずである。しかし世の中が平和になると、誰が将軍という職を与えたのかという問題に気づく。この問題の解決のために考え出されたのが、大政委任論である。徳はあるが統治能力のなくなった天皇が、徳もあって統治能力のある徳川氏に、政権を預けたと説明する虚構《フィクション》である。虚構であるが、大政委任論は、寛政の改革の主導者松平定信によって、幕府のほぼ公式の説となった（藤田覚『近世政治史と天皇』）。

ところで、徳川当主が朝廷から受ける官位は将軍だけではなかった。慶応二年（一八六六）十二月五日徳川慶喜には、正二位・権大納言・征夷大将軍、ほかに源氏長者や右近衛大将などが与えられている。なお将軍任官時には通例内大臣に任じられるが、この時は権大納言に買いたたかれている。このように、朝廷から、位階と、さまざまな官職が与えられている。

そもそも幕府は、律令の官位を利用して、大名の序列を明示していた。大名は、幕府からの申請により、朝廷とは別に官位を与えられた。徳川光圀《みつくに》を水戸黄門と呼ぶのは、光圀が権中納言であり、中納言の唐名が黄門であったからである。そして徳川宗家は権中納言より二段階上の内大臣から官を進め、尾張と紀伊は通例内大臣の下の権大納言を極官《ごっかん》（上り詰めた官）とする。水戸は権中納言が極官であった。このようにして大名間の家格の上下が示される。

幕府の申請によるとはいえ、江戸時代においても朝廷は権威の発給主体であり続けた。そのことも、朝廷の政治的地位の上昇の大きな要因となる。

天皇の政治的地位の上昇と後期水戸学

天皇の政治的向上に今ひとつ大きく寄与したのは、水戸学であった。

水戸学は、元来は朱子学であった。ところが十九世紀に入るころ水戸学は独自性を増していく。太平洋に面して外国艦船が出没し対外脅威が現実化していたこと、御三家とはいえ格下で石高が相対的に低くかつ藩主江戸在府制により支出増があり財政的に困難を増していたこと、これらにより危機感が高まっていた。くわえて『大日本史』編纂による歴史への洞察が加わる。こうして藤田《ふじた》幽谷《ゆうこく》・会沢正志斎《あいざわせいしさい》・藤田《ふじた》東湖《とうこ》の後期水戸学が形づくられる。

幽谷は「正名論《せいめいろん》」で、君臣間の上下が厳格であることが、統治の安定をもたらすと述べる。名を正すというのは、秩序を正しい状態にするとの意であろう。そして幽谷は、日本は「皇祖《こうそ》開闢《かいびやく》より」皇祖の子孫が統治しており、未だ革命、王朝の交代はない、「皇統の悠遠、国祚《こくそ》の長久」は、「豈《あに》に偉ならずや」と述べる。そして将軍が天皇に君臣の礼を行うことが、上下の秩序意識の浸透に有効であるという。つまり革命の無さが日本の優越性の根拠であった。

なぜ王朝の交代がないのがすばらしいのか。朱子学も儒学の一つであり、中国の伝統的な考え方に基づいている。そこでは、統治は、皇帝は徳がある故に「天」から政治を委ねられたと考えられる。それゆえに王朝は長く続く方が徳が上質なのであろう。寛文九年(一六六九)には、山鹿素行《やまがそこう》は、日本は王朝の交代がなかったから、〝忠〟において中国よりすぐれており、日本こそが〝中朝《ちゆうちよう》〟と名乗るべきであると主張して、『中朝事実』を著していた。

幽谷の弟子、正志斎は、幕末勤王の志士の聖典とも言うべき「新論」を著した。「新論」は、天照大神からの皇統の連続性故に日本は尊いと述べる。そして儒教の徳である仁・明・威を三種の神器に表象させ、日本の天皇も徳によって成立したものとする。こうして皇統神話と儒教が結合する。その日本が列強の接近によって危機にあった。正志斎はその危機を軍事的な危機だけではなく、キリスト教による思想侵略の危機でもあると捉えた。そこで人民を教化して体制を強化しなければならない。そのためには天皇による神々と祖先への祭祀儀礼の復活整備が必要であった。天皇が「天に事《つか》へ先を祀」ると、民は重要性を覚り、各自の忠をその主君に尽くして、民心は統一される。つまり皇室祭祀儀礼を整備して、民心を統一し忠誠心を引き締めることで、対外的危機に対応することを主張した。

ただし忠誠は段階的であり、民の藩法の遵守・藩士の藩主への忠誠は、幕府への忠誠になり、朝廷への忠誠になると説明される。したがって天皇と将軍の関係は破綻しない。

ところで、攘夷とは夷を攘《はら》う、つまり野蛮な勢力を打ち払うとの意であるが、「尊王攘夷」という語は天保九年（一八三八）の徳川斉昭《なりあき》「弘道館記」で初めて用いられたといわれる。実際の執筆者は藤田東湖である。尊王と攘夷は、ともに愛国主義の表現であり、親和度は高い。ただし「弘道館記」では、徳川家康が「尊王攘夷」を行ったと述べる。決して反幕のスローガンではなく、大政委任論の枠内の議論であった。

水戸学においても、皇統の連綿性が日本の優越性の根拠であった。そして「敬神崇儒《けいしんすうじゅ》」、つまり儒教の道徳と皇統神話が接合される。対外危機の中、尊王論による忠誠の立て直しと天皇祭祀による民衆教化で、体制を強化しようという思想であった。

国学と水戸学

宣長は中国の影響の排斥を主張したのであり、儒学とは背反する。正志斎も「読直毘霊《なおびのみたまをよむ》」で痛烈に宣長を批判している。しかし国学が篤胤以後生活道徳として儒教を取り込み、また後期水戸学が皇統神話を支持するならば、両者は近接する。吉田松陰《よしだしょういん》は門下の入江杉蔵《いりえすぎぞう》に、「本居学と水戸学とは頗《すこぶ》る不同あれども、尊攘の二字はいづれも同じ」と(安政六年十月二十日付書簡)、尊王攘夷では一致すると述べる。国学と水戸学が幕末の尊王意識を高めた。

しかし、国学も水戸学も、反幕の思想ではなかった。尊王論がなぜ反幕になるのか。松陰の場合、和親条約の時には幕府を批判していたが、徳川斉昭・阿部正弘らには期待を寄せていた。安政五年(一八五八)の通商条約締結問題が転機であった。貿易の開始を決意した幕府に対し、アメリカに媚びて「天勅を奉ぜず」、「是れ征夷の罪」であり「討滅誅戮して、然る後可《のちか》なり」と唱えたのである(「大義を議す」)。貿易を強要された幕府は、「征夷」という天皇からの「委任」と「依頼」に背いたと判断された。そこで政治は正しい在り方、君主の政治に戻さなければならないと主張され、幕府批判が本格化する。

朝廷の政治主体化と公議

幕末の政治変動は、嘉永《かえい》六年(一八五三)のペリー来航に始まる。和親条約が結ばれ、ついで通商条約が問題となって、国内対立は明瞭となった。

安政五年（一八五八）二月、老中堀田《ほった》正睦《まさよし》は上洛し、アメリカとの通商条約の許可を求めた。しかし朝廷は、勅許を与えなかった。天皇・朝廷が条約締結に反対であることが明白となり、攘夷と尊王は実態においても結びついた。

尊王論が少しずつ高まっていた。国家的危機に有効な対外政策を構築し得ないと幕府が見なされたとき、統治を委任した主体として、天皇・朝廷が発見される。その天皇・朝廷が幕府の対外政策を批判する。幕府批判者に、結集核が誕生する。権威や文化の担い手として存続した天皇が、政治の担い手として登場し、明治国家誕生で統治の中心に据えられることになった。

幕府の対外政策への不満は、大老井伊《いい》直弼《なおすけ》の斬奸状では次のように表現される。「将軍家御幼少之御砌《おんみぎり》ニ乗じ自己之権威を振《ふる》ハん為《ため》公論正義を忌憚《いみはばか》り候而《そうらいて》」（『水戸藩史料』上編坤）。公論を無視したことが罪状であった。「公論」は、「輿論」「公議輿論」とも表現され、全国のさまざまな意見から導き出される正しい議論という意味で、決定の手続きも問題とされる言葉であった（三谷博『明治維新とナショナリズム』）。つまり幕府は全国の正しい意見を聞かず、貿易開始という攘夷違反を行ったと批判されている。そもそも幕府は、譜代大名と幕臣で運営され、親藩と外様、まして朝廷は政治の運営に参加していなかった。実態においても、全大名の意見など聞いていなかった。

万延元年（一八六〇）の井伊直弼殺害のあと、和宮降嫁を推進した岩倉具視は、孝明天皇の諮問に答え、六月に次のような上書を提出していた（『岩倉具視関係文書』一）。

る。——現在は国論が分裂し、「五蛮」（条約締結の米蘭露英仏）が土地を狙っているときである。これを救うには、「関東へ御委任之政柄《せいへい》を隠然と朝廷え御収復被遊《あそばされ》候御方略に被為拠《よらせられ》、先つ億兆之人心を御収攬、其帰向する所を一定為致《いたさせ》候て、輿議公論に基き御国是を儼然と御確立被遊《あそばされ》候」ことが「天下之為《た》め長計」である。もちろん将来目標であり、とりあえず降嫁によって、実権回復を目指すべきである。

岩倉は、委任の否定と、「輿議公論」による国是確定を述べている。朝廷は公議実現の場として期待されていることを察知している。天皇の政治化は公議と分かちがたかった。

睦仁が政治の場にチラと登場した八月十八日の政変後の文久三年十二月、朝廷は一橋慶喜、松平容保《かたもり》、松平慶永、山内豊信、伊達《だて》宗城《むねなり》、ついで島津《しまづ》久光《ひさみつ》に朝議への参予を認め、参予会議を発足させた。参予会議は四ヵ月で崩壊するが、幕府が国政を独占する体制から、朝廷の下に幕府・雄藩が国策を討議する体制、つまりは公議体制へ移行しようという試みであった。

王政復古の大号令で、天皇が政治の中心となったとき、「至当之公議」が強調される必要があった。明治天皇には公議の尊重という行動が期待されることになる。

朝廷と軍事

文久二年（一八六二）五月十一日、孝明天皇は廷臣に、攘夷実行のために和宮降嫁を認めたことを説明し、もし幕府が一〇年の期限を守らなければ「朕実ニ断然トシテ神武天皇神功《じんぐう》皇后ノ遺《い》蹤《しょう》ニ則《のっ》トリ公卿百官ト天下ノ牧伯ヲ帥《ひき》キテ親征セントス」と決意を披露した（『孝明天皇紀』第三）。

江戸時代、朝廷は「平安の「雅び」を保持した別世界と思い描かれていた」という（渡辺浩『日本政治思想史』）。尊王攘夷のバイブル「新論」においても、天皇は祭祀王であった。その天皇が自ら、軍を率いて攘夷に当たると述べたことは、幕府への督責であったにしろ、天皇のイメージに大きな転換をもたらしたと考えられる。

翌文久三年三月十一日、攘夷祈願のため、孝明天皇の上下賀茂社（上賀茂・下鴨神社）への行幸があった。天皇の正式な外出である行幸は、二百三十余年ぶりであった。この行幸は、長州藩世子毛利定広（元徳）の建議に基づく。建議に言う。

――今般攘夷を決断されたのであれば、「必竟《ひっきょう》御親征をも不被為遊《あそばせられず》ては不相叶《あいかなわざる》御時勢と奉恐察《きょうさつたてまつり》候」。癸丑《きちゅう》以来伊勢・賀茂・石清水へ御祈願があったが、今回も奉幣使を派遣してほしい。なかでも賀茂社は近く「非常之御破格を以《もつて》御社参被為遊《あそばせられ》且《かつ》泉涌寺へも御参詣被為遊《あそばせられ》御代々様之叡霊に御報告無御座《ござなく》候ては不相済《あいすまざる》儀と奉存《ぞんじたてまつり》候」（『防長回天史』第三編下）。

祈願ではあったが、天皇が自ら軍を率いる親征の予行演習としての側面もあった。「征夷」の委任を否定すれば、天皇・朝廷も軍事に関与しなければならなくなった。文久三年七月三十日に孝明天皇や睦仁が会津藩などの操練を見学したのは、こうした背景があった。

政治の統轄者として登場する明治天皇は、文・雅の天皇から武を率いる天皇へも変貌しな

万延元年（1860）	1・20	延暦寺古儀復興
	6・8	北野祭旧儀復興
元治元年（1864）	5・8	神武天皇陵に奉幣使差遣
	11・24	北野臨時祭再興
慶応元年（1865）	2・18	春日祭旧儀復興
	4・24	吉田祭再興
	6・22	祇園臨時祭再興
	11・15	大原野祭再興
慶応２年（1866）	4・7	松尾祭復興

『孝明天皇紀』に見る祭儀復興

ければならなかった。

八月十八日の政変後の祭儀復興

孝明天皇は、禁門の変と前後して、祭祀の復興に熱意を傾け、内憂外患の解消を祈禱した。もとより天皇はじめ朝廷は神仏への信心が深かった。睦仁の病が篤ければ神仏に祈りが捧げられた。国家安寧には、通商条約締結の時は伊勢神宮・石清水・賀茂であったが、ペリー来航の時、安政の大地震、プチャーチンの大坂湾侵入の際、ハリスの将軍拝謁の折など、七社七寺に天皇は祈禱を命じた。伊勢神宮・石清水社・賀茂社・松尾社・平野社・稲荷社・春日社・仁和寺・東大寺・興福寺・延暦寺・園城寺（三井寺）・教王護国寺（東寺）・広隆寺である。神社へは臨時の奉幣も行っていた。ところが元治元年から、神社関係の祭事の復興に重きが置かれるようになる。

たしかに朝廷の権威の源泉は伝統にあった。有職故《ゆうそくこ》実《じつ》の知識が、朝廷の権威を守る武器であった。江戸時代も安定してくると、朝廷はそれを思い出す。慶長十九年（一六一四）の元日・白馬《あおうま》・踏歌《とうか》の三節会《せちえ》にはじまって、どの天皇も、程度の差はあれ、朝廷の儀礼である朝儀の復興を企図した。しかし孝明天皇の場合、この頃までは再興には熱心ではなかった。

禁門の変後幕府との関係が安定したとはいえ、孝明天皇には、対外政策への不安は高く、神に加護を求めたのであろう。そして尊王論の高まりは、皇統の継続と関係が深かった。この点でも神事を重視せざるを得なかった。旧儀の復興と、祖先崇拝のため整備された神武天皇陵への奉幣が復活する。孝明天皇は、これまでにもまして神事を重視するようになった。

睦仁も復活した祭儀に参加した。孝明天皇の国難意識と神事重視は、睦仁にも受け継がれたであろう。神と皇祖への振る舞いも、明治天皇が意識しなければならない課題であった。

父・孝明天皇の死

慶応二年（一八六六）十二月十三日、孝明天皇は病床に伏し、十七日、天然痘であることが判明した。睦仁は病よけの緋色の衣料を着し天皇の側にいたが、天皇は睦仁への伝染を恐れた。睦仁はすでに中山忠能の配慮で種痘を受けていることを述べ、天皇を安心させた。

二十五日午後一一時頃、孝明天皇は崩御した。突然の死に、睦仁は寝食が常の如くではなかった。二十七日睦仁は践祚《せんそ》し、二十九日大喪が発表され、剣璽が御常御殿から御三間《おみま》に移された（剣璽渡御）。三十日睦仁は父孝明天皇と拝訣《はいけつ》（おわかれ）した。

明けて慶応三年正月三日泉涌寺《せんにゆうじ》境内に陵が決定された。山陵奉行戸田忠至《とだただゆき》の、それまでの石塔を建てる形式から古制に戻す建議が採用された。

九日、清涼院代で践祚の儀が行われた。明治天皇は童形、すなわち総角・引直衣《ひきのうし》（裾が長い直衣）で儀に臨んだ。関白左大臣二条斉敬《なりゆき》が摂政に任命され、万機《ばんき》摂行《せっこう》が命じられる。

十日、孝明天皇の入棺の儀が清涼殿で行われ、導師泉涌寺長老尋玄らが、読経回向した。二十七日大喪儀が行われた。午後八時頃棺を載せた轜車《じしゃ》が出発、一一時頃泉涌寺着、尋玄が葬儀を行い、棺は陵所に納められた。つまりは、陵の形が古式になったとはいえ、葬儀は仏式であった。二月十八日の尽七日忌まで泉涌寺で法要が行われた。

天皇は二月一日に風邪で寝込んだ。疲れが出たのであろう。二日から倚廬殿《いろでん》に渡御し、素服で十四日まで過ごした。慎みである。十六日孝明天皇の諡号《しごう》が定められる。二十日精進解け、二十二日吉書御覧の儀、二十八日清祓《きよはらえ》が行われ、喪が明けたことになる。そして三月一日に年始及び践祚後の拝賀が行われた。

践祚後の日々

孝明天皇の崩御により、謹慎を命じられていた宮・公卿が次々と赦免された。多くは攘夷派で長州藩に近い者が多かった。中山忠能も謹慎が解かれる。

二月十三日中山忠能は明治天皇の命により参内した。明治天皇は親愛なる祖父に会いたかった。忠能は大喪儀の次第を改めて進講している。天皇は父孝明天皇崩御を悼む御製を示した。その中に帝王の任の重さを詠じた歌があり、忠能は、その歌の意を大事にすること、天照大神が国を預けたといっても自分のものとしては「随意之御所置《ずいいのごしょち》」となってしまう、光格・仁孝両天皇の決まりを遵守し、早く「禁秘抄《きんぴしょう》」、「後水尾院年中行事《ごみずのおいんねんちゅうぎょうじ》」、「建武年中行《けんむねんちゅうぎょう》事《じ》」、「公事根源《くじこんげん》」を学び、ついで有職故実書を読むようにと言上している（『中山忠能日記』四）。「禁秘抄」は順徳天皇が宮中の故実を解説した書で、帝王学の書とされてきた。「後水尾院年中行事」（「当時年中行事」）は後水尾天皇が年中行事を解説した書、「建武年中行事」は後醍醐天皇の著作、「公事根源」は一条兼良《いちじょうかねら》の年中行事の解説書である。要するに、江戸時代の天皇の第一の責務である年中行事の滞りのない進行による国家平安の維持を学ぶようにとの進言であった。

　ところでここで忠能が学ぶべき先帝として光格・仁孝を挙げたのは、孝明天皇は言わずもがなであったためであろうか。自分たちとは異なる意向で八月十八日の政変以後の政治を進めた孝明天皇を忌避する気分があったと読むのは考えすぎであろうか。

　ともかくも忠能は復権した。十五日以後、命に応じて有職故実進講のためにしばしば参内する。六月一日には国書進講を命じられている。生母中山慶子も、薙髪《ちはつ》（髪を剃り、仏門に入ること）の意図があったが人員不足を理由に三月十三日に典侍を命じられ、奥勤めをするようになる。四月二十九日には一度免じられるが、八月三十日再任され、さらに即位まで薙髪を待つよう命じられた。これまた生母として明治天皇を支えた。

　天皇になったとはいえ、朝議は摂政二条斉敬が主導しており、明治天皇の意思が特段に政治に反映することはなかった。二条主導の朝幕協調路線の維持という状況の中で、二条主導の体制に反して謹慎を受け、しかし復活して明治天皇の私的な側近としての位置を確保した中山忠能に着目したのが、岩倉具視であった。

岩倉は洛北に隠棲中から朝廷中心の政治体制の構築を目指していた。三月二十九日他の公卿たちとともに赦免され、入京を許された。四月二十九日岩倉は中山忠能・正親町三条《おおぎまちさんじょう》実《さね》愛《なる》に、王政復古、対外親和、同志誓約して薩土と協議という行動基準を提起している。

十月十四日、討幕の密勅が出される。正親町三条実愛が、薩摩藩の大久保利通と長州藩広《ひろ》沢真臣《さわさねおみ》に伝達した。天皇の意思を奉じたのは、中山・正親町三条・中御門《なかみかど》経之《つねゆき》であった。この勅語については真贋の論争がある。すくなくとも正式の摂政が関与していない勅語は、手続き的に正しいものではない。問題は、この文書に天皇の意思が反映していると信じられたか否かであり、その効力があったかどうかである。ここで中山忠能が奉じていることが重要である。忠能は外祖父であるだけでなく、明治天皇に拝謁しうる人物であった。また受け取った方も、これを用いることで慎重派のいる藩政府を説得しうる事ができた。この点で効果は大きかった。

一方徳川慶喜は、山内豊信の勧告を受け入れて、大政奉還を朝廷に上奏した。徳川が一大名となり、大名会議を開くという、新体制の構築を唱えたのであり、公議体制であった。慶喜は、全国の三分の一を治める大大名たる徳川氏が、譜代諸藩の支持を得て主導権を握れると判断した。事実慶喜主導の政治運営が行われるかに見えた。

再び王政復古

倒幕派は行き詰まる。そこで倒幕派は、十二月九日にクーデタを敢行した。

王政復古の大号令は、大政奉還後の徳川に有利な政治状況を打破するために必要であった。そこで、幕府だけでなく、二条摂政主導の、さらには五摂家主導の朝廷の体制も廃止する必要があった。幕府の否定では摂関政治の復活にしかならず、より昔が望まれた。復古のプラスイメージもあり、「神武創業」にまで遡った。このことは、誰も知らない「創業」であるから、ラジカルな改革を行えるという副次的な効果を産むこととなる（井上勲『王政復古』）。

また、天皇の権威は、幕府の私議に対する公議の結集核として高まった。「至当之公議」を尽くすと宣言する必要があった。幕末の政治変動がペリー以後の屈辱的外交にあったから、攘夷は不可能でも「国威」は「挽回」されなければならなかった。

大政は、持つべき主体に戻されたので奉還であった。古代が理想化されたから復古であった。その一方で、天皇の権威は、公議とも分かちがたく結びついていた。

明治天皇は、小御所会議では、面前での「幼冲の天子」との揶揄《やゆ》を、中山忠能の近侍を頼りに聞いているばかりであった。王政復古の大号令で掲げられた理念に釣り合った天皇に成長できるかどうか、明治天皇の課題は大きかった。

第二章　京都の天皇から東京の天皇へ

1　東京奠都

大磯の地引き網

相模《さがみ》国大磯の海岸で、明治天皇は、漁師たちが地引き網を操っているのを見ていた。網の端が岩に掛かって、漁師たちは裸になって海に入り、網をはずした。そして裸のまま、魚を海水で満たされた箱に入れて、声を上げて天皇の簾の前に運んできた。「天顔頗《すこぶ》る喜色あり」(『明治天皇紀』第一)。随行していた木戸孝允《きどたかよし》は、明治天皇がこのようなことを御覧になったのは初めてであろうと、日記に記した(『木戸孝允日記』二)。明治天皇が東京に向かっている途中の、明治元年(一八六八)十月九日の出来事である。すでに三月二十六日、明治天皇は大坂で海を見ていた。海を見た天皇は、流謫《るたく》の身でなければ、安徳天皇以来であろう。

江戸時代、孝明天皇の賀茂行幸まで、ながらく天皇の行幸はなかった。明治新政府になって天皇の行動範囲は拡大した。どのような考えによって、天皇の行動は変化したのだろうか。

初めて東京入りした天皇　明治元年10月13日、東京城西の丸に入る天皇一行を描いた「鳳輦江戸二重橋渡御絵巻」。伝・川辺美楯画。御物。宮内庁蔵

大坂遷都論

王政復古クーデタの主謀者の一人大久保利通は、新政府にふさわしい天皇の在り方を模索していた。明治元年正月十七日大久保は総裁有栖川《ありすがわ》宮《のみや》熾仁《たるひと》親王に、大坂親征を提案した。その後大久保は、岩倉具《いわくらとも》視《み》、三条実美《さんじょうさねとみ》、長州藩を代表する参与広沢真臣《ひろさわさねおみ》、土佐藩の参与後藤象二郎、越前藩の参与由利公正《ゆりきみまさ》らの同意を得て、二十三日、大坂遷都を建白した。大久保は次のように述べる。

> 官軍勝利となったが、端緒を開いただけであり、永久の目的が必要である。まずは数百年の古いしきたりにこだわるという因循《いんじゅん》の腐臭を一新して、主君とはここまでありがたいもの、下々の民とはここまで頼りになるものと感動するほどの実績を上げることが必要である。天皇が玉簾《ぎょくれん》の中にいて公卿しか会えないのでは、民の父母であると

いう天から授かった職掌を達成できない。そこで遷都が必要である。上下の隔絶が、今日の弊習となった。仁徳天皇が賞讃されるように、外国でもそうであるように、帝王は国中を歩くものである。遷都を機会に、「易簡軽便」を基本とし、弊害を取り去り、民の父母という君道を達成し、天皇の命令が尊重される基礎を立て、万国との対立を目指すべきである。遷都の地としては浪華《なにわ》が最もよい。(『大久保利通文書』二)

さらに二月、大久保は岩倉に、朝廷改革を提案した。天皇は、表の御座所に出て親裁すべきであり、表には後宮の女官の出入り禁止とすること、毎日政府首脳と面会すること、侍読《じどく》(学問教師)を選び世界の形勢を学ぶこと、馬術の訓練をすること、軍事操練を観ること、等が内容であった(『同』二)。

大久保は、内裏の奥深く存在する天皇、公家のみがとりまく天皇の在り方を否定している。そして、明治天皇特有の問題として、表(政務を執る公的空間)に出て来ず奥(内廷、女官のいる私的空間)にとどまっていること、教育体制が整っていないこと、馬術に習熟していないことを指摘している。

幕末に天皇は、朝廷の天皇ではなく、公議の天皇となっていた。しかし現実には、薩長を中心とする倒幕派の諸藩士が政治の主導権を握りつつあるとはいえ、依然天皇は公家が取り巻いていた。正月十五日の元服の儀は、ほぼ公家だけで執り行われた。天皇も、摂政設置以来の政務委任の態度を取り、常には女官たちと奥におり、倒幕派の諸藩士の届かない領域に存在した。二月三日に太政官代となった二条城に行幸する際、松平慶永《まつだいらよしなが》が、明治天皇は幼いからお菓子を準備すれば今後の行幸もスムーズになろうと判断するような、天皇の状態であった（岡部精一『東京奠都の真相』）。このような天皇の在り方を変えるためには、京都から引きはがすことが近道であった。先例格式との決別ともなり、簡易な政治となろう。馬に乗る軽快な天皇は、武を担う天皇像にふさわしい。そして天皇は国内を巡幸し、状況を把握すべきであった。幕末に起こった、文・雅の天皇から、武を率いる・統治する天皇への転換を確かなものにして、それを人々に見せて、朝廷の天皇という在り方を一気に変えようとする提案であった。

幕末から大坂親征論はあったが、大久保の建白は、直接には前年末の薩摩藩士伊地知正治《いじちまさはる》の大坂遷都論の系譜を引くものであろう。つまりは、大久保の描く天皇像は、薩摩藩士たちには共通した天皇像であった。そして広沢・後藤らの賛同を得たことは、倒幕派の藩士たちに説得力のある意見であった。

天皇、大坂に行く

大坂遷都には、反対が強かった。中山忠能《ただやす》も反対であった。そこで恒久的なものでなく、関東へ軍隊を派遣しているのであるから、天皇が自ら軍を率いる姿を見せるべきだと、幕末に先例のある「親征」という形で大坂への行幸が実現されることとなった。

三月二十日、新規の軍神祭が行われ、翌二十一日に天皇は出発し、二日もかけてゆるゆると大坂に到着した。本願寺別院が行在所《あんざいしょ》（滞在所）となった。公家・女官も随行していたが、京都から離れたことで、天皇の動きは軽快になる。二十六日は海軍親閲で、小舟に乗って安治川を下り、天保山で大坂湾に浮かぶ軍艦を観た。四月六日には諸藩の兵の操練を見学した。十七日、太政官代の東本願寺別院に行幸、木戸と後藤に、ペリー来航以来の形勢と世界情勢に付き下問があった。木戸は、布衣《ほい》（官位を持たない者の服）の身で天皇の間近に接したことを「数百年未曾聞《いまだかってきかざる》なり」と喜んでいる（『木戸孝允日記』一）。親征を突破口に、天皇の振る舞いに変化が発生した。

民衆と軍に天皇を見せるために、天皇が見ることで行事を重くするために、天皇は動いた。そして行幸は天皇が見て学ぶためにも必要であった。

閏四月四日、徳川慶喜伏罪を理由に、京都へ還幸し、二条城へ移転して政務を親裁することを明治天皇は宣言した。二十一日、天皇は日々午前八時頃（辰の刻）に奥より表の学問所へ出御し政務を見ること、余暇に文武を習練して、午後四時頃（申の刻）入御することが決められた。全ての政務を天皇が執るという、万機親裁である。側近に奉仕する近習の心得も、秘密漏洩・直奏《じきそう》の禁止などが定められた。ようやくにして天皇は、日々政務の場に出てきた。

同日政体書が出され、議政・行政・神祇・会計・軍務・外国・刑法の七官が設置され、政府機構が整えられた。議定・参与も整理され、議定には、輔相《ほしょう》を兼ねる三条と岩倉のほか、中山以下公家諸侯七名、参与に小松帯刀《たてわき》・大久保・木戸・後藤・広沢・副島種臣《そえじまたねおみ》・横井小《よこいしょう》楠《なん》・由利公正・福岡孝弟《たかちか》が任命された。なお朝廷に人材を登用するために徴士という制度が設けられており、小松たちは徴士となって参与に任命されている。翌日には徴士に位階が授けられた。こうして倒幕派のリーダーたちが、新政府の中での地位を確実にしていく。

あらためて参与となった熊本藩出身の横井小楠は、家族に宛てた手紙で、天皇の様子を次のように書いている。

——天皇は日々出御し、近習が間を隔てて控え、自分たちは敷居を隔てて伺候する。こうした政務の状況は「千余年来絶無」である。天皇の顔は長くやや黒い。長身で声は大きい。「御気量は十人並」だが並々ならぬ「英姿」であり、おそれおおいことは無限である（山崎正董編『横井小楠遺稿』）。

気量が器量であるならば、人並み以上に優れているわけではないという意味で、とはいえ立派な姿であると述べているのであろう。明治天皇の政務への姿勢は大きく変わった。

しかしこのまま京都にいたのでは、明治天皇はまたもとの状態に戻る可能性がある。ちょうど関東の治安が問題となった。そこで江戸への行幸が考えられるようになる。幕臣前島密《まえじまひそか》の大久保への入説もあったが、閏四月の佐賀藩出身の大木喬任《おおきたかとう》と江藤新平《えとうしんぺい》の意見が、行幸論の出発点であろう。大木たちは、東国の人心鎮撫のために、武威を示すために、天皇が東京に下ることを主張、そして江戸を東京とし、将来的には東西両京を鉄道でつなげば国家が両分する憂いはない、と提案した（『東京市史稿』皇城篇四）。七月十七日、将来的に江戸に行き政治を見る、そこで東京と改称するとの詔書が出された。副書には、「東巡西狩《とうじゅんせいしゅ》」の必要、つまり国王たるもの国土を行幸すべきであると述べられている。大木たちの提案に沿った内容である。そして八月四日に東幸が布告された。

即位式の改変

明治天皇は、東京に行く前に天皇となる儀式を済ませておくことが望まれた。大坂から還幸して天皇が政務に出る親政が行われるようになって、政治情勢から延期となっていた即位の儀が意識された。閏四月頃と推定される覚書で、岩倉は、即位の項を立て、直ちにか奥羽平定後か、即位礼改正、同日改元・一世一元の導入、皇后入内と、課題を列挙した（『岩倉具視関係文書』七）。パッケージで行うことで、新しい天皇の出発を清新に、荘厳に、示そうとした。

八月二十七日、即位礼が行われた。その内容は、岩倉の内命の下、津和野《つわの》藩出身の神祇官《じんぎかん》判事福羽美静《ふくばびせい》が中心となって、孝明天皇までの即位礼から大きく改変された。一つは、天皇の服が、唐風の礼服《らいふく》から黄櫨染御袍《こうろぜんのごほう》の束帯となったように、中国風を排除して復古をめざしたことである。即位礼は、服制のほかにも、中国の皇帝即位儀礼に倣ったものが多かった。香を焚いて天帝に即位を報告する儀礼は取りやめられ、庭上に置かれる幡旗《ばんき》は、榊に鏡・剣・璽を付けた大幣旗・日幣旗・月幣旗に変えられた。また中世から行われていた、即位灌頂《そくいかんじょう》という印を結び真言を唱える仏教的儀礼も廃止された。

二つめは即位式の行われる紫宸殿前に、徳川斉昭が孝明天皇に献上した直径約一メートル

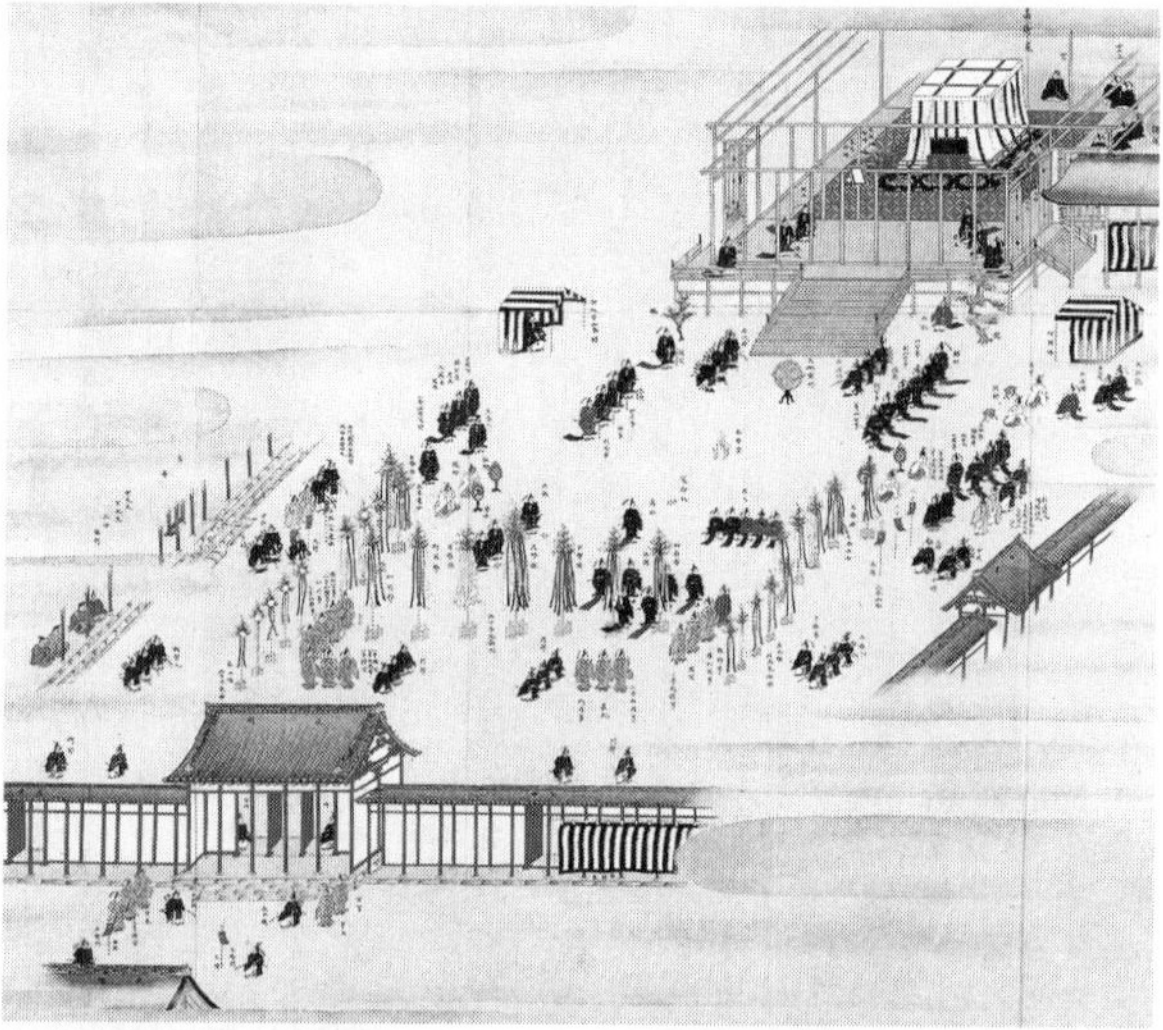

御即位図　明治25年に考証・描画されたもの。重要文化財。国立公文書館蔵

地球儀　孝明天皇に献上され、明治天皇も愛用した。御物。宮内庁蔵

の地球儀を置くことであった。小雨のため雨儀となり承平門内に置かれることになったが、開国を認めて海外雄飛を目指す壮大な気概を示そうとした。

三つめは、天皇の命令である宣命《せんみょう》を宣命使が、小声から大声で読むようにし、万民に告知する事を明示するとともに、「万民奉賀」の寿詞《よごと》を奏上したことである。四つめは、功臣である武士の参列である。つまりは公家を中心とする朝廷で完結する儀礼ではなくなり、新政府の儀礼となった。なお宣命は、桓武天皇の即位の時に、それまでにも用いられることはあったが、あらためて、天智天皇の定めた法に従って即位するという文言が用いられた。以後それが踏襲されてきた。明治天皇即位でも使われ、加えて神武天皇への復古が唱えられている。大正天皇以後は勅語となり、大正天皇・昭和天皇は天智天皇にはふれずに万世一系の継承を宣言している。神武への復古、万世一系の強調による変化である。

福羽は、津和野藩出身で、同藩出身の国学者大国隆正《おおくにたかまさ》の弟子であった。大国は、日本が条約を結び世界に打って出、世界の統合を目指すことを「大攘夷」と呼んだ。条約破棄が不能であり、開国・交易しなければならないのであれば、西洋文明を受容して、万国の盟主となることを目指すというように議論を発展させていた。地球儀で、強国となる決意を示そうとしたのであろう。神武東征の精神に復古すれば、新奇の制度は導入可能であった。

一世一元制の制定

九月八日には明治に改元され、一世一元制が定められた。元号（年号）は皇帝が定めるもので、皇帝が時の支配者であることを示す。日本でも中国に倣って導入された。おおむね代替わりの改元があるが、それ以外に中国の予言書が大変革のある年とする辛酉《しんゆう》・甲子《かっし》の年に改元された。他に瑞祥《ずいしょう》や災異によっても変えられた。そのため幕末には頻繁に改元が繰り返された。干支《かんし》の組み合わせという年の表示があるとはいえ、同時代人も、さすがに困惑を感じたであろう。そして皇帝権の強い中国の明や清では、皇帝一代に一つの元号とされるようになっていた。恐らくはこの二つの理由から一世一元が目指されたと思われる。

選定方式も、これまでの数例を挙げて公家が吉凶を論じるという方式が採られなかった。三つほどの候補から、賢所《かしこどころ》で祭儀を行い、天皇が籤《くじ》で神意を聞くという方法が採られた。籤という決定方法も、岩倉の提案に基づいていた。

ところで、改元の詔は二つ作られている。一つは、参議以上の公家が署名した伝統的な形態の物である。今ひとつは、官員四六名が署名した物である。朝廷の天皇・公家の天皇からの改革が少しずつ進んでいたが、公家社会の朝儀の伝統を否定するのはなかなかに困難であった。

なおこの改元では、これまで通り慶応四年を明治元年とするという命が出されており、新元号が遡って適用されるので正確には慶応四年は存在しないこととなる。大正以後の、日を単位に元号が変わるという改元のやり方とは異なっている。

そして九月十三日、天皇の東京への出発日が発表される。戦争が継続中であると公家・諸侯に反対が多かった。復古的国土観に立てば、都は畿内にあるべきであった。公家は京都に愛着があった。京都市民は内裏があって生業が成り立っていた。しかし政府首脳はそれらを押し切った。二十日、天皇は東京に出発する。それでも当日、老公家大原重徳《おおはらしげとみ》は、伊勢神宮の鳥居が倒れたとの情報を得て、大津の行在所まで押しかけて行幸中止を訴えた。

天皇、東京に行く

明治天皇は鳳輦《ほうれん》（輿）に乗って東海道を下って行った。内侍所《ないしどころ》の神器（鏡）も同行する。総勢三三〇〇人を超える行列であった。酒や饅頭を振る舞って、孝子節婦を表彰して列は進む。

九月二十二日には土山宿で、新たに設けられた天長節（天皇の誕生日）の祝賀が行われた。江戸時代には、内廷での祝宴と祭事にとどまっていた。欧米の元首の誕生日を祝う例に倣ったと考えられるが、天皇の存在を知らせる意図もあったであろう。熱田では稲刈りを見、吉田と新居《あらい》の間の汐見坂《しおみざか》では、初めて太平洋を遠望した。天皇が富士山を眺めたのは、「古来未曾有」のことであった。十月八日には銃猟を、翌九日には供奉《ぐぶ》の藩兵の射撃を、明治天皇は喜んで見た。どうも天皇は、武器をはじめとする軍事的な事柄に嫌悪感はなかったようだ。幕末の御所で行われた軍事調練でも泰然としていた。東京に着いてからは、浜殿（現在の浜離宮）で軍艦に試乗、祝砲に驚くこともなく、「天機《てんき》（天皇の機嫌）頗る満悦」であった（『明治天皇紀』第一）。

ところで、江戸幕府は、力で全国を統一した。だから武力・武威を誇示した。将軍は日光社参や鷹狩りで武威を示した。そして朝鮮通信使・琉球慶賀使謝恩使・長崎オランダ商館長の上府の行列で、武威は海外に轟くことを示した。全国の大名も、軍役（軍事動員）の規程に則って参勤交代を行った。その大名行列の武威に、町人百姓は平伏する。武威を示す演劇的舞台装置と儀式的演技で支配は浸透する（渡辺浩『日本政治思想史』）。

天皇が巡幸すべきであるという大久保の意見の有効性は、「東巡西狩」という漢語の理念だけでなく、大名行列を行ってきた武士には実体験として明らかであった。大久保の大坂遷都論や親征論が支持された理由であろう。

十月十三日、天皇は品川を出発する。供奉の人々は衣冠直垂《いかんひたたれ》に衣服を改め、伶人（朝廷の雅楽担当者）が雅楽を演奏して先導する中、明治天皇は威儀を整えて江戸城に入った。

一ヵ月半後の十一月二十七日、明治天皇の京都への還幸（帰還）が発表される。三条は東京が大事と反対したが、孝明天皇忌と婚儀が予定されていると、岩倉が押し切った。

還幸に当たり、費用の面と海軍振興のために、軍艦で海路を行くという案があった。これには安全の面で、中山忠能はじめ反対が多かった。明治天皇は、神器があり海路は不可だが、神慮伺いをしてもよいとの意見を述べた。これには三条が驚いた。神慮伺いに及ばず、天皇の決断次第であると説得、陸路を選ぶ事となり、十二月八日出発、二十二日京都に戻った。

確かにほとんどの公家は頑迷であった。だから京都に戻ることが優先された。しかし倒幕派のリーダーたちが政府を実質的に運営しているときに、そしてこの年の九月に会津が開城し東北戦争をほぼ終結に導いた軍事力があるのに、なぜ京都に戻る配慮が必要なのだろう。

木戸孝允は、江戸開城前に、版籍奉還して中央集権化を進めるべきだという将来構想をとなえている。しかし廃藩置県はそれから三年余り後であった。何故こんなに時間が掛かるのか。

改革が一気に進まない要因が、天皇の在り方にも関係してくる。では阻害要因は一体何であったのだろう。

五箇条の誓文

時は少し遡る。三月十四日、天皇は群臣を率いて天地神明に「国是」を誓った。五箇条の誓文である。箇条は、書き下すと以下の通りである。

広く会議を興し、万機公論に決すべし
上下心を一にして、盛に経綸を行ふべし
官武一途庶民に至る迄各其志を遂げ、人心をして倦まざらしめんことを要す
旧来の陋習《ろうしゅう》を破り、天地の公道に基くべし
智識を世界に求め、大に皇基を振起すべし

第四条第五条で開明・開国和親につながる思想が表明されている。攘夷の気分は残っていても、通商条約はすでに勅許されていた。正月十五日には、参与兼外国事務取調掛の東久世《ひがしくぜ》

通禧《みちとみ》が外国公使に王政復古と幕府締結の条約の維持を伝えるとともに、国内に和親が公布されていた。そして明治天皇も、国内の人々だけでなく、外国使臣にも、姿を見せる必要があった。

二月十五日外国公使との面会が発表された。最後は中山忠能が気の進まぬ明治天皇を説得したらしい。とはいえ公家は頑迷であった。東久世の伝記に拠れば「老人の公卿《くぎょう》堂上《とうしょう》人、諸藩士中の国学者」が反対していた。内廷では中山慶子をはじめ反対が多く、孝明天皇の意思に反するので不孝であると叫んでいた。東久世は、公使は「外国の天子の名代」であり、接見を断れば外国の天子を侮辱することとなり戦争となる、だから「各国普通の例」を行う、「京都をとられたら先帝へ対してそれこそ申訳がない」と説得したという（『竹亭回顧録維新前後』）。

二月三十日、フランス公使ロッシュとオランダ代理公使ポルスブルックが参朝する。それに先だって、元来は律令下では妖気が都に入らないために行われる道饗祭《みちあえのまつり》がなされた。祓われたのは外国人の安全であったろうか、外国人そのものであったろうか。

フランス公使に随行したトゥアール艦長は、明治天皇を次のように述べている。「十四から十五歳の若者であった。眉毛が剃られ、その代わりに、額の真ん中に筆でなぞり画きされて、これがさらに彼の顔を長めに見えさせていた。歯は既婚女性のように黒い漆で染められていた。上半身には白い着物を羽織り、脚には長い布切れを巻き付けていたが、これが彼を法外に大きく思わせていた。頭には黒い警察のボンネットのようなものを載せていたが、これは結構雄鳥の鶏冠に似ていた」（『フランス艦長の見た堺事件』）。元服した天皇は、公家の中の天皇であった。お歯黒、描き眉、書かれていないが白粉《おしろい》を塗っていた。装束は引直衣であり、紅の袴を長く引いていた。「鶏冠」とは纓《えい》を立てた（天皇だけが立てる）冠の描写である。

この日イギリス公使パークスは、滞在していた知恩院からの御所への途中の新門前縄手で襲撃されて、知恩院に戻っていた。外国人への反感はまだまだ強かった。新政府は陳謝を重ね、パークスは三月三日に参内した。フランス公使・オランダ代理公使の時と同じく、公使が天皇の前に進み、天皇が勅語を述べ、公使が奉答する。握手は無かったものの、パークスの報告では「事情の許すかぎり厳密に欧州の宮廷で行われるそれ（謁見の儀式）と一致した」という（石井孝『増訂版　明治維新の国際的環境』）。

明治天皇は、国内に姿を見せるだけでなく、開国和親をとる以上、外国の使臣に、西欧近代社会の国際儀礼（プロトコール）を用いて、その姿を見せなければならなかった。

公議の制度化

五箇条の誓文の第一条は、天皇の権威と公議が結びついていることを宣言している。まずは、廃藩置県までの政治勢力を、宮地正人氏の研究を基に、私見を加えて説明しよう。

この時期の政治勢力は、次の五つに大きく分類できる。

①旧有志大名を中心とする公武合体派、②倒幕諸藩のリーダー（維新官僚）、③諸藩の藩

士、④攘夷派、⑤公家。

鳥羽伏見の戦いで①の後退は明瞭になり、政府の中で廃藩置県まで地位を保ったのは松平慶永と伊達宗城ぐらいであった。かわって政府に登用された②がリーダーとなっていく。たとえば大久保・木戸といった、政体書の際に参与になった人々である。②と③の違いは、当初は攘夷の度合いの差であった。②は諸外国の人々と接触があり、さらに新政府に登用されて接触が増えるほどに、西洋化の必要性を緊急の課題と考えるようになり、攘夷の気分は薄くなる。政府を運営することで政府への帰属意識は高まり、維新官僚として成長する。それに比べ③は、尊王攘夷の志があるからこそ幕末から活動し、戊辰戦争も戦った。明治になっても藩地に帰って外国との接点が少なければ、容認しうる西洋化は軍事面に限定されるであろう。さらに③には、戊辰戦争の勝者の意識が加わる。藩の兵士として、勝利した。藩の軍事力の強化が、武士である自負が、新政府を支えるエネルギーとなるべきであった。つまり尊王攘夷の理念が色濃く、自らの軍事力に自信を持ち、武士である自負があり、廃藩の必要性をあまり感じない集団であった。

④は幕末に藩から離れた、あるいは武士でない、いわゆる勤王の志士である。尊王攘夷の理念が濃厚な人々であった。国学者はおおむねここに分類される。⑤は、三条・岩倉を除き、王政の復古にあこがれる、尊王攘夷の気分が濃厚な人々であった。明治天皇を説明しようとする場合、⑤の動向は一般政治より重視する必要がある。

そして幕末の運動の中で、勤王の志士たちは京都で活動した。③④⑤は個別にネットワークを形成していた。③④⑤が一致団結する政治勢力となるのは困難かもしれないが、緩やかな連絡が存在すると観察されうる程度にはネットワークが形成されていた。

わたくしたちは、この後②のグループが政府の中心人物となったことを知っている。そして彼らは有力諸藩出身であった。だからなぜ②の主導で事態が進行しないか不思議に思う。しかし五箇条の誓文のトップに置かれるように、新政府の正当性が公議に置かれているならば、天皇の権威と公議が分かちがたく結びついているならば、新政府は①③④⑤を無視できない。

そして実際、新政府は公議の制度化に努めた。明治元年正月十七日、各藩を代表して政府に建言する貢士を設置した。以後公務人、公議人と改称した。そして明治天皇が東幸に出発すると、公議人の東京行きが命じられ、「実ニ一日モ不可欠《かくべからざる》ハ公議」と述べる詔書が出される。天皇は公議性を身にまとっていなければならなかった。

翌二年正月二十五日、岩倉は建白書を提出し、議事院設置を唱える。「抑《そもそも》大政維新ノ鴻《こう》業《ぎょう》ハ」「天下ノ公論ニ由テ成就スト言ハザルヲ得ズ」。「将来ニ於《おい》テモ議事院ヲ設置シ、施政ノ法度ハ衆議ニ附シタル上廟議一決シ、宸裁（天皇の裁決）ヲ経テ施行セバ、縦令《たとえ》異論百出スルモ、容易ニ之ヲ変更スルコトヲ得ズ」（『岩倉公実記』中）。公議と天皇の裁決によって政治方針は不動となる。そして天皇が再び京都を離れる日、東京では公議所が開設された。

古くは尾佐《おさ》竹猛《たけたけき》氏の研究に見るように、公議所・集議院の議論は守旧的で、政府首脳とは異なった結論を出している。最も有名なのは、森有礼《もりありのり》が出した廃刀自由論に公議人が反発、森が辞任に追い込まれた事件である。頑迷であった。しかし当然であろう。各藩は活性化した③が主導権を握っている。その代表者を集めた会議で、開明的な議論が、西洋化を目指す意見が、藩の権限削減が、支持されるはずもない。

問題は、大久保が「公議府なと無用之論多ク未今日《いまだ》之御国体ニハ適し申《もうす》ましく候」（明治二年六月四日付桂右衛門宛書簡、『大久保利通文書』三）という判断を下す状態であったにもかかわらず、それでも新政府は公議所を設け、版籍奉還後は権限を削減したとはいえ集議院に改組し、組織を維持したことである。廃藩置県後でさえ、集議院を直ちに廃止できなかった。政治力学と思想の点で、公議の尊重が、西洋化や廃藩置県という改革の遅れをもたらしていた。

神祇官復興

五箇条の誓文の前日、祭政一致、神祇官《じんぎかん》復興が布告された。神祇官とは、律令制下で祭祀関係を司った官庁で、太政官と並ぶ最高機関だった。天皇の権威の上昇が皇統神話を一因とし、復古が目標であるのならば、神祇官を復興し、天皇が祭祀と統治を行う祭政一致が唱えられたのは当然であった。国家の方針である五箇条は、神に誓う誓文の方式で為された。

そして公議が新政府の正当性の根拠であるならば、いかに頑迷であろうとも、④に分類される祭政一致論者を排斥することはできない。三月中旬からいわゆる神仏分離令が出されるようになり、早速に比叡山延暦寺の守護神日吉《ひえ》社で、仏教色の破壊排除が行われた。かくして廃仏毀釈《はいぶつきしやく》が進行する。

では祭政一致とはどのようなものが目指されるのか。統治に神意を伺うのだろうか。水戸学や平田派のように、皇室の祖先祭祀を整備して民衆教化に乗り出すのだろうか。

明治天皇が京都への帰還にあたり海路を取ることを神慮に伺うといったとき、三条と岩倉は頭を抱えたに違いない。復古を目指し、公家の慣例を改変するために、元号決定には籤で神慮を問うた。しかし現実政治を神慮で動かすと思うほどには、三条と岩倉の二人は安穏として幕末を過ごしたわけではなかった。明治天皇は孝明天皇の教えを受け神事を大切にしていた。国家の平安を神祇に祈ることは重要であった。しかしそれでは問題は目に見えては解決しない。明治天皇と神道、新政府と神道のバランスとをどう取るかという課題が存在した。

復古的国土観に立つ④攘夷派や、京都に愛着があり、人間関係においても理念的にも④に近い⑤公家は、天皇が京都から離れることに反対する。理念と政治力学から④⑤は排除できない。

だから明治天皇は、一度は京都に戻らなければならなかった。

再幸から版籍奉還

十二月二十二日、明治天皇は京都に帰った。京都に着く前の十二月一日、東京に宮殿造営の命が出された。少なくとも、大木の建白にいう両京を維持することは明示された。

翌二十三日孝明天皇の三回忌が行われ、二十八日には一条美子《はるこ》が入内して女御となり、即日皇后となった。還幸の課題が達成されて、翌明治二年正月十八日には、東京への再幸が決定された。新しい天皇像の創出、東国の治安という課題は依然残っていた。加えて横浜の掌握という問題もあった。しかしもちろん反発は大きい。京都府下には、再幸は遷都でないと公示した。ようやく三月七日になって明治天皇は京都を発った。以後東京が事実上の首都となる。

明治天皇の旅程は、伊勢神宮に立ち寄った点が最初の東幸と異なっていた。実は、天皇の神宮参拝は、明治天皇が史上初めてのことであった。

木戸と大久保の尽力で、正月二十日付で、薩摩・長州・肥前・土佐の藩主が連名して、版籍奉還の上表が提出された。明治天皇が東京に着いて後、版籍奉還は、五月二十一日天皇出御の上、高級官僚に諮問（上局会議）、二十二日同じく出御の上諸侯に諮問、さらに公議所で討議の上、六月十七日上表を聴許する形で、実行された。

つまり公議を尽くして、版籍奉還は行われた。天皇の権威だけで実行し得たのではなかった。版籍奉還後の太政官は二官八省制、つまりは外見的には太政官と神祇官が並び立つ組織となった。天皇の権威は皇統神話と攘夷の気分と、これまた分離しがたかった。天皇の権威を支える理念の存在と、③④⑤のグループの温存の下、政府は開国和親を取らなければならなかった。明治天皇の在り方をめぐる政治状況は、版籍奉還後も大きくは変化していなかった。

2 政府の強化と廃藩置県

孝明天皇〝忌〟から神武天皇〝祭〟へ

明治天皇の京都還幸の理由の一つ、孝明天皇へのおまいりは、神道形式で行われた。明治元年（一八六八）十二月二十三日、孝明天皇陵に勅使《ちょくし》が差遣《さけん》され、玉串《たまぐし》が奉呈《ほうてい》された。二十五日には紫宸殿の神祭のあと天皇が参拝し、帛《はく》の御袍《ごほう》で玉串を捧げた。帛の御袍とは白色の袍で、おもに神事に用いられる衣装である。

第一章で述べたように、孝明天皇の葬儀は泉涌寺の僧によって仏式で行われた。一周忌は慶応三年（一八六七）十二月二十九日に般舟三昧院《はんじゆざんまいいん》と泉涌寺で法会が行われ、典侍四辻清子《よつつじきよこ》が代香していた。江戸時代は、三回忌は、通例では宮中の清涼殿において、懺法会《せんぼうえ》が僧侶によって行われていた。この慣例を大きく変えて、孝明天皇の三回忌は神道式で祀られた。

明治三年三月二日には、神武天皇祭が行われた。孝明天皇の大和行幸計画に見るように、始祖の墓である神武天皇陵は重視されていた。大和行幸中止の翌元治元年（一八六四）五月八日には神武天皇陵への勅使差遣・奉幣《ほうべい》が始められ、天皇崩御日の三月十一日に奉幣することとなった。明治三年になって、勅使差遣に加えて、明治天皇が神祇官の神殿で自ら拝礼して祭りを行う親祭《しんさい》が行われるようになった。皇室の祖先祭祀は神道式となり、重要視されて天皇が執り行うこととなった。十一月二十二日には歴代天皇の式年祭が制度化され、一周・

三年・七年・一七年・二五年・三三年・五〇年・一〇〇年に祭祀を行い、以後は五〇年ごとに山陵での祭祀となった。しかしこれは仏教の年忌を参考とした設定であったので、明治五年になって一・三・五・一〇・二〇・三〇・四〇・五〇・一〇〇年に改められている。

祖先祭祀だけではない。途絶えていた律令の祭祀も復活が試みられた。神祇官が重視したのは祈年祭《きねんさい》で、明治二年二月二十八日に復興された。春に実りを祈る祈年祭があって、新穀を捧げて感謝する新嘗祭《しんじょうさい》がある。また律令では、諸国の神社に奉幣するのは、祈年祭・新嘗祭（大嘗祭《だいじょうさい》）と六月、十二月の月次祭《つきなみさい》であった。明治四年には大祓《おおはらえ》が復興される。

さらに折々に新しい祭りが追加された。明治元年の東幸の際の氷川神社への行幸と勅祭化（後に準勅祭と規定）。大坂親征前・凱旋・明治三年正月講武始に行われた軍神祭（講武始は明治四年から神事を除き陸軍始となる）。明治二年八月の学神祭。九月招魂社大祭への勅使差遣。明治四年三月に春季御祈祭、五月に遣外国使神祭、などなど。まさに祭政一致国家であった。

神祇官と大教宣布

版籍奉還後の明治二年六月二十八日、明治天皇は神祇官に行幸し、祭政一致のために国是一致の奉告を行った。十二月十七日には神祇官仮神殿が竣工し、東座に天神地祇、中央の座に八神、西座に皇霊を祀った。翌年正月三日、明治天皇は神祇官に八神・天神地祇・皇霊を祀る理由をしめす詔と、宣教使に国民を教化させる大教宣布の詔を出した。当初は、神祇官に行幸し親祭の予定であったが、体調を崩し三条実美の代拝となった。なお八神とは、天皇を守護する神産日神（カミムスビノカミ）以下八柱で、古代の神祇官に祀られていた。

すでに明治二年三月には教導局が設置され、七月には宣教使に改組され、国民に神道の教化が目指されていた。水戸学が提起した皇室祭祀とその教化による思想的国土防衛を果たすためには、具体的に国民を教導していく必要があった。

神事関係の担当者は、神祇官であり、そこには神祇に詳しい公家や専門家である国学者が配置される。宮中儀礼、特に神事関係の改廃は、倒幕派出身のリーダーの関与できる部分ではなく、神祇官を中心に立案される。

その神祇官では、路線対立が生じていた（武田秀章「近代天皇祭祀形成過程の一考察」）。即位はじめ岩倉の諮問に応じ立案してきたのは、福羽美静などの津和野派であった。開国和親を容認し万国雄飛を目指す点で、政府首脳と近かった。いわば「神武創業」であった。津和野派は天皇が自ら祭祀を行う天皇親祭、天照大神中心の祖先崇拝、天皇の祖先崇拝を通じた国民の教化を目的としていた（祭政教一致）。

しかし、そもそも江戸時代、宮中の神事は家職として公家の白川家・吉田家が執り行っていた。内侍所は白川家の管轄であったし、神祇官代は吉田神社と白川家に存在した。また神道家には、平田派国学者やその影響下にある者も多かった。白川家も関係が深い。そして平田派は、攘夷主義が強かった。岩倉の幕末期の知恵袋玉松操《たままつみさお》や矢野玄道《やのはるみち》は、東幸に強く反対した。京都を中心とした律令的秩序が目指された。いわば「王政復古」であった。津和野派と平田派との間では、理想とする神祇官も、復興すべき祭祀も、微妙にずれが生じてくる。

津和野派は明治元年春、主導権を握ることに成功する。閏四月の政体書以後、神祇官知事には公家トップの鷹司輔熙《たかつかさすけひろ》・近衛忠房《このえただふさ》が就任したが、実権は副知事の津和野藩主亀井茲監《かめいこれみ》が握った。即位式は新儀で行われ、孝明天皇祭は神道形式・天皇親拝となり、再幸の際の伊勢神宮行幸では天皇親拝が実現された。

しかし幕末の攘夷運動は津和野派が行ったのではなかった。版籍奉還後の職員令《しきいんれい》で、神祇伯に中山忠能、神祇大副（上席次官）に白川資訓《しらかわすけのり》、少副に福羽が就任した。両派に配慮した人事と言っていい。明治二年十二月十七日、神祇官仮神殿に、皇霊・八神・天神地祇が祀られる。律令に戻るのであれば、神祇官は太政官と別に整備されなければならなかった。

平田派は、④攘夷派に該当する。④のグループは、政府全体を眺めたならば、拠って立つ軍事力もなければ、朝廷の地位が高いわけでもなかった。しかし尊王論の理論家たちであった。また長い活動歴があった。③諸藩の藩士や⑤公家との接触があった。第一章で触れた平田派国学者の六人部是香《むとべよしか》の六男是愛《よしちか》は、明治元年正月の三職七科と呼ばれる政府機構では、神祇事務の実務担当三人のうちの一人であった。是香に近い矢野玄道は、岩倉の知恵袋として活躍、神祇事務局に出仕、おそらくは津和野派に逐《お》われたあとも、明治三年には文教行政を担当する大学の中博士となり、有栖川宮・仁和寺宮・華頂宮の侍講を務めていた。津和野派への対抗は、こうしたネットワークがあったから可能であったのだろう。

しかし神祇官を担った④の人々は、のちに皇典講究所（現國學院大學）第二代所長を務める佐佐木高行《ささきたかゆき》すら、同時代的には「弾正（台）ノ書生論ト神祇ノ玩《(頑)》固ニハ大ニ困窮《(窮カ)》セリ、一般ヨリ見捨ラレタル景況ニ至レリ」（『保古飛呂比《ほごひろい》』五）と嘆息するほどであり、「開化者ノ尤《もっと》モ忌嫌《いみきら》フ処」（『同』）と②維新官僚の中の欧化推進派との対立は容易に発見できた。

明治天皇の日常

大坂親征から帰って、明治天皇は日々午前八時頃から午後四時まで表に出ることになった。戦局が落ち着いて改めて教育プランが練られ、東京に着くと一層綿密になった。漢学・和学・乗馬・習字が修練されるようになり、天皇の日常は政務より学習が中心となった。

とはいえプラン通りではなかったようである。まずは、側近と講義者の問題があった。公家から離れて軽快に行動する天皇を目指す大久保利通は、東京からの還幸に供奉して、明治天皇の様子は「誠ニ御盛ん」で感激に堪えないが、天皇を取り巻く公家出身の近習《きんじゅう》（のちの近代の侍従にあたる）が天皇の補佐の適任には見えない、「才略ハ欲せさる処にして、人君たる之御体被為備《そなえさせられ》候様頻《しきり》に誠願する処也」と、十二月岩倉に手紙を書いている（『大久保利通文書』二）。天皇の君主としての成長を今の近習には望めないと批判し、翌明治二年正月七日には木戸と副島種臣を侍読《じどく》とするよう提案している（「大久保利通日記」）。

これをうけて岩倉も、輔相三条に二十五日に提出した緊急の課題を述べた「事務四策」の中で君徳培養を挙げ、侍読・侍臣の選任を論じている。

任命日は正月二十日であるが、おそらくこうした考えの中で侍講に選ばれたのが、国学者

決定日	内　容	
明治元・9・3	1・6	乗馬
	3・8	漢学御会　貞観政要　近習陪聴
	4・9	和学御会
	5	武場御覧
10・20	2・7	午前習字（熾仁）　午後史記講義（秋月種樹）
	3・8	午前保建大記輪読（東久世通禧）　午後乗馬
	4・9	午前習字　午後神皇正統記輪読（東久世通禧）
	5	資治通鑑講義（秋月種樹）
明治2・2・6	1・6	巳刻(10時)習字（熾仁） 午半刻(1時)日本書紀神武天皇紀進講（玉松操）
	2・7	巳刻習字（熾仁）　午半刻論語輪講（中沼了三か）
	3・8	午半刻乗馬
	4・9	巳刻復読・習字
	5	午半刻四書輪読（中沼了三か）
	10	神皇正統記輪読（平田鉄胤か） 2・5・7・10は近習等参加
4・4	1・3・6・8	卯半刻(7時)乗馬
4・12	2・7	辰半刻(9時)詩経講義（中沼了三） 午半刻資治通鑑講義（秋月種樹）
	3・8	辰半刻詩経稽古・復読 午半刻貞観政要・帝範親講（秋月種樹侍座）
	4・9	辰半刻詩経稽古・復読 午半刻大学講義（中沼了三）
	5・10	辰半刻詩経稽古・復読 午半刻国史（平田鉄胤・福羽美静）
明治2・4・23	辰御学問所代出御 夕刻入御 輔相・議定・参与は毎日祇候　時に御前評議	

明治初年の明治天皇の日課　内容に「1・6」などとあるのは、1と6の付く日という意味

平田鉄胤《かねたね》と、山崎闇斎派の漢学者中沼了三《なかぬまりょうぞう》であった。侍読・侍講ともに皇帝に学問を教授する官だが、侍読の方が高位である。さて、山崎闇斎は皇統の連続ゆえに日本の優越性を説いた儒学者であり、中沼も大義名分と皇室の尊厳を説く儒学者であった。つまりは④攘夷派に分類される人物が天皇の教育係に登用されたことになる。大久保の提案とは趣の異なる人選であった。木戸は長州藩出身の大村益次郎《おおむらますじろう》に、京都は「殺気も相応に有之」、「其に平田大学(大角、鉄胤のこと)と歟《か》申学者、主上の御前へ出、講訳《(釈)》と歟申候由」と驚きの声を上げている(二月十六日付書簡、『木戸孝允文書』三)。のちに高鍋藩世子秋月種樹《あきづきたねたつ》が漢籍を、福羽美静が国史を講ずるようになったが、明治三年十月には玉松操《たまつみさお》が侍読に加わっており、④攘夷派の傾向が強い。

また明治二年八月二十二日には新しく侍従が任命されているが、一〇名中七名が、大久保が不適任とした近習出身であった。

『明治天皇紀』の時々の記載を見る限り、明治天皇の学習はかなりの頻度で行われており、漢籍や国史への理解は深まったとは思われる。しかし天皇は、基本的には公家に取り囲まれ、攘夷の気分が濃厚な環境の中にあった。

とはいえ、政務に関しては、明治天皇は三条・岩倉から説かれた国政の重大事には、求められた役割を果たしている。版籍奉還前の国是《こくぜ》諮詢《しじゅん》や版籍奉還聴許など、重要な事項の伝達・決定には天皇はその場に存在している。七月には、イギリスの第二王子アルフレッドが、外国王族として初来日したが、二十七日には天皇はアルフレッドに会い、談話している。『明治天皇紀』を見る限り、政務では、何かを拒否したりする記述はない。

版籍奉還後の明治二年七月の太政官規則では、毎日午前一〇時に小御所代へ出御、御前会議で天皇の裁決を得るとの規程となった。精度の問題があるが、『明治天皇紀』では、御前会議は明治二年八月には一二回、九月には一四回開催された。以後は多くて月六回となる。政府首脳が意識して要請すれば、天皇は出席するという状態であったと思われる。御前会議が減ることに反比例して、明治三年の夏頃から、乗馬の記事が増えてきている。

つまりは明治天皇は国家意識と若さの柔軟さから、説かれれば理解して新しい事態に対応した。新しい神事も務め、宮中儀礼の改廃も受容した。しかし政務への積極性には乏しかった。したがって政務について、機微にわたれば理解の外にあった。

明治天皇は武に興味があった。練兵の観閲は、要請されれば行っていた。明治三年九月八日、薩長土肥の四藩の兵が交代のために帰藩するにあたり越中島《えっちゅうじま》で操練が行われ、明治天皇は観閲した。大久保は言う。天皇が観閲して勅語を与えれば、帰藩後も朝廷に死力を尽くすであろうと。

実は、天皇と政府を守る軍事力は、実質的には徴兵と呼ばれる四藩が提供する兵が主力であった。なけなしの直轄軍である。だから大久保は天皇が姿を見せて激励する必要があると考えた。ところが当日、暴風雨が吹き荒れ、操練は途中で中止になった。『明治天皇紀』によれば、軍備充実は急務であるという天皇の意思で、十二日に再度実施となった。その当日天皇は病気となり、三条が代行した。病気は仕方がない。しかし再度実施してまでも天皇が自ら激励しなければならないという機微を、明治天皇は理解していなかった。

三傑集合

中央集権というのは現在は評判がよろしくない。しかし明治初年には、切実な課題であった。明治三年九月付の意見書で、②維新官僚の中でもとびきりの開化派大隈重信《おおくましげのぶ》は、庶政・財政・軍事の点から集権化の必要を説いている。この当時の分権とは、徴税権と軍事力を保持する藩が存在する体制である。

各藩が軍事力を保持することは中央政府にとって脅威であったし、それぞれが違った兵制では統一的運用もできないであろう。準拠すべきはイギリス式かドイツ式か、はたまたフランス式か。また、各藩の税は直接には中央政府に入らない。財政の効率的運用でも廃藩は必要であった。

しかし前に述べた③諸藩の藩士は、藩の軍事力の結集で戊辰戦争に勝利した経験がある。なぜ藩の軍事力を排除しなければならないのか。攘夷の気分も濃かった。なぜ軍事以外の西洋化が必要なのか。そして幕末以来志士として活動した者もいた。④攘夷派や、⑤公家との連絡網も存在した。そして天皇の権威は公議と結びついている。決して②維新官僚だけで政権は運営できなかった。

困ったことに、維新の英雄西郷隆盛が、政府にいなかった。薩摩藩の大参事（藩主に次ぐ地位、家老にあたる）にあった。各藩の藩兵層は西郷に期待する。そして西郷の政府批判が、写本の形で伝わってくる。西郷の批判の聞き書きは、大隈の関係文書中からも発見される。

万国対峙のために、欧米に追いつくために、西欧化しようとすればするほど反発は強くなる。維新官僚は、反発覚悟で西欧化に邁進するグループと、反発に配慮するグループに分かれる。前者が木戸孝允と長州藩出身者を中心にまとまる。後者が大久保利通と薩摩藩出身者を中心に集まる。よく考えれば、長州藩と薩摩藩は五年前は敵であった。

明治三年夏、木戸派と大久保派の対立は、木戸派の牙城で開明化政策を推進していた、合併状態であった民部・大蔵省の分割論となって顕在化した。結局は両省を分割する一方、両省の中心人物大隈の参議昇格、工業化のための工部省設置という妥協で終わり、対立の原因は解決されない。

政府首脳の憂慮は深い。大久保はともかくも政権強化に乗り出した。西郷を呼び出し、薩摩・長州の軍事力を集めることが目指される。十月初旬の軍事力を強化した上での大久保の具体策は、「朝廷之体裁確実ノコト」「御輔導ノコト」「君側非常ノ改革ヲ以テ御節倹ノ道被為定《さだめさせられ》候事」「民・蔵之権断然《だんぜん》政府ニ御握リノ事」「君側ニ参議二人若クハ三人専務ノコト」などであった（「大久保利通日記」）。政府改革と強化を目指すのであれば、天皇の権威を高め、天皇と政府首脳が一体であることを示すしかない。大久保は、三条・岩倉の同意を得て、木戸と意思疎通を図った。木戸は藩の軍事力を頼ることに不満を持ったが、協力に合意した。

十二月十八日、岩倉が勅使として大久保とともに薩摩藩に入った。翌明治四年正月七日、岩倉は西郷・大久保とともに、木戸が待つ長州藩は山口を訪れる。ついでに維新の功労者土佐藩の板垣退助《いたがきたいすけ》も呼び出すこととなった。

二月二日、維新の三傑、木戸・西郷・大久保が揃って東京に到着した。直ちに薩摩・長州・土佐の軍事力を集めた御親兵の編制が決定した。こうして廃藩を将来構想とした中央政府強化策がようやく成功した。

攘夷派の排除と廃藩置県

中央政府強化を決断するとともに、政府首脳は、異なる国家構想を持つ④攘夷派や、④に連絡のある、あるいは攘夷色の強い③諸藩の藩士、さらには⑤公家の排除に乗り出した。

参与横井小楠は、朱子学者であったが、古代に理想を求めて朱子学を乗り越え、ヨーロッパの議会制度を理想の実現化と捉えていた。そのためキリスト教を蔓延させる人物と判断されて、明治二年正月五日に暗殺された。④に分類される者たちの犯行である。この実行犯に対し、刑法官知事大原重徳は寛刑を主張、後任の正親町三条実愛も支持した。大原は明治天皇の東幸を引き止めようとした人物である。さらに、皇后の教師である若江薫子《におこ》も寛典《かんてん》論を主張した。四月三日木戸は岩倉に、若江が「攘夷説尤《もっとも》盛《さかん》に陳論」していると聞くが「得《とく》と今日之御主意を御説諭」すべきであると手紙を送っている（『木戸孝允文書』三）。

明治三年十月十一日、横井殺害犯がようやく処断された。十四日、廃仏を行った日吉社神職樹下茂国《じゅげしげくに》らが謹慎になった。翌年三月、公家の外山光輔《とやまみつすけ》・愛宕通旭《おたぎみちてる》が逮捕、ついで矢野玄道・

中沼了三が逮捕される。正月には玉松操が侍読を辞めていた。④を中心に排除が行われた。

ところが西郷・大久保・木戸が揃っても中央政府改革が停滞した。人事と官制改革の意見がまとまらなかった。六月二十五日には西郷と木戸だけを参議にしたが事態は動かない。

七月に入り、長州出身の木戸派で兵部省の事実上のトップであった山県有朋《やまがたありとも》を中心に、統一軍制の必要から廃藩を断行すべきであるとの意見が起こった。山県の仲間が大蔵省の事実上のナンバー・ツーであった木戸派の井上馨《いのうえかおる》の説得に乗り出したところ、井上も財政・税制の統一的運用のために廃藩に強く賛同した。そして木戸の説得を井上が、廃藩に消極的と見られた西郷の説得を山県が行うこととなった。つまり、列強に対峙する強国を造るためには、軍制の統一と財源の有効配分が必要であることを、権力の二大基盤の軍事と財政の担当者は痛感していた。

七月九日廃藩のために西郷隆盛、西郷従道《さいごうじゅうどう》、大久保利通、大山巌《おおやまいわお》、木戸孝允、井上馨、山県有朋らが集まって計画を練った。十二日になって西郷と木戸は政権トップの三条に言上し、速やかな天皇の裁可を要求する。ナンバー・ツーの岩倉具視には知らせないとの意見もあったが、忍びないとして、木戸と大久保が伝達している。廃藩置県の計画は、薩長両藩出身者が結集したときの政治力を背景に、維新の三傑を中心に練り上げられた。

十四日、廃藩置県が行われた。まずは、明治天皇が出御し、薩長土肥の知藩事に勅語が下された。四藩以外にも廃藩の必要性を唱えていた、名古屋、熊本、鳥取、徳島の知藩事にも、天皇出御のうえ、別の勅語が与えられた。ついで在京の知藩事に勅語が下された。木戸

太政大臣	三条実美（公）
右大臣	岩倉具視（公） 使節全権となったことで外務卿より就任（10.8任）
参議	西郷隆盛（薩）
	木戸孝允（長）
	大隈重信（肥）
	板垣退助（土）
左院議長	後藤象二郎（土）（9.20任）
副議長	江藤新平（肥）（8.10任）
神祇卿	欠
大輔	福羽美静（津和野）（8.9任）
外務卿	岩倉→副島種臣（肥）（11.4任）
大輔	寺島宗則（薩）
大蔵卿	大久保利通（薩）
大輔	井上馨（長）
兵部卿	欠
大輔	山県有朋（長）
司法卿	欠
大輔	佐佐木高行（土）
文部卿	大木喬任（肥）
大輔	江藤→欠
工部卿	欠
大輔	後藤→伊藤博文（長）（9.20）
宮内卿	徳大寺実則（公）（9.15任）
大輔	万里小路博房（公）
開拓使　長官	東久世通禧（公）（10.15迄）
次官	黒田清隆（薩）

廃藩置県後の政府首脳

は鎌倉幕府以来七百年の弊害が無くなり、「稍《やや》世界万国と対峙の基《もとい》定《さだま》る」と悦んだ（『木戸孝允日記』）。

廃藩の断行が、政権トップの三条・岩倉とは別に薩長二藩出身者で計画され、成功裏に終わったことは、倒幕四藩の、特に薩長二藩出身者の政治力を高めることとなった。新しい政府首脳は表の通りで、より藩閥色の強い政府となったといえよう。しかし明治新政府は、公議と分かちがたく結びついた天皇の権威で成立していた。名古屋藩など四藩知事に勅語を与えたのは、公議性の維持への配慮であろう。

中山忠能は、六月二十五日に神祇伯を辞め、高齢の公家や諸侯を優待する麝香間祗候《じゃこうのましこう》となった。閑職である。三条や岩倉は、中山が明治天皇と政府の連絡役としての役割を終えたと判断したのであろう。明治天皇にとっては祖父を頼りとする時代の終わりであった。

攘夷派が排除され、公家が力を弱くした政府は、明治天皇にどのような職務を期待するであろうか。

3　宮中改革と洋装の天皇

髷を切り、西洋料理を食す

明治六年（一八七三）三月二十日のことという、明治天皇は「午前平日の如く女官をして頭髪を結ばしめ、淡く粉白を施さしめて」、奥（私的、居住空間）から表（公的空間）へ出御した。お歯黒・描き眉は止めていたが、髷《まげ》・白粉《おしろい》という習慣は続いていた。ところが、入御すると「女官等皆驚歎」（『明治天皇紀』第三）した。天皇は髷を切っていたからである。断髪は侍従が行った。その侍従や児《ちご》（天皇の側で雑用を行い奥へ入ることのできる少年、主に公家の子弟から選ばれる。のち内豎《ないじゅ》、宮内省九等出仕、侍従試補）は、すでに明治四年八月には全員断髪していた。

政府は政権を強化した上で、廃藩置県を断行した。攘夷派は排除した。木戸派を中心に、西欧列強に追いつくために欧米文明を摂取する開明化・欧化に遠慮はなかった。一時は位階さえ廃された。天皇の生活にも西洋文化の要素が取り入れられるようになる。

まずは「衣」。明治五年（一八七二）五月二十三日、天皇は大阪中国西国巡幸に出発したが、正服という、燕尾型ホック掛けの洋服であった（一一四頁写真参照）。したがってこのときは、髪は髷で洋装をしていたこととなる。これに先立つ四月七日、横浜の外国人裁縫師が採寸している。『明治天皇紀』は、四月三日服装のことで天皇の逆鱗に触れたが、事情は不明と記す。行幸に先立ち、洋服を強いられて、癇癪を起こしたのであろうか。しかしこれ以後天皇は、表では洋装となったようである。のちには年中冬用のフロックコートを着用し、軍服は、当初は軍関係の行事の時だけだったが、日清戦争以後は常に着用するようになった。また採寸を好まず、明治中期以後は洋服は見はからいで調製された。

つづいて「食」。明治四年八月十八日、天皇は浜離宮内の外国人接遇施設である延遼館《えんりょうかん》で、大臣参議とともに、初めて西洋料理を食べた。十二月十七日には平常の食事にも牛・羊の肉を用い、時々豚・鹿・猪・兎も用いることとなった。十一月からは、滋養のため牛乳を日に二度飲んでいる。しかしあまり好きではなく、後年はコーヒー等に入れるだけとなった。明治六年七月一日には、明治天皇は昼食に西洋料理を食べ、「本日より皇后の午餐に西洋料理二品供進《ぐしん》」すると『明治天皇紀』は記す。だからこれ以前に、天皇は昼に西洋料理を食べ出していたのであろう。

西洋料理にはテーブルマナーが必要である。そこで明治六年九月以後らしいが、宮内省九等出仕の西五辻文仲《にしいつつじあやなか》を築地精養軒に派遣し、学ばせている。西五辻は回想する。ある日天皇から、「お前西洋料理を食ふ法を知つてゐるか」と尋ねられ、「誰かに教へて貰って来い」、「イヤまだ奥の者は誰も食つたことはないから、一遍西洋料理を食はさうと思ふ、だからお前行つて覚えて来い」と命じられた。そこで精養軒に行き、教示を頼んだ。天皇の好みを聞かれたが、「それは食ふことを知つてゐるかとお尋ねになる位であるから、まだ何がお好きか極まらない、併し一番軟くて一番旨い物」を、西五辻が覚えるために同じメニューで出してくれと頼み、七、八回行って習得した。天皇に報告すると、奥の三階で食べようということになった。精養軒からボーイと食器や調理器具を取り寄せて、食事会となった。天皇が西五辻のするとおりにせよと命じたから、落語で伝授役が芋を転がすと、習っているみんなが芋を転がすというような有り様であった（「男爵西五辻文仲談話速記」）。十月十二日夕餐の出来事らしい。

西五辻の奮闘の甲斐あって、西洋料理とテーブルマナーが、奥にまで浸透していった。

明治六年九月八日、明治天皇は来日したイタリア国王ヴィットーリオ・エマヌエーレ二世の甥トンマーゾ・アルベルト・ヴィットーリオと、初めて主催者として洋食の昼餐をともにした。これまでは外国からの賓客の接待は茶菓であった。招待される側としては、明治五年十月二十五日ロシア皇帝第三皇子アレキシス・アレキサンドロウィッチへの答礼でロシア艦に赴いたとき、おそらくは洋食をともにしている。以後、外国からの賓客に対する宮中宴会は西洋料理（フランス料理）が用いられるようになる。

他の生活様式でも、天皇が特に好んだ乗馬で、明治四年九月末から西洋馬具を使うなど西洋風の生活スタイルが取り入れられている。では、そうした新しい生活様式は、日常生活のどれほどを占めたのであろうか。

明治天皇の寝巻は、白羽二重《はぶたえ》であった。起床後は「やはり白い御服」に着替えるというから、和装であろう。その後は「白の御召」か洋装の場合はフロックコートである。寝台もあったが、通常は畳の上に寝具を敷いたという。明治宮殿での生活はのちに述べよう。

食事は奥ではほとんどが和食であった。実は洋食が嫌いで、せいぜい注文するのはライスカレーであった。好きな物は川魚で、刺身は嫌いであり、海の物に恵まれない京都の食事が嗜好の基準であった。ただし酒は、侍医の注意もあり、のちにはワインを愛飲していた。

仕事の場では西洋風のスタイルであったが、「私」の強い空間・嗜好が左右する場では和風の色が濃かった。

士族侍従の誕生

改革は、生活スタイルだけではなかった。明治元年の大久保利通の意見書のように、維新官僚は、天皇が肉体的にも精神的にも皇居の中に閉じこもることは好まなかったし、公家だけが取り囲んでいる日常空間を危惧していた。しかし天皇側近の事柄は公家の、具体的には三条実美・岩倉具視の専決事項であった。明治三年秋の決断の結果、十一月十日に侍従の下に宮中に詰める次侍従が置かれ、元大名から四名が選ばれてはいたが、変革にはほど遠かった。

しかし廃藩置県を断行した薩長出身の指導者は遠慮しなかった。西郷隆盛は木戸孝允・大久保と相談し、三条・岩倉の同意を得て改革に乗り出す。廃藩前の七月四日、幕末は大久保・西郷と行動をともにし、二人の信頼厚い薩摩藩出身の吉井《よしい》友実《ともざね》を宮内大丞《くないだいじょう》（現在の局長クラス）に任じ、改革案を練らせた（十一月には第二次官である少輔に昇任）。大綱は、①内廷事務は華士族を問わず大少丞が交代で担当、②出御は丞以上全員で奉仕、③士族の侍従登用、④侍従・次侍従による天皇への世界事情伝達、⑤皇后・女官への時事教育、などであった。

　七月二十日、宮内省の大少丞八人が整理され、薩摩藩出身の村田《むらた》新八《しんぱち》が宮内大丞に任命され、吉井の補佐となった。二十四日には、士族侍従が任命された。士族で登用されたのは、つねに天皇に侍し忠告する（常侍規諫）侍従長に公家の徳大寺《とくだいじ》実則《さねつね》（八月任、のち十月から宮内卿兼任）・東久世《ひがしくぜ》通禧《みちとみ》（十月任）に加えて長州藩出身の河瀬《かわせ》真孝《まさたか》（九月任）、侍従に薩摩の高島《たかしま》鞆之助《とものすけ》、土佐の高屋《たかや》長祚《ながよし》、肥前の島義勇《しまよしたけ》、熊本の米田《こめだ》虎雄《とらお》である。後に、長州の有地《ありち》品之允《しなのじょう》、土佐の片岡利和《かたおかとしかず》、幕臣の江戸開城交渉にあたった鉄舟《てっしゅう》山岡《やまおか》鉄太郎《てつたろう》なども任命された。ちなみに村田は西南戦争で戦死、島は佐賀の乱で梟首となり、高島は陸軍大臣、有地は海軍中将に進んでいる。

　これら士族出身の侍従は、ほとんどが明治六年五月の宮内省の経費節減による人員整理までには宮中から去っている。残ったのは、侍従としては高島（七年五月まで）・北条・米田・片岡、宮内省に山岡・堤正誼《つつみまさよし》ぐらいであった。しかし短い期間とはいえ、天皇の周りに、清新で尚武の風を吹き込んだ。

士族が登用されてまもなくの八月十一日、明治天皇は侍従と腕押しを行い、高島はその腕の力強さに驚いている。後に高島は、天皇の身辺は若武者で囲むこととなり、特に山岡は善を勧めるのを臣下の本分として直言を憚らなかった、宮中は剛健勇武となり、天皇も元気で酒量も多く、勇壮な物語を肴にして盃を重ねた、列国の興亡に特に関心があった、と回想している。天皇のきかん気で負けず嫌いの性格も発揮された。天皇は、「わしは楠木正成である、賊将尊氏を撃つのだと叫びながら」木剣で高島を何度もたたき、高島が余りの痛さに打ち返しの気配を見せたところ、天皇は今日はやめようといって終わったこともあった。有地は「人に負けることの御嫌ひな御天性」と述べている（渡辺幾治郎『明治天皇』上）。

西郷は、十二月十一日に鹿児島の叔父椎原《しいはら》与三次に、次のように書き送っている。天皇は士族の侍従を寵愛し、後宮にいることを厭《いと》い、朝から晩まで表にいて、和漢洋の学問や侍従との会読をして修業している。「中々是迄の大名抔《など》よりは一段御軽装」で、その変貌には三条・岩倉さえも驚いている。馬は天気さえよければ毎日乗っている。近々兵士の指揮訓練（操練）も始まり、自ら大元帥となるとの意思を述べている。自分も天皇と同室で食事をしたこともある。これからは一ヵ月に三度ずつ諸省の長官を招いて政治の得失を論ずることに内定している。「尊大の風習は更に散じ、君臣水魚の交り」となるであろう（『西郷隆盛全集』第三巻）。

和漢洋の学問と述べているが、すでに明治三年十二月四日に、洋学者加藤弘之が侍読となり、欧米の政体・制度・歴史を進講していた。明治四年八月にはドイツ語の学習が始まり、洋学者の西周《にしあまね》が侍読となって博物学・心理学・審美学・英米比較論を進講した。また中沼遠捕後の漢学には、熊本藩の元田永孚《もとだながざね》が五月に宮内省出仕に任命されていた。この頃の講義書目は、『日本書紀』『書紀集解』『論語』『元明史略』『英国史』『国法汎論《こくほうはんろん》』『人身窮理書《じんしんきゅうりしょ》』等であった。加藤によれば、明治天皇の性質は「綿密着実」で「物事を中途半端にして御止め遊ばす様な事なく、飽《あ》く迄《まで》根柢を理解せられざれば止まず」という性質で、進歩は遅いが理解すれば「何時迄も御忘れな」いという学習状況であった。理解して納得すれば動じないらしい。なおドイツ語は多忙のため進まずに終わっている（『太陽』第一八巻第一三号）。実は嫌いであった。

また西郷の述べる操練は、明治五年から開始されている。

こうして明治天皇は、公家に囲まれる隠れた存在ではなく、軽易で尚武の存在となり、大久保が明治初年に描いた天皇像に近くなった。天皇自身もそうした在り方が性に合っていた。学習内容も、幼少時の漢籍、践祚《せんそ》の際に中山が述べた有職故実《ゆうそくこじつ》、廃藩までの漢籍の帝王論と日本史から、日本史・漢籍に西洋史をはじめとする西洋起源の学問が加わった内容に変化した。

女官総免職

明治四年八月一日、吉井は日記に次のように書いた。「今朝女官総免職」「数百年来の女権、唯一日ニ打消し、愉快極まりなし、弥々《いよいよ》皇運隆興の時節到来歟《か》と密《ひそか》ニ不堪恐悦《きょうえつにたえざる》なり」

(「三峰日記」)。宮中改革は女官にまで及ぶ。この日、女官たちは全員が罷免され、御小座敷に出御した皇后の面前で、権 掌侍《ごんのしょうじ》(ないしのすけ)以上に辞令が渡された。ついで、皇后の命に従うこと、公家に限らず登用することなどの心得が告げられた。

第一章で述べたように、江戸時代の内廷は、大典侍《おおすけ》や次位の典侍《すけ》・掌侍トップの長橋局《ながはしのつぼね》が天皇が替わっても留任し、旧規慣例を知悉《ちしつ》した存在として主導権を握っていた。明治天皇の場合も、祖父仁孝《にんこう》天皇に仕えた大典侍中山績子《いさこ》と、ナンバー・ツーの帥典侍《そちのすけ》広橋静子《さだこ》、掌侍トップ花園総子《みちこ》が留任した。中山績子は慶子の曾祖父の妹で慶応三年(一八六七)に七三歳であった。さすがに明治元年十月に辞職を申し出て、広橋静子にかわった。旧規慣例の尊重は改革を阻む。明治天皇への外国公使の謁見や東幸への反対に現れている。

この日の総免職は、奥といえども、政府はその人事に、天皇・皇后の同意を得て、介入することを示したことが第一の意義であった。つぎに、奥が開化政策に反発できないことを示した。そして奥が皇后の統制下にあるべきことを示したことも、大きな意義であった。

しかし、そこは後宮、簡単に改革は進まない。この時点では、退職に追い込まれた者はほとんどいなかったようで、典侍・掌侍に権《ごん》(次位)を設け降格気味に処遇したに過ぎなかった。再任したのだから版籍奉還のようなものである。奥の実権は広橋・高野房子(孝明天皇の勾当内侍、明治三年頃復活)・花園が持ちつづけたようだ。翌五年四月二十四日になって、この三人をはじめ、奥と皇太后御所に勤務する女官一二八名中三六名が罷免された。そして天皇付きと皇后付きの区別をやめて、すべて皇后の管轄下とした。ようやく実質的な改

典侍	権典侍
広橋静子　51　○＊	**四辻清子**（のち室町清子）32　元儲君上臈「紅梅」
高野房子　49　○＊	**葉室光子**　20　☆　慶応3・10・21出仕「緋桃」
	橋本夏子　16　☆　明治1・9・14出仕「小桜」
	山井栄子　＊　皇太后付き
	万里小路幸子　37　皇太后付き
	高倉忠子（のち寿子）32　慶応3・6・24出仕「新樹」
	持明院治子　22　＊
	中御門斉子　＊　元孝明天皇典侍か

明治４年８月１日改正後の典侍と権典侍　数字は確認できる年齢。「　」内は呼称。○は孝明天皇の代からの女官であることが確認できる者。＊は明治５年４月に罷免。☆は明治天皇付きの女官。また、勾当内侍花園総子（25○）はこの時権掌侍となり、５年４月に罷免された。高橋博『近世の朝廷と女官制度』、李元雨『幕末の公家社会』等を参考に作成

革が行われた。

吉井は洋行中の岩倉に宛てて、「彼禁中之女房」という「一塊」は「朝廷上永年之御《おん》煩《わずらい》」、今回「百年之害を御除き」となり悦び安心している、皇后は発憤し、天皇の服まで自ら始末するようになり、二人で吹上に出御するようになったと、安堵の喜びの手紙を送っている（明治五年五月十七日付書簡、『岩倉具視関係文書』五）。

皇后美子の教育

奥の統轄は皇后美子《はるこ》に委ねられたが、果たして期待に添う人物であったか。

皇后美子は、嘉永二年（一八四九）四月十七日左大臣一条忠香《ただか》の三女に生まれた。生母は一条家医師新畑《にいはた》大膳種成《たねなり》の女民子《たみこ》。名は勝子《まさこ》で、富貴君《ふきぎみ》と呼ばれたが、皇女と同名になったことから寿栄《すえ》君と改められた。慶応三年四月に女御

にほぼ内定し、天皇の三歳年長に当たり四つ目と忌むところであるので、生まれを嘉永三年四月十七日に改めている。六月二十七日参内し天皇に拝謁、摂関家の賛意を得て翌日入内《じゅだい》が内定した。明治元年十二月二十八日入内、即日女御宣下、皇后冊立《さくりつ》となった。その後明治二年十月五日に京都を発ち、二十四日皇城に着いて、東京に住むこととなった。

皇后は（なお追号を用いると、昭憲皇太后となり、明治天皇とバランスが悪いので、皇后あるいは美子皇后と記そう）、幼い頃から聡明だったとの戦前来の評価があるが、文飾ではないと言い切れようか。

皇后の課題を、関口すみ子氏の研究に従って整理しよう。皇后の教育に功があったのは、皮肉にも攘夷論者若江薫子《におこ》であった。若江は慶応三年四月に『杞憂独語』を記したが、後宮に入る女子には「婦道」を教えること、そうでなければ嫉妬心を起こしたり皇嗣に悪影響を及ぼしたりして、天下が乱れる元となろうと述べ、また上級公家の娘は容色に注意して「管弦和歌手跡」を習うだけで、「婦道」が教えられていないと歎いている。

そこで若江は、美子に「婦道」を教えた。その際のテキストが、美子が七歳の時から習っていた貫名《ぬきな》海屋《かいおく》も使用した『女四書』であった。その中の「内訓」は、「国家に内助」することを目的とし、「母儀を天下に著《あらわ》（現）」すことが説かれていた。また「君に事《つか》ふる者」として「賢」であることが求められていた。つまり文・雅を中心にするのでなく、知識を得て天皇に仕え、国母として国民の前に模範として立ちあらわれることを教育されたのであった。

奥に埋没する皇后は、政府首脳にも望ましくはなかったらしい。かといって、皇后がもし若江の影響を受け排外的攘夷論者になっていたならば、具合が悪かった。廃藩置県後の十一月九日、皇后は、初めて侍読の進講を受けた。担当は加藤弘之だから、西洋起源の学問であろう。同日には、山川捨松《やまかわすてまつ》・津田梅子《つだうめこ》ら五人の女子留学生に言葉を与えている。皇后の志向が試された。欧化は受容できるだろうか。明治六年頃には、加藤から『輿地史略』（『輿地誌《よちし》略《りゃく》』のことと思われる、万国地理書）、福羽から『古事記』、福羽、元田から『列女伝』（前漢に編まれた女性の史伝、教訓書）・『帝鑑図説』（宋までの皇帝事績集）という、文・雅ではない書物を学んでいる。皇后は、貫名や若江の教育から国母であろうとする意識があった。そして排外主義では拙いことも察するようになっていたのではないか。こうした姿を見て、奥を任せても良いと政府首脳は考えたのだろう。明治四年八月の形だけの「女官総免職」から五年四月の実質的な罷免までの間は、政府首脳が皇后を見極める時間でもあった。

美子皇后　明治５年、内田九一撮影。宮内庁蔵

東京での大嘗祭

天皇の代替わり儀礼は、神器などを引き継ぐ践祚式、天皇位に即いたことを宣言し知らせる即位礼、そして新穀を神々に供えともに食べる大嘗祭《だいじょうさい》がある。大嘗祭は、明

治四年十一月十七日に執行された。午後五時、明治天皇は太政大臣以下を従えて吹上広芝に建設された大嘗宮《だいじょうきゅう》に赴き、最重要の儀で用いる白の生絹《すずし》でできた祭服《さいふく》を着して、悠紀殿《ゆきでん》にて神饌を供御した。夜一一時からは主基殿《すきでん》の儀を行い、翌日午前三時に皇居に還幸した。午後一時からは直衣《のうし》で大広間に出御、祝宴である豊明節会《とよのあかりのせちえ》が開催された。

大嘗会《だいじょうえ》御用掛には、大納言嵯峨（正親町三条）実愛・神祇伯中山忠能・大弁坊城俊政《ぼうじょうとしただ》・神祇少副福羽美静などが任命されていたが、平田派の主要人物放逐後であり、福羽が主導権をもって準備したと考えられる。即位礼を改変した福羽は、大嘗祭については「少シモ変ゼズ」という方針であった（「大日本維新史料稿本」明治元年八月二十七日条）。

とはいえ、変化はあった。最も大きな変革は、京都でなく東京で行われたことであった。平田派国学者は、大嘗祭を「復古」の姿で行うことを主張し、京都での挙行を主張していた。矢野玄道は、都の東から悠紀田《ゆきでん》、西から主基田《すきでん》を選ぶ点でも東京は不可と論じた。平田派の放逐後の明治四年三月二十五日になって、ようやく政府は東京で大嘗祭を行うことを布告した。

つぎに東京になったこともあり、また矢野の批判への対抗も意識してと思われるが、古例には東西はないとして、近世では近江国で選定されていた悠紀田を甲斐国に、丹波国か備中国で選定されていた主基田を安房国に卜定《ぼくじょう》した。

旧儀を守るとは言っても、後の調査を待たなければならない点もあり、殿内の儀式・親祭の次第は慣例に従って行われ、それ以外では簡素化されたものもあった。節会は十八日と十九日の豊明節会に統合された。そして十八日には外国公使を浜離宮内の延遼館に招き、日本食の饗応を行っている。王位継承儀礼も、一端は外国に開かれていなければならなかった。

ところで、天皇が天皇となるために必要とまで言われる、そして江戸時代歴代天皇が復興に情熱をかけようやくに復興した大嘗祭に、右大臣岩倉具視と参議木戸孝允、大蔵卿大久保利通は参列していない。十二日に横浜を解纜しアメリカに向かっていたからである。岩倉たちは、親交、条約改正の下交渉、視察を目的とする使節として、米欧に派遣された。岩倉使節団である。大嘗祭参加より、欧化する国家像の模索が火急であった。

新しい宮中祭祀

京都御所に、摂関時代の年中行事をほぼ網羅した「年中行事御障子《ねんちゅうぎょうじのみしょうじ》」がある。記載された行事は通例のもので約二八〇、臨時行事を加えれば四〇〇を超えている。江戸時代、朝廷は旧儀の復興に情熱を注いだ。明治初年に行われていた行事の一端として正月行事を示せば、一〇五頁の表となる。左は明治元年暮れに「仮に」示された明治二年の年頭式であり、重視された年中行事を知ることができる。元日節会《がんじつのせちえ》・白馬《あおうま》節会・踏歌《とうか》節会という三つの宴は、近世になっていちはやく復興された重大な朝儀であった。白馬・踏歌は中国の行事に由来しているが、かなり日本化している。御修法《みしほ》・大元帥法《たいげんのほう》は仏教行事である。千秋万歳《せんしゅうまんざい》や御《ご》吉書三毬打《きっしょさんぎっちょう》は習俗というほかない。このような種々雑多な儀礼が行われていた。それが明治七年には、右のようになっている。「王政復古」でありながら、公家の年中行事は充実化どころか削減されている。

新政府の年中行事の整理の方針は、福羽美静の関与が大きかったと推定される明治二年十一月太政官制度局作成の「年中祭儀節会大略」で示されている（武田秀章「四時祭典定則成立過程の一考察」）。内容は次の通りである。①実行不能のもの、仏教関係、陰陽道関係は省略。②祭祀は旧儀によるが、宮中で「親祭」とする。③大儀であった元日・白馬・踏歌の節会は、元日・天長・豊明の三節会とする。④節句は内々を基本とする。⑤「孝道ハ人倫ノ大本」であり、神武・孝明の忌日には新儀を設ける。⑥ほかは内々か廃止。

つまり、祭祀を重視し、重要なものは神祇官でなく宮中での親祭（天皇が主宰する祭祀）とし、孝道重視から神武天皇祭・孝明天皇祭を設けることが方針であった。

②にしたがって、整理された神事があった。明治三年二月賀茂祭などの臨時祭が止められ、四月には春日祭・大原野祭・吉田祭が年一回となる。そもそも、春日・大原野・吉田社は、藤原氏の氏神であった。また平安時代以来重視されてきた二十二社は、皇祖を祀る神社とは限らなかった。京都の鎮守と言うべき稲荷社や祇園社などが入っていた。皇統の祖先祭祀とは合わない。また賀茂祭はじめ、担当の公卿（上卿《しょうけい》）を決めて執行するという在り方も、天皇親祭の点から疑義があった。こうして孝明天皇が復興した祭儀までも、縮小されてしまった。

信仰には関係するが「神」と関係が薄い宮中儀礼（年中行事）には容赦がなかった。明治三年頃から廃止される儀礼が出てくる。六月嘉祥、八月八朔、十月朔旦冬至が廃止される。

	明治2年の年頭式	明治7年の新歳式
元日	四方拝／三等官以上・親王大臣朝拝	四方拝／朝拝・参賀
2日	節会／大床子御膳／御盃／諸侯等朝拝	
3日	御盃	元始祭
4日	大宮行啓始／政始	政始　奏神宮ノ事
5日	千秋万歳／披露始	新年宴会
6日		新年宴会
7日	白馬節会	＊御講書始
8日	御修法	陸軍始
9日	黒御所御所／随心院准后拝賀	海軍始
10日	諸礼／非蔵人北面拝賀	
11日	神宮奏事始	
12日	賀茂奏事始	
14日	大元帥法後七日／阿闍梨拝賀	
15日	御吉書三毬打	
16日	踏歌節会	
17日	三毬打	
18日		＊歌御会始
19日	舞御覧	
20日	社家拝賀	教導職朝拝・参賀
21日	五山等拝賀	
23日	御講釈始	
24日	和歌御会始	
27日	御楽始	

明治初年の正月行事　布達された予定。『法令全書』による。明治2年の2日の節会は元日の節会で実際には元日に行われているので、これは『法令全書』の誤記であろう。明治7年の＊を付けたものは記載されていないが実行されている

こうして、江戸時代から続いていた宮中儀礼が整理されていった。

こうした構想を持った福羽を中心とする津和野派としては、祖先祭祀を中心とする重要な神事が宮中で親祭形式で行われれば、最低限の理想は達成したことになる。神祇官も太政官の上になくても良い。神祇官は、廃藩置県で神祇「省」になった。神祇官神殿に祀られるようになっていた皇霊も、明治四年九月三十日に、明治天皇親祭で、新しい神殿ができるまでとの理由で賢所へ奉遷された。この日天皇が献じたものは、錦・絹のほか、オルゴール・ランプ・ビロードであった。オルゴールは、文久二年一一歳の時、天台座主慈性親王が贈っていたが、ひょっとしたら天皇が最初に触れた西洋風機械仕掛けであったかもしれない。明治天皇はこののちもオルゴールを愛し、収集していたという。お供えにも開化がにじみ出ている。

十月二十九日には、四時祭典定則が定められ、宮中祭祀が整備された。天皇が自ら祀る親祭の大祭として、元始祭（正月三日）・神武天皇祭（三月十一日）・皇大神宮遥拝（九月十七日）・新嘗祭（十一月中の卯の日）・孝明天皇祭（十二月二十五日）が、親王御手代《しんのうおてだい》（代理参拝）の大祭として孝明天皇を除く先帝三代式年正辰祭・祈年祭（二月四日）・月次祭（六月一日）が、祭使派遣の大祭として神宮神嘗祭《かんなめさい》と賀茂・氷川・熱田・男山・鹿島・香取の各社の祭りと五年に一度の出雲大社式年祭・宇佐神社式年祭が、中祭として御歴代式年祭・外国定約祭・遣外国使祭・鎮魂祭（十一月中の寅の日）・御神楽（十二月）と官幣大社例祭が、小祭として春季と秋季の御祈祭・天長節祭・官幣中社式年祭等が定められた。

親祭の大祭でこれまで触れなかったものを説明しておこう。元始祭は、皇位の始源を祝う祭祀であり、正式にはこの時に新しく定められた。皇大神宮遥拝は、伊勢神宮で新穀を供える神嘗祭に対応して行われる。親祭の大祭をみれば、祖先祭祀の重視は明瞭である。

明治五年四月二日、元は神祇官に祀られていた八神と天神地祇が賢所拝殿に移される。十一月二十九日両座を合祀して神殿と改称する。天照大神を祀り神鏡を納める賢所、歴代天皇・皇族を祀る皇霊殿、天神地祇を祀る神殿の、宮中三殿の成立であり、神祇官神殿の終焉であった。

そして祭祀は、四時祭典定則を原則に少しずつ改変され、明治四十一年の皇室祭祀令となる。こうして天皇親祭の祭祀を中心に、宮中祭祀が、伝統を大きく改変して確定する。

明治天皇は、朝廷で継続され、あるいは近世に復興された朝儀の多くを行わなくなった。祭祀も新しい祭祀を親祭で行うようになった。天皇と神道の関係は、このように整理された。

改暦と祝日

神道重視の一つは、幕末の思想的国土防衛論に基づくキリスト教防遏《ぼうあつ》であり、したがって新政府は宣教使を設け国民の教化に乗り出していた。しかしながら担い手が足りなかった。教化のための教義も、これまで触れた平田派と津和野派の対抗を見てもわかるように、確定しがたかった。そして仏教側の反発もあった。さらに、キリスト教を邪教として禁止することに列強からの抗議もあった。岩倉使節団は訪問国で非難に直面した。

明治五年三月十三日神祇省は教部省となり、祭祀は式部寮が担当することとなった。祭祀と国民教化の分離である。そして僧侶を含めて教導職を設置し、敬神愛国・天理人道・皇上奉戴と朝旨遵守を主柱（三条の教則）として国民教化を図ることとなった。とはいえ神道優位の教則であったから、仏教側の不満は時が経つにつれて高まった。明治八年二月に至って真宗四派（浄土真宗本願寺派・大谷派・高田派・仏光寺派）が離脱し、ついに五月に神仏合併布教が禁止され大教院は廃止された。神道系は神道事務局が中心となる。

一方キリスト教も、明治六年二月二十四日禁教の高札が撤廃され、事実上の黙許となる。キリスト教防遏という視点からの国民教化への熱意は、政府首脳部には微かになっていた。明治十年一月には教部省が廃止され内務省社寺局となる。明治十五年一月には、政府が費用を支出している宮中三殿・伊勢神宮・官国幣社の神官は祭祀を行うものとし、「霊魂安着」を説く教導職の兼補をやめ、神官は葬儀に関与しないこととなった。霊魂を説くという点で、官国幣社の神官と他の宗教者を等し並みに区別した。宗教ではない国家神道という説明のはじまりである。そして明治十七年八月十一日教導職は廃止された。神道による教化は忘却された。

では皇統神話は、どのように浸透したのであろうか。

明治五年（一八七二）十一月九日、暦を翌六年から太陽暦に改め、十二月三日を明治六年一月一日とすることが、詔書とともに布告された。これまでの暦は、太陰暦、正確には太陰太陽暦といわれる暦で、月の満ち欠けをもとに太陽の動きを考慮した暦であった。具体的には、一ヵ月は二九日か三〇日からなり、一年一二ヵ月は三六〇日に満たない、そこで一九年間に七回月を一つ多くして（閏月《うるうづき》を設置して）、太陽の運行・季節との差を調整するという暦であった。

詔書には、閏月の不便さ、これまで頒布してきた暦に記されてきた吉凶の愚かさを指摘し、季節が変化せず精密である太陽暦を導入すること、あわせて一日二四時間の定時法を導入すること、が述べられている。改暦を提議した太政官権大外史（現在の内閣官房審議官クラス）塚本明毅《つかもとあきたけ》の建議書では、詔書の理由に加えて、文明化と諸外国との外交上の必要性を述べている。

欧化・文明開化がプラスの価値観で捉えられ、利便性と欧米との交際上の必要性から考慮され、加えて財政支出削減が後押しした。

ついで十一月二十五日、神武天皇即位を紀元（元年）とし、即位日の一月二十九日を祝日とする奉告祭が、明治天皇によって執り行われた。「皇紀《こうき》」と呼ばれる年の数え方、紀年法である。どうも太陽暦の導入が、西洋暦の導入を意味し、西欧諸国の時の支配を受けることを避けるためであったらしい。したがって皇紀は、日常的には余り普及しない。昭和の国家主義が盛んになったときに、「皇紀二千六百年」として復活する。

この結果太陽暦は、西洋暦と関係ないものとして立ちあらわれる。だから、祭日も太陽暦に換算できてしまう。明治六年十月十四日、政府は、祭日祝日等の休暇日を次のように決定した。元始祭（一月三日）、新年宴会（一月五日）、孝明天皇祭（一月三十日）、紀元節（二月十一日、神武天皇即位日）、神武天皇祭（四月三日）、神嘗祭《かんなめさい》（九月十七日）、天長節（十一月三日）、新嘗祭（十一月二十三日）。なお神嘗祭は、のちに九月では神宮に捧げる米ができていないことから十月に変更されている。

この休日が、官庁の休暇や学校行事を通じて、非常にゆっくりと国民へ浸透していく。天皇が祖先祭祀を行っているという知識は、小学校教育の他に、一つには祝祭日を通じてゆっくりと浸透していったのではないだろうか。

国旗「日の丸」もまた祝祭日を通じて緩やかに浸透する。明治三年正月と十月に国旗が定められた。明治五年十一月二十八日から、政府は府県の伺に対し国民の国旗掲揚を許していく。

明治五年の大阪中国西国行幸

開化した天皇の姿は、人々に見せる必要があった。

明治四年八月十七日、明治天皇が以後軽装で臨時行幸を行うとの布告が出された。翌日、八月六日に初めて乗った輸入品の馬車で、三条・岩倉邸を訪れた。臣下の屋敷への初めての行幸である。ついで兵部省はじめ各省への行幸があった。大久保たちが理想とした、限られた公家にのみ姿を見せる天皇ではなく、国民に姿を見せる天皇となった。まずは官僚に姿を見せ、市中移動で府民に姿を見せた。

陸海軍の親閲（天皇の閲兵）はこれ以前にもあったが、九月二十二日には天長節の親閲があり、これが天長節観兵式と恒例化される。十一月二日には海軍親閲で船に乗って海に出ている。十一月二十一日には工部省横須賀造船所への行幸があった。工部省は、欧化・開化の拠点である。欧化・開化を支持する行動であったし、天皇の学習でもあった。

　天皇の新しい姿の大規模なお披露目として、明治五年五月二十三日から四九日間にわたる大阪中国西国巡幸が開始された。東京〜鳥羽（伊勢神宮）〜大阪―京都―大阪〜下関〜長崎〜熊本〜鹿児島〜丸亀〜神戸〜横浜―東京という旅程であった（〜は海路、―は陸路）。

　明治天皇は、急ぎ整えられた洋服（正服）を着用し、軍艦に搭乗した。その姿は、伊勢神宮と、京都から動かない一部の公家と、守旧派島津久光に示された。鎮台、大阪造幣寮、長崎造船所、府県庁という改革の拠点を訪問し、開化の進展を見届けた。長崎では、天皇の洋装反対意見に、西郷が大喝を加えている。仕上げは、横浜から試運転の蒸気機関車に乗っての入京であった。

　明治初年に大久保が提案した天皇像のようやくの達成であった。とはいえ、簡素で洋装というのは、国民の目には奇異に映ったようである（長谷川栄子「明治5年九州・西国巡幸と元田永孚」）。いやだからこそ、そうした像を示したともいえる。

西郷隆盛への思い

　この巡幸は、天皇にも国土を学ぶという経験を与えた。それに加えて、天皇にとっては、西郷隆盛と行動をともにしたことが大きかった。九州で、干満の測定ミスをした海軍少輔川《かわ》村純義《むらすみよし》に対して西郷は激怒、庭にスイカを投げつけ粉砕している。明治天皇はこの出来事を後々まで語りぐさにした。巡幸中ではないが、天皇が落馬して痛いと言ったら、西郷はそん

馬上の天皇と西郷隆盛　「習志野之原演習御統監図」より部分。五姓田芳柳画

なことを言うものではないと叱ったという話も、明治天皇は語っている（『西園寺公望自伝』）。

翌明治六年四月二十九日、千葉県大和田原（天皇の命名によって習志野となる）で軍事演習があった。皇城から大和田原まで天皇は騎馬で進んだが、肥満して馬に乗れない西郷はその間徒歩で供奉し続けた（渡辺『明治天皇』下）。武士出身侍従の振る舞いが意外にも好ましかった明治天皇にとって、西郷の武張っていて愚直な姿は、理想の形の一つであり、西郷への思慕が高まったのではないだろうか。

この年五月五日、皇居が焼失した。ようやく身一つ逃れたという状況であったが、天皇は西郷献上の簞笥を特に運び出させている。

なおこの火事で、天皇は、もと紀州藩邸の赤坂離宮に居を移し、赤坂仮皇居とした。

天皇と写真

明治五年四月十二日か十三日、明治天皇と美子皇后の写真が撮影された。使節団として米欧に赴いていた岩倉たちが、当時元首たちが写真の交換をしているという慣習を知り、明治天皇の写真を求めたためであった。外交の必要に迫られて、撮影が行われた。写真師は内田《うちだ》九一《くいち》。天皇は、束帯姿（二二頁写真参照）と金巾子《きんこじ》・小直衣《このうし》姿の二点が撮影された。条約改正のための全権委任状を取りに一時帰国していた大久保と伊藤博文が、和装姿に難色を示したため、二十日頃再び撮影があった。五月からの巡幸で用いる燕尾型正服を着用した上半身の写真である。この写真が、和装の写真とともに、岩倉に送られた。十一月以降には各国の日本公使館・領事館に送られるようになった。なお翌年二月までに乗馬姿も撮影されている。

軍服正装の明治天皇　内田九一撮影

明治六年十月八日、六月三日に制定された軍服正装を着用しての撮影が、内田によって行われた。大槻如電《おおつきじょでん》が内田から聞いたところでは、天皇の姿勢を直すために内田が天皇の頭を触り、近侍のものに怒鳴られたが、天皇は、撮影中は彼の手中にある、咎めるに及ばないと言ったという（『明治事物起原』下）。洋風の椅子に座り、テーブルに帽子を置いた姿で、約一〇種類のポーズがある。完成後早速に来日中の、洋食の昼餐をともにしたイタリア国王の甥に贈られている。十一月からは各府県にも下賜されるようになった。

乗馬姿の明治天皇　内田九一撮影。倉持基ほか著『英傑たちの肖像写真』(渡辺出版、2010年)より

燕尾型正服姿の明治天皇　内田九一撮影

外交の必要という理由で、欧化をまとった天皇像が撮影された。天皇自身も撮影に柔軟に対応した時代であった。

ところで、これより先、明治天皇は盗撮にあっている(倉持基「明治天皇写真秘録」)。明治四年十一月の横須賀造船所への行幸の際のことで、『明治天皇紀』では「諸臣等と記念の撮影」で、最初の撮影だろうと記す。実は、どうもオーストリア人写真師バロン・レイモンド・フォン・ステイルフリードが隠し撮ったらしい。その写真が売買され、外務省が驚愕、しかし治外法権下であり対策は困難であった。オーストリア公使が収拾に乗り出して、ネガと写真は没収された。しかし第二のネガの紙焼きが、外国で販売されたらしい。その写真は、小直衣、金巾子姿の人物と、直垂で侍座する人物がおり、『明治天皇紀』が記す当日の様子と一致する。座る天皇と、平座する三条、その側に立って談笑する御雇い外国人。外国人の遠慮ない視線が感じられる。

さて、天皇の写真は、先に述べたようにまずは在外公館への下付が定められた。国内では、石井研堂《いしいけんどう》によれば明治六年六月四日の奈良県が最初で、新年・天長節などの祝日に奉拝するためであった。十一月には十月撮影写真の近日中の下付が、徳大寺宮内卿から各府県に伝達されている。十二月に写真が到着した宮崎県では、道筋を掃除して「臨幸」として迎えている（『宮崎県史』史料編　近・現代1）。とはいえ明治七年の奉置の様子は、祝日に掲示して自由に参観させるという形式が多かった（籠谷次郎『近代日本における教育と国家の思想』）。のちの学校への下賜に先だって、祝祭日を通じて緩やかに浸透していった。

廃藩置県を経て、天皇は、武を率いる、欧化をまとった、活発な、京都朝廷の君主ではなく国民の君主という像が求められ、それに応えた。その姿は、行幸と写真という新しい方法で広められていった。

4 「現実政治」との直面

征韓論政変

明治新政府は、朝鮮に国交継続を求めた。しかし、外交文書に「天皇」と天皇の意思を表す「勅」の文字を使ったこと、対馬藩主宗氏が仲介する旧来の儀礼を用いなかったこと、朝鮮が攘夷政策をとっていたことなどから、朝鮮の受け入れるところとはならなかった。

特に朝鮮は「皇」と「勅」の文字に強い拒否反応を起こした。朝鮮は清を宗主国とする属国であり、清の皇帝から冊封《さくほう》を受け、王に任命されていた。「皇」や「勅」といった皇帝しか用いない文字は上下関係を示す非常に重要な文字であり、それが用いられた文書を受け取ることは、秩序を乱し、さらには朝鮮が日本の下位となることを認める意味をも持った。

国交を拒否された日本では、明治二年頃から対朝鮮強硬論が台頭してくる。しかし国内問題が優先された。そして国交がないまま、日本人商人が釜山に居留していた。

明治六年(一八七三)五月になって、釜山在駐の外交官から、居留民が危険であるとの報が入る。政府首脳は過剰な反応を起こし、板垣退助は軍艦派遣を提議した。西郷隆盛は、自らが使節となって朝鮮と交渉すると主張した。板垣や西郷は、武士のおかれた状況に敏感であり、それゆえの主張だった。

近衛兵となっていた御親兵は、西郷や板垣が率いて上京した、攘夷の気分を持った、したがって国威発揚政策に敏感な藩士層であった。彼らが入れ替えられつつあった。また導入された徴兵制は、武士たちの「武」の行使者としての自信と自負を打ち砕いた。だから、対外危機は自分たちの存在理由を示すチャンスでもあった。西郷は、外交における条理の追求を行わないのであれば、倒幕は「物好《ものずき》」に過ぎないと責め付けられ「閉口」しているとの手紙を、三条実美太政大臣に出している（八月三日付三条宛書簡、『木戸孝允関係文書』4）。

西郷の強硬な主張によって、閣議では、西郷の使節派遣が仮決定され、岩倉使節団帰国を待って正式決定と決まった。ところが帰国した岩倉具視・木戸孝允・大久保利通は、使節派遣を開戦可能性の高い政策と反対、国内改革優先を唱えた（内治優先論）。こうして閣議は二分し、明治六年十月内治優先論がきわどく勝利し、西郷・板垣と四月に参議に増員されていた後藤象二郎・江藤新平・副島種臣が下野した。これを征韓論政変、あるいは国内政府（留守政府）と使節団組との間の権力闘争でもあったことから、明治六年政変と呼んでいる。

きわどく勝利したのは、明治天皇に西郷派遣論を上奏する前夜、三条が重圧に耐えかねて錯乱し、執務不能となったからであった。その報を聞いた大久保は「一ノ秘策」（「大久保利通日記」）を立案する。一般に「一ノ秘策」とは、岩倉の太政大臣代理就任（そのための宮中工作を含む）とされているが、高橋秀直氏は、徳大寺実則《さねつね》宮内卿が秘密内奏して天皇の意思を確立することであろうと推定する（「征韓論政変の政治過程」）。加えて、高橋氏も指摘しているが、天皇に裁決を求めることが必要であった。大臣・参議間で意見がまとまらない場合には天皇が裁決するという方式が、この時に導入された。もちろんそれで対立が終息す

大久保利通と木戸孝允　木戸(右)は西南戦争さなかの明治10年に45歳で病死、大久保(左)はその翌年に暗殺された

るとはかぎらない。しかし大臣・参議間の意見対立の解決策は、三条太政大臣の決断がない以上、結果として政府が分裂しようとも、より上位者の裁定という方法を採用せざるを得ない。

岩倉と大久保は、徳大寺宮内卿・吉井友実宮内少輔というルートを押さえており、明治天皇への情報を遮断することができた。また維新以来天皇と対話してきたのは公家の三条・岩倉であった。あるいは、無謀な攘夷は否定するという孝明天皇の遺志を明治天皇も抱いているとの判断もあったかもしれない。岩倉は、西郷遣使という三条の下での閣議決定と、それに反対する自分の意見とを、明治天皇に上奏した。

ところが、明治天皇は、回答を一日保留した。明治天皇は、他ならぬ西郷の意見であったから、躊躇したのではなかろうか。岩倉は自信はあったであろうが、気を揉む一夜ではあった。

岩倉の意見が裁可され、予想通り西郷らは下野した。そして近衛にも動揺が起こった。岩倉たちの要請を受けて、天皇は慰留の勅諭を下した。しかし鹿児島・高知出身の近衛の将校

（土官）には、政府を去る者が続出した。西郷を切った以上想定の範囲内とはいえ、明治天皇も自らの在り方を考えざるを得なかったのではないだろうか。

万国対峙のために、若さの柔軟性もあって、また新奇でもあり、説かれれば理解して新儀をも受け入れ、行動してきた。尚武の士族は新鮮であった。しかし今回要請された政治的決断は、苦い結果を伴った。政務に習熟しなければならないのだろうか。政治的決断を行わなければならない君主に成長しなければならないのであろうか。

明治天皇の生活態度

明治初年、岩倉が「明天子賢宰相ノ出ツルヲ待タストモ自ラ国家ヲ保持スルニ足ルノ制度ヲ確立スル」必要を唱えたように（『岩倉公実記』中）、新政府にとって君主・宰相の人格的個性に左右されない政府機構の確立は強い願望であったが、およそ構成する人格と切り離された機構は存在しないであろう。まして親政を掲げて誕生し、政府に好ましい像を演じる天皇を人々に見せ続けた政府である。しかも明治天皇はそれに応えて成長しつつあった。いまさら天皇を政治から切り離すという選択肢は難しい。しかも、征韓論政変では、天皇の裁決という方法が採用された。天皇への現実政治への教育が、あらためて意識されるようになる。

明治六年十一月一日の閣議材料と推定される岩倉の覚書では、「一、太政官親臨之事」「一、震《宸》断ヲ仰クニ付手続之事」「一、君徳培養云々之事」が検討すべき課題として記されている（「参考史料雑纂」九十二）。天皇の太政官親臨、宸断（天皇自らの裁決）手続きと君徳培養すなわち天皇の教育が課題となっている。のちに明治七年四月五日には、佐賀にいた大久保が在京の岩倉に、今更いうまでもないが、天皇の宸断が重要であり、天皇の「御輔導之事は益《ますます》御注目被為《あらせられ》（在）候様《そうろうよう》泣願仕候也」（「参考史料雑纂」百廿七）と述べている。政変の一方の主役、岩倉と大久保には、天皇を政治的君主として育てなければならないという課題は見えていた。

　では天皇の状況はどうであったのか。明治六年十二月三十一日侍従長河瀬真孝が飲酒を諫めている。時期は下るが、明治七年十二月二十八日には侍従長東久世通禧が天皇の行動を諫める君徳培養の上奏を行っている。諫めている内容から推測すれば、天皇は倍近く年上の大臣は敬いはするものの親しみはなく、些末の事で侍臣を叱り、愛玩の物に執着するという態度で君主らしい威厳と宏量がなく、学習も表面的で、酒量がすぎるという人物となる。

　のちに天皇の信頼が厚くなるが、この時はまだ宮内省出仕として天皇の教師役にすぎない元田永孚は、次のように捉えていた。明治五年の巡幸後の意見書で、巡幸で期待した天皇の態度に変化はなく、「文武道義」よりは「御園遊幸ノ御楽ミ多」い状態であり、大臣参議のなかから教育の担当者を出すべきである（「元田男爵家文書」）。

　たしかに侍従に士族が登用されたことで、軽快で尚武の気風が天皇の周りに持ち込まれた。士族出身の侍従たちと酒を飲みながら豪傑談をする。しかしそれは、場合によっては放縦と粗野に変わりうる。乗馬に淫し、酒を過ごし、学習も表面的であるという、マイナス面が目立ち始めた。士族侍従も気骨はあったであろうが、先に引用した高島が打ち据えられた話から考えても、臣下は君主になかなか意見を言えなかったらしい。宮内省の首脳も、宮中改革を進展させたとはいえ、徳大寺は温厚、万里小路《までのこうじ》博房《ひろふさ》宮内大輔は守旧と評される人物であった。

『明治天皇紀』の明治天皇の閣議出席記録は網羅されているわけではない。特に明治六年以前は大久保の日記に依拠しているようで、大久保の記載のない時期は信用ならない。ところが皇居が焼失した結果、天皇が閣議に出席するためには赤坂御所から太政官に行幸しなければならなくなり、観察できるようになる。『明治天皇行幸年表』は、若干の漏れはあるが行幸をほぼ記載している。それによれば皇居が焼失した五月から、征韓論政変の十月まで、天皇は月に三回程度しか閣議に出ていない。

このように、明治天皇の行動には問題があった。政変の結果、宮内官が抱いていた天皇の教育問題が、政府全体に問題点として再確認され、先に引用した岩倉の覚書となった。

君主としての教育

ではどのように改革すればいいか。どうも元田の意見が参考にされたらしい。元田の君主論は、儒学者らしく、ある点では儒学の伝統的な君主像に則っている。君主は、個人的な倫理の完成、徳の育成によって、人格を高め、その人格によって人心を収攬する存在であった。そのような君主になるには、臣下との人格的結合による一体化によって、人格的陶冶や道徳的完成が図られるべきであった（沼田哲『元田永孚と明治国家』）。したがって、具体的には、人君の心を確立するために、大臣・参議が二、三名日替わりで皇居に参内し、天皇の動静を視て、宮中の大事を聞き、時々天皇の側にあって君臣関係や「古今治乱成敗の跡を論じ」、また宮内卿輔侍従長は専ら君側にあって事務はすべて丞《じょう》に委任し、「宮府一体となり」輔翼《ほよく》すべきである、という提案であった（「君徳輔導ノ上言」、海後宗臣『元田永孚』）。

天皇の人としての道徳的完成を目指すためには大臣・参議・宮内卿輔が人格的結合を強くして指導し、政治技術の学習には歴史の実例を挙げる必要があった。まして天皇の学問に不足しているのは、書物から学んだことから思考することであった。そして現実政治の解説であった。元田の提案が、宮内省上層部に浸透する。

明治六年十月と推定される徳大寺と東久世作成の文書がある（「参考史料雑纂」九十三）。整理すれば次のような内容である。

——卿輔侍従長等の控え所を天皇の側に設置し天皇の動作に常に注意を払うようにする、侍従が内廷に入っても良いこととする、天皇の日課を別紙のようにする、御談会を開催し参議卿輔等が参加する、皇后女官も御談会に侍座する。

別紙の日課とは、まとめると次のようなものであった。

一の日　六の日　　　　　　　御休日
二の日　四の日　七の日　九の日　『国史纂論』　担当、福羽、元田
三の日　八の日　　　　　　　『西国立志編』　担当、福羽、加藤

三の日　　　　　　　　　　　　　御歌会　　　　担当、福羽、三条西
五の日　十の日　　　　　　　　　『西国立志編』　担当、加藤、元田
　御休日の外毎日独乙語
大隊御操練　三八五十の日
小隊御操練　二七四九の日
　但雨天之節は御算木

操練とは、近衛兵を指揮する練習、算木とは、木製の駒による図上演習である（「男爵西五辻文仲談話速記」）。テキストの『国史纂論』は、長州藩藩校明倫館学頭山県太華《やまがたたいか》が『大日本史』等の史論を抜粋した本で、「是非を論じ、得失を明らかにし」と正邪を理解することを目的に編まれた。『西国立志編』はスマイルズの偉人の成功譚集で、明治三〜四年に中村《なかむら》正直《まさなお》に翻訳されたベストセラーであった。これまでの漢書や洋書の翻訳書に比べ、遠慮なくいえば、簡単になっている。目指すところが、具体的な道徳的善悪観の養成と変わったからであろう。加えて宮内省幹部が常に側にいて、参議卿輔が参加する御談会が開かれ、現在の政治状況が天皇に浸透することが目標とされる。また軍の大元帥となるべく操練が日課となっている。

裁決を下すために、現実の政治への学習、あるいはそのための歴史学習、そして元田の視点からは現実政治と不可分の君主にふさわしい道徳の学習が、天皇に求められるようになった。

御談会と木戸孝允

明治七年四月、台湾出兵を内治優先論への違反であるとして、木戸孝允参議が辞表を提出した。三条と岩倉は、何とか木戸を政府に引き留めるために、宮内省関係の職を準備した。木戸は、憲法制定とも関連して天皇をどうするかということを課題と考えていたらしく、参議辞職と引きかえに五月十三日に宮内省出仕を受けた。そして十七日、御談会に出席する。

御談会は、明治天皇と宮内卿・侍従長・侍読と侍講（ともに天皇の教育担当）・元参議で宮内省出仕の斎藤利行《さいとうとしゆき》・宮内省御用掛で西洋への留学経験がありのちに東京開成学校初代校長となる畠山義成《はたけやまよしなり》などが、時には大臣・参議も参加して、談論する会合である。当初は二・五・七・十の日、のち五・十の日に、御学問所の二階で開催された。明治七年は月平均五、六回、明治八、九年は月平均三回、十一年から十三年は月平均一回開催された。

その内容は、たとえば、明治九年十月には西周（明治九年一月宮内省出仕）がナポレオン一世のロシア戦敗退について、西村茂樹《にしむらしげき》（加藤の元老院議官就任後明治八年五月より侍講）がアルフレッド大王の青年期や唐の徳宗《とくそう》の政治について、十一月には西村がフランス第二革命について、木戸がアメリカ大統領グラントと議会について話している。つまり歴史上の人物について、天皇に講演し、議論を交換するといった会合であった。元田の言う、古今の政治上の得失を論じ、大臣参議や側近が親近感を高めて人格的に天皇に政治を教育する会合であった。

御談会は、木戸の辞意が問題となった明治七年四月下旬に開始され、木戸が宮内省出仕になって定期的に開催されるようになる。木戸の処遇が御談会実施の最終的な契機となった。

木戸は明治七年五月十九日には福羽美静邸で侍読・侍講の福羽・加藤・元田らと会談、天皇の修学方法について話し合った。その後徳大寺・東久世らの賛同を得た上で、天皇に上奏する。内容は、日本の現状では、十年二十年後も君権によって人民を保護せざるを得ないであろうから、天職を尽くされよ、つまりはもっとしっかり学びなさいということであった。

明治八年三月八日、木戸は参議に復帰するが、同日天皇から元通り宮内省御用を務めるよう命じられる。そして徳大寺から御談会への出席が求められた。

八月九日浜離宮で、三条・木戸・徳大寺・万里小路・杉孫七郎宮内少輔・東久世・福羽・元田・高崎正風《たかさきまさかぜ》が集会、「至尊御補翼《しそんごほよく》」について意見交換する（『木戸孝允日記』）。そして八月二十日と九月三日、三条と木戸は、天皇に上奏し、政務への関心の増加と精励とを苦言した。またこのころ天皇の奥への滞在時間が長くなっているという問題も発生していた。

東奥巡幸という実地教育

征韓論政変後には、明治天皇も政治的危機感を抱き、政務・学習に励もうとしたようであり、もちろん政府の上奏があってのことではあるが、三条・岩倉邸への臨幸、近衛兵への勅語下賜などを行っていた。しかし危機が去ると緊張は弛緩する。東久世の君徳培養の上奏は明治七年十二月のことであった。そして天皇と近衛兵との個人的な紐帯《ちゅうたい》を形成するであろう操練をも、明治天皇は明治八年五月には中断してしまう。

明治八年（一八七五）七月、政府は天皇の東北巡幸を計画し、三条・大久保・木戸が天皇に説明していた。三条の上奏では、樺太・千島交換条約が締結され北方の防備は大切になった、天皇が自ら巡覧し状況を把握し、人々に君主の存在を知らせ、人々を開化に進める必要があると、巡幸の目的を述べている（『太政官期地方巡幸研究便覧』）。ところが、天皇は巡幸を拒否した。理由は急な発案と季節の悪さであった（明治八年七月八日付木戸宛三条書簡、『木戸孝允関係文書』4）。天皇は、自分の好悪を優先させた。木戸が政府に復帰したとき、明治天皇の状況は再び悪化しており、前の項で述べた木戸の八月と九月の上奏は、一般論ではなかった。

明治九年の東奥（東北・北海道）巡幸は、六月二日から七月二十一日まで実施された。明治八年八月に比べればいささか好時節とはいえ、梅雨から夏に向かう季節であり、説得して実行に持ち込むことで、政務優先を天皇に認識させたのであろう。

そして巡幸それ自体が、天皇の政治教育の点で重要となることを、宮内省上層部は深く認識していた。東久世侍従長は、出発前の五月三十日、供奉の宮内省員に次のように演説している。人々の困苦など耳目に触れたことを天皇に伝えれば、「君徳培養ノ一端」になる、と（『東久世通禧日記』下）。

元来陪乗は、侍従の担当だが、巡幸中は、岩倉・木戸・徳大寺が代わる代わる務めた。また地方官などの上奏には、岩倉と木戸が侍立した。巡幸中の岩倉は、天皇の学習になるよう尽力していることが分かる態度であった（明治九年六月二十三日付伊藤宛木戸書簡『木戸孝允文書』七）。こうして、行幸中政治に関する議論が、あるいは私的な会話が天皇との間で交わされる。福島では、天皇の前で、具体的内容は不明ではあるが、政治問題について、木戸と岩倉が激論を交わし、「長州の田舎侍に」「京都公卿に」何が分かるかと怒鳴り合ったという。

七月二日、天皇は築館で木戸・侍従長・宮内少輔と晩餐を共にし、沿道各地の状況等に就いて談話し、利害得失を論じた。木戸は「いかなる叡慮《えいりよ》に被為在《あらせられ》候歟《か》」と驚き、「誠にありかたく」と感想を日記に記している。絶えてなかった現状への観察が、天皇の口から飛び出した。

明治六年頃の明治天皇は、学習は進展していたが、現実政治に冷淡な君主であった。しかし征韓論政変は、明治天皇に政治的君主たることを要請した。日々の行動にも問題点があった。ここに天皇の教育問題が起こる。そして木戸が、明治天皇に問題点を上奏する役割を担うようになった。

西南戦争と西郷隆盛

明治十年（一八七七）二月、軍事力を担う特権、禄という経済的特権、刀という身分表象が剝奪された不満を背景に、鹿児島の士族が西郷隆盛を擁して挙兵した。西南戦争の勃発である。二月十八日には征討令が出された。九月、西郷が自刃して反乱は終結した。政府軍総計六万人余、死傷者一万六〇〇〇人弱、西郷軍総計四万人余、死傷者二万人余であった。

　最後の士族反乱と呼ばれるように、これ以後武力による反政府運動は無くなる。西郷軍ですら勝てないという軍事反乱成功の可能性の低さが理由ではあるが、結果として暴力が禁じ手となったわけで、言論空間さらには議会という場が成立する一因となる。

　さて西南戦争勃発時、明治天皇は、三条や木戸らを従えて、神武天皇陵参拝と孝明天皇十年祭のために、京都・奈良に行幸中であった。岩倉と大久保が東京で政府を運営していた。東西の連絡を待たなければ政府の決定ができないことは、開戦当初の難点であった。大久保は十三日に東京を発し、京都に急行、以後京都・大阪中心に対策が出されていった。

　その明治天皇の様子が不審であった。京都御所では、ほとんど政務の場所である御学問所に出御しなかった。毎朝の戦況報告以外は御常御殿に居ることが常例であった。となると、天皇の私的空間への伝達は、九等出仕（もとの児《ちご》）に頼らざるを得ない。三条・木戸・徳大寺が再三諫奏《かんそう》しても、明治天皇は改めようとしなかった。好きな乗馬も、二月と三月にそれぞれ一度御所内で行ったのみであった。

　明治天皇のこうした状態を、飛鳥井雅道氏は「政務拒否」ととらえ、乗馬の否定に西郷への親征の拒絶を読み取る（『明治大帝』）。毎日の戦況報告は聴取しており政務拒否とまではいえないにしても、何らかの不満の表明、屈折の現れであった。

　明治天皇は、留守政府期に、西郷に対して親近感を抱いた。木戸は三月五日付の伊藤宛の書簡で、西郷も長く御側近く仕えており、「甚以御《はなはだもってご》不愍《ふびん》に被思食《おぼしめされ》候辺《あたり》相窺《あいうかがい》、不覚涕泣《ていきゅう》いたし申候」(『伊藤博文関係文書』四)と述べている。天皇の態度の原因は、西郷を討伐することへのわだかまりなのであろう。戦争終結後、天皇は皇后たちに、西郷隆盛という題で歌を作ることを命じたが、維新の大功を損なうとの理由で、西郷の罪過に触れることを禁じている。

また木戸の存在も、天皇には親しいものとなっていた。三月二十九日、岩倉具定《ともさだ》は、父具視に宛て、天皇に親しく奏上するのは木戸だけで、天皇と他の参議とは隔たりがある、特に伊藤とは疎遠であると伝えている(「参考史料雑纂」百三十九)。その木戸が、伝わるところでは「西郷いい加減にせんか」とつぶやきながら、五月に京都で没し、霊山に葬られた。

西南戦争は、維新以来の対外強硬論のひとまずの終焉であり、維新の原動力であった武士の自己否定の完結であった。そして明治天皇にとって西南戦争の結果は、ようやく関心を持ち出した現実政治の非情さの発見であり、政務の合間に政治を教えてくれた、親炙《しんしゃ》したい西郷と木戸の喪失であった。再び現実政治への無関心と懶惰《らんだ》に戻るかの分岐点であった。

第三章　明治憲法と天皇

1　侍補の教育と天皇親政運動

天皇の政治教育係・侍補の設置

明治十年（一八七七）十月十一日、明治天皇は右大臣岩倉具視の進講を受けた。これまでの詔勅・布達の概要を侍補《じほ》が読み上げ、岩倉が説明する。この進講は、こののち九回行われた。『明治天皇紀』は、詔勅・布達類はすべて天皇の意思から出たものであるが、「或は御記憶より脱せんことを慮《おそ》る」とは記す。しかし、これまでの政策について、少なくとも系統的には知らなかった、と考えた方がよいであろう。

なぜあらためて明治天皇に、政府が展開してきた政策を説明しようとしたのであろうか。

西南戦争が勃発して一月後の明治十年三月、東京の右大臣岩倉具視は、息子の具定《ともさだ》と尾崎《おざき》三良《さぶろう》に秘事を託して京都の太政大臣三条実美に派遣した（「尾崎三良関係文書」）。三条と岩倉の間では、君徳培養すなわち天皇への教育と、京都に天皇・三条が、大阪に参議兼内務卿大久保利通・参議兼工部卿伊藤博文が分かれて滞在していることとが問題となっていた。天皇と政府が外見上分離していては、西郷隆盛軍と戦っているのがどのような軍なのか疑念が生じないともかぎらない。明治天皇が現実の政治に関心を持っているかどうかも、現在の政府の決定に重みを加えるであろう。間違っても西郷に心を寄せる天皇が、空間的にも政府から離れて存在してはならなかった。だから二つの課題が関連して問題となる。四月二十日、天皇が滞在する行在所と内閣出張所とは京都に一本化された。

同じような分裂が、戦局の見通しが付き七月三十日に天皇が還幸した東京にも存在した。皇城が焼けたために、天皇の居住する赤坂仮皇居（元紀州藩邸、現在の迎賓館の辺り）と、政治の中心太政官（元教部省、坂下門から東に二〇〇メートルの辺り）とが、あからさまに分離していたのである。この点を指摘した伊藤の上奏があり、八月十五日、太政官は仮皇居に移された。九月七日上奏の「内閣参朝公文奏上程式」では、天皇が日々内閣に出ること（したがってこの「内閣」は場所を指す）、内閣の重要な会議には出席することが定められた。そして天皇の意思が政府と分離しないように、冒頭で述べた政策レクチャーが開催されるに至った。

今ひとつの課題、君徳培養も検討が始まる。前章で述べた元田《もとだ》永孚《ながざね》の構想が、すなわち天皇の統治能力を含むあるいはイコールの道徳的成長が教育の根幹であること、そのためには経史と道徳の教育が必要であ

岩倉具視　三条実美とならぶ公家出身の政治家として、新政権で重きをなした

元田永孚　熊本出身の儒学者

ること、一級の人物が教育に携わることが、大久保の支持の下、影響力を持った。八月二十七日「常侍《じょうじ》規諫《きかん》闕失《けつしつ》ヲ補益スル」（常に天皇の側にいて諫め、過ちを補う）ことを職掌とする侍補が設置され、侍従長が廃止された。天皇の政治的教育係である。

メンバーは、一等侍補に徳大寺実則《さねつね》（宮内卿兼任、前侍従長）、吉井友実、土方久元《ひじかたひさもと》、のち佐佐木高行、二等侍補に高崎正風、元田永孚、三等侍補に米田虎雄、鍋島直彬《なべしまなおよし》、山口正定、のち建野郷三《たてのごうぞう》である。一等侍補は勅任官で、佐佐木らは当時政府のトップクラスの人々であった。吉井・土方・佐佐木・建野以外は、前任は元田が侍講、ほかは侍従番長（上席の侍従）か侍従で、宮内省からの横滑りである。吉井は大久保に近く、土方は、明治初年以来太政官の本体に勤め太政官大書記官（現在の内閣官房副長官に近い）に進んでいたが、文久三年（一八六三）の七卿落ち以来の三条の側近であった。佐佐木は岩倉の推挙であり、建野は大久保の推薦らしい。

任命当時、元田は、明治十年五月の天皇への上奏で、民心の不満を開化政策による重税にあるとし、士族対策を重視し、公議を重んじて内閣で論じ天皇の裁断を待つという天皇と内閣の一体化を唱えていた。佐佐木は、明治初年以来急進的欧化政策に批判的で、廃藩までのグループピングでは大久保派に近い。その姿勢を保ち、岩倉・大久保に近いとの自意識を持つ。官の点では、廃藩まで参議、以後司法大輔・左院副議長を務める。土佐藩出身ながら土方とともに征韓論政変以後も政府にとどまったために、板垣退助派との対抗関係が生じ、理念でも人的な面でも板垣退助の国会開設論には反対であった。

つまりは、三条・岩倉・大久保と主観的には近い、開化政策に批判的な人々であった。天皇を道徳的に指導するのであれば、堅物でよかった。彼らは会合を繰り返すうちに、強い信頼関係で結びついた。吉井は佐佐木を警戒していたようであるが、それも雲散した。

内廷で夜二時間の談話

侍補たちは、明治天皇と親しく接触した。たとえば内廷夜話《ないていやわ》という催しがある。九月十一日から侍補は、奥すなわち内廷に夜二時間参入しての談話を許された。もちろん元田のいう、天皇との関係を密にし古今の話をして政治を論ずるためである。当時の天皇は、午前は執務の御座所に出て、午後には内廷に戻っていた。内廷は女官の世界であり、男性は、表との連絡役を務める青少年の侍従試補が、二、三人存在するだけであった。侍補の処遇は異例であった。このように親しく接することで、侍補たちは天皇の過度の乗馬や飲酒、侍医の拝診拒否を諫めることができるほどに、天皇の信任を得るようになった。

侍補たちは、天皇が政治的意見を持つこと、それは内閣と若干の差があることを感得した。侍補たちは、天皇は政府の開化政策に批判的であると捉え、その方向で行動を起こすが、天皇の意見自体が侍補たちの影響かもしれない。どっちが鶏か卵か。ともかくも天皇が考えを持っているのであれば、より現実政治に近い実力者が教育にも当たるべきであり、そうすれば天皇と政府の差異も縮小するであろう。こうして侍補たちは、大久保の宮中入りを望んだ。しかしこの構想を進めている最中、佐佐木たちが伊藤にこの構想を説いた明治十一年五月十四日の朝、大久保が紀尾井坂で暗殺された。

大久保の死と天皇親政運動

大久保の死は、維新の三傑の時代の終焉であった。表に見るように、政府首脳は一〇歳近く若返る。大久保を失ったことで生じる権威の喪失への危機感は、もとより政府中枢に強かった。まずは伊藤を後任の内務卿とし、薩摩派川村純義《かわむらすみよし》を参議兼海軍卿に、同じく薩派西郷従道を参議兼文部卿とした。さらに七月には、イギリスから帰国した長州派井上馨を参議に登用しようとした。参議を三人増員して集団指導体制を敷き、内閣を補強した。

危機感は侍補たちにも大きかった。長派のトップ伊藤や、筆頭参議大隈重信が大輔や少輔の時代、すでに佐佐木は参議であった。薩派のトップ黒田《くろだ》清隆《きよたか》を幕末に使ったのは、大久保・吉井であった。維新の活動歴を考えれば、佐佐木や吉井にとっては、残った参議は自分たちと同等かそれ以下であった。侍補たちは、大臣と相談の上という慣例を破って直接天皇に奏上、天皇に政治的危機を涙ながらに訴えた。

明治天皇は侍補たちを信任し、元田や佐佐木に近い考えを抱きつつあった。すこし時期は下るが、十月に元田が熊本の知人である下津《しもつ》久也《きゅうや》に報告した天皇の意思は、「独立帝国の基

	生年	明治11年（1878）		明治18年（1885）		同年の爵位	没年
明治天皇	1852	27		34			1912
三条実美	1837	42	太政大臣	49	内大臣	公爵	1891
岩倉具視	1825	54	右大臣	(61)		（公爵）	1883
西郷隆盛	1827	(52)					1877
大久保利通	1830	(49)				（侯爵）	1878
木戸孝允	1833	(46)				（侯爵）	1877
大隈重信	1838	41	参議兼大蔵卿	48			1922
大木喬任	1832	47	参議兼司法卿	54	元老院議長	伯爵	1899
伊藤博文	1841	38	参議兼内務卿	45	総理大臣	伯爵	1909
山県有朋	1838	41	参議兼陸軍卿	48	内務大臣	伯爵	1922
井上馨	1835	44	参議兼工部卿(7月任)	51	外務大臣	伯爵	1915
黒田清隆	1840	39	参議兼開拓長官	46		伯爵	1900
寺島宗則	1832	47	参議兼外務卿	54	宮中顧問官	伯爵	1893
川村純義	1836	43	参議兼海軍卿	50	宮中顧問官	伯爵	1904
西郷従道	1843	36	参議兼文部卿	43	海軍大臣	伯爵	1902
佐佐木高行	1830	49	侍補兼元老院議官	56	宮中顧問官	伯爵	1910
吉井友実	1827	52	侍補兼元老院議官	59	宮内大輔	伯爵	1891
土方久元	1833	46	侍補	53	欧州差遣	子爵	1918
元田永孚	1818	61	侍補	68	侍講		1891
徳大寺実則	1839	40	侍従長兼侍補	47	侍従長	侯爵	1919
松方正義	1835	44	大蔵大輔	51	大蔵大臣	伯爵	1924
大山巌	1842	37	陸軍少輔	44	陸軍大臣	伯爵	1916
山田顕義	1844	35	司法大輔	42	司法大臣	伯爵	1892
森有礼	1847	32	公使・清国駐在	39	文部大臣		1889
谷干城	1837	42	熊本鎮台司令長官	49	農商務大臣	子爵	1911
榎本武揚	1836	43	公使・露国駐在	50	逓信大臣		1908

明治政府主要人物の年齢と役職　明治11年は大久保暗殺後に整えられた役職と年齢を示し、参議は網羅した。明治18年は内閣制度導入後の役職と年齢で、大臣は網羅した。いずれも数え年で、カッコ内は生存していた場合の年齢と、後継者の爵位

本を立候事」「教育の法を正し、忠孝を主とすべき事」のほか、西洋法を無制限に導入しない刑法制定、薩長に偏らない人材登用、物産振興による輸入減少、陸海軍の日本らしい整備であった（『元田永孚関係文書』）。五月十八日、侍補たちは内閣に対して三つの要求を行った。①天皇親政つまりは天皇の意思の実現、②天皇と内閣の密接化、③天皇臨御の内閣への侍補の出席、であった。天皇の政治的意思が存在するのであれば、「親政」は実現されるべきだし、内閣の施策に反映されるべきである。大久保亡き今、「常侍」する侍補が天皇を補佐しなければならず、そのためには内閣に出て政治の動向を知悉する必要があった。

こうして、政治的意思を持つ天皇が、政治顧問団を伴って出現したのであった。

内閣側にしてみれば、③は論外であった。しかし②は、政府が天皇親政を掲げる以上、考慮する必要があった。少なくとも、三条・岩倉はそう考えた。三条は早速に天皇が「内閣へ日々臨御」するよう取り計らうと応じている（『保古飛呂比』八）。ところが天皇が内閣と異なる政治的意思を持ったことは大きな問題であった。明治天皇は、内閣が帰朝した井上を参議兼工部卿に据えようとしたときに、佐佐木の就任を推した。人的にも、先の元田の書簡に見たように政策的にも、天皇は侍補たちに近かった。

内閣と述べたが、侍補たちは参議層を危ぶんでいた。とかく金の噂の絶えなかった井上の参議就任問題を経て、侍補たちは、大久保存命中ならば任命はなかった、「何分薩長ノ情実ノ為メ、大臣ノ権力モ及バザル処アリ、民権論ノ起ル所以歟《ゆえんか》、何トカシテ大権ヲ十二分ニ聖上ニ御握リ被為遊《あそばせられ》候事ニ力ヲ入ル、ノ外ナシ、嗚呼」と、次世代の薩長参議が政治力で政治を動かしていると捉えて批判を強め、参議の専断が国会開設論を高めていると捉えた。一方参議の中では侍補を「官宦（宦官《かんがん》）ノ弊害」と呼ぶまでにもなっていた（『保古飛呂比』八）。

そもそも新しい参議層は、天皇像をどのように造型するかという点に、明治天皇が意思を持つことに、関心があったのであろうか。明治九年三月二十七日、江華島条約締結の慰労のため、天皇は任に当たった黒田と井上を、大臣参議とともに午餐に招いたが、両者ともそれをすっぽかしている（伊藤之雄『明治天皇』）。尊王攘夷に身を投じてはいたが、彼らが政治の中枢に登場してきたとき、現実の天皇を見て感動するほどには天皇は政治の場に存在しなかった。『明治天皇紀』明治十一年一月十六日条によれば、日々内閣に出仕するのは太政大臣と右大臣であり、各省事務のある参議は日々出仕ができず、そこで三日ごとに参議が一人参内して天皇に伺候《しこう》することになった、とある。天皇と参議の接触は少なかった。なお十二月の状況では、月水金が天皇と参議の内閣出席日であり、そのあとは御座所に伺候となっている。

北陸東海両道巡幸と天皇の学習

明治十一年八月三十日から、明治天皇は北陸東海両道巡幸に出発した。すでに何回か触れたが、明治前期に、数十日にわたる巡幸が行われており、六大巡幸と称される。この巡幸の性格について種々論点があるが、強引にまとめれば、①天皇が見る、②天皇が見られる、③

民衆が見る、④民衆が見られる、の四つの視点から整理できるだろう。

①天皇が見るは、天皇による国土・国民の観察と学習・知見の拡大である。大坂遷都論以来の視点であり、元田の強調する点でもあった。②天皇が見られるは、天皇の具体的姿が人々に見られることである。明治五年の巡幸のように、天皇は開化した存在として見られるよう整えられた。開化、西洋化、近代化を身にまとう存在として見られた。天皇の正服は軍服に似ており、大元帥としての姿が見られる事でもあった（佐々木克「天皇像の形成過程」）。そして天皇の姿は地域社会の近代化への促進剤となった。

③民衆が見るが、早くから注目され研究が進んだ視点であった。おおよそ次のようなことが指摘できる。巡幸は、豪農や酒・醤油などを扱う豪商などの地域社会の富裕層で地域の指導者である地方名望家と呼ばれる人々が、積極的に出迎えている。地方名望家までは国民意識が及んでいるといっていい。彼らは同時に自由民権運動にも参画していることもあり、自由民権運動の多くの部分が天皇と対峙してはいないとの指摘もある。そもそも天皇と国会開設は背反しない。つぎに一般民衆は、お祭り的な行動で出迎える。身近な祈りの文脈で歓迎される。なお当時の政府の官僚は、民衆がいだく天皇の神性を強調しようとはしない。そこは開化の政府だけに、天皇の通行後の砂の持ち帰りなど蒙昧と捉えている。

④民衆が見られるは、民衆が見られる存在として自己規定を始めるという視点である。多木浩二氏が指摘し（『天皇の肖像』）、T・フジタニ氏がフーコーに依拠しながら、民衆は、天皇に見られるという意識を通じて身体的な訓練・規律が植え付けられる、さらには天皇が

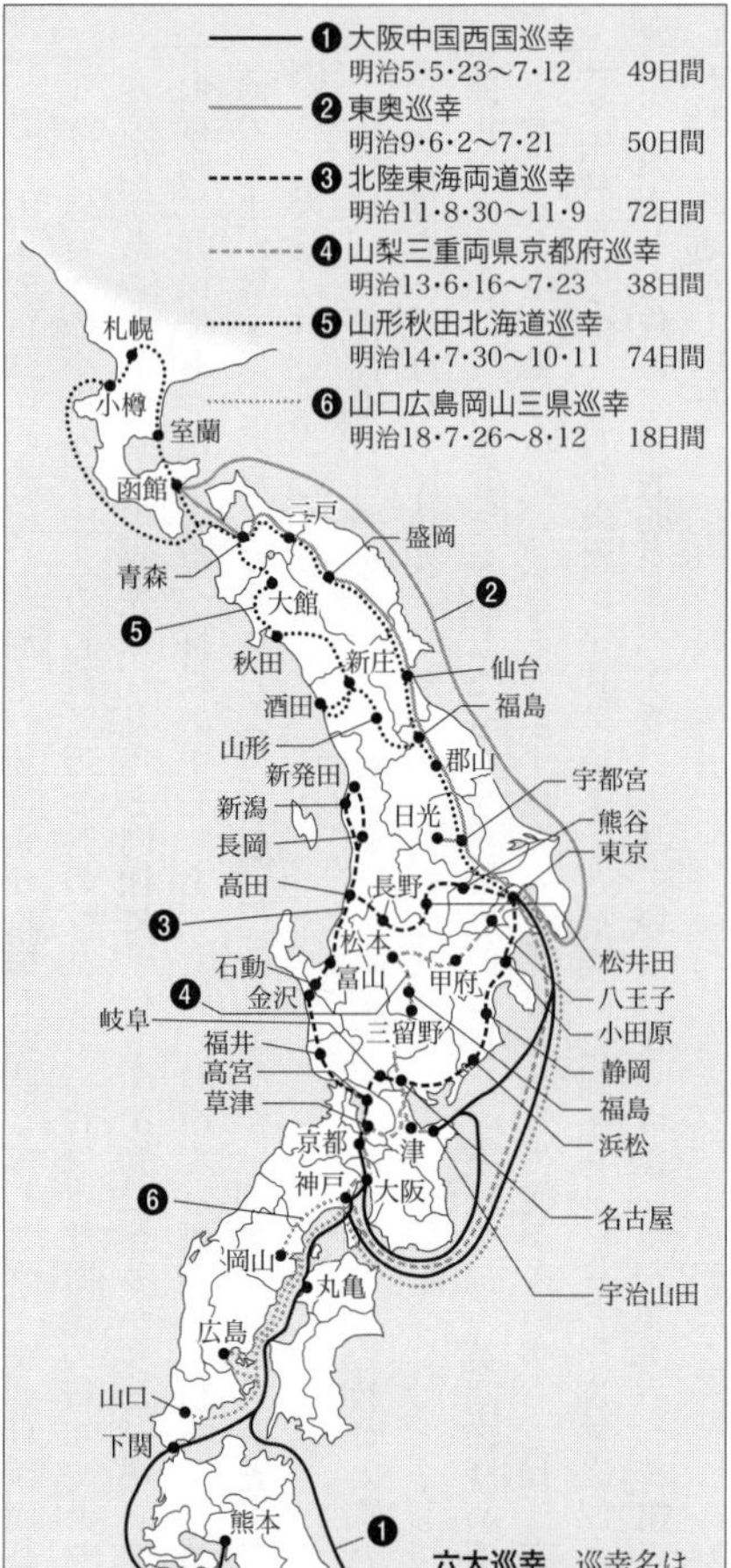

六大巡幸　巡幸名は『明治天皇紀』による。地名はおもな行在所

眼に見えない存在となって匿名の視線の支配を受けるようになる、そして君主制的権力と規律・訓練の権力の融合が生じると議論を深めた（『天皇のページェント』）。天皇の儀礼（ページェント＝野外劇）に一糸乱れず参加するという規律の形成は、特に意識することなく身体的行動を通じて支配を受け入れることになり、民衆は国民に統合されていく。さらに原武史氏は、視覚的支配の近代を通じた在り方を追求している（『可視化された帝国』）。

さて天皇の行動を中心に、明治十一年行幸の特徴を確認しておこう。まずは西南戦争後、しかも恩賞への不満が原因とみられる近衛兵の反乱である竹橋事件直後の行幸であり、警衛の強化があった。天皇の視察先は、九年と同様に学校や産業施設が多かった。そして、天皇の行動は軽快であった。馬車が移動の中心であったが、難所では供奉の官員を引き離し、警衛の兵士が驚くほどの早さで歩いた（『保古飛呂比』八）。明治初年に期待された潑溂とした姿を、天皇は示したことになる。

侍補は、この行幸の目的を「民ノ疾苦ヲ御《お》問《とい》被為遊《あそばせられ》候事ナリ」と天皇の教育に置いていたが、天皇も「巡行（幸）ハ下民ノ疾苦ヲ知ル筈ナリ」と述べる（『保古飛呂比』八）。そして政府が開化・西欧化の成果として呈示したものを、批判的に見た。学校では、英語は読めるが翻訳を命ずると全くできない、家業を知らず高尚の意見を述べる生徒が多いが、これは文部省の「米国教育法ニ拠リテ組織セシ学課ノ結果」と批判的に評価している（「古稀之記」）。天皇は、供奉した佐佐木の説明をすべて受け入れているわけではないが、捉え方の枠組みは侍補たちと共通していた。

天皇の意思の発露

北陸東海両道巡幸から還幸後、明治天皇は「爾後《じご》一層勤倹《きんけん》ノ旨ヲ専務トシ我邦ノ徳義ヲ教育ニ施サンコトヲ」との意思を岩倉に示した（「古稀之記」）。侍補たちは明治十二年の政《まつりごと》始《はじめ》に詔として公布することを主張した。岩倉は調整することを回答し、明治十二年三月に閣議案を作成、閣議でその実現を迫った。

閣議案の内容は、第一に勤倹。皇居新築費は勧業に当てよという天皇の意思の尊重と、貿易不均衡・物価騰貴・民心の不満を招く奢侈の是正。第二に親裁。第三に漸次立憲政体の確立。元老院の拡充。法制局の拡張による内閣強化と各省への統制。細目として、政費節減、御前議事及び公文上奏式の制定、布告式の改定、内閣書記官の設置があり、さらには地租改正・士族授産・勧業・恩給・兵役・倫理の教と神仏の教旨の尊重などもある。

緊縮財政は中立的な言葉であるが、勤倹と言った場合、道徳的価値観を伴う。殖産興業という財政支出による近代化と拡大均衡を目指した政策との対抗は覆う術もない。伊藤は詔を天皇の意思を示すに過ぎない沙汰書とすることを提議、個別的な改革事項も各参議から反対が続出した。天皇の三つの意向は、倹約を図る三ヵ条の被仰出書《おおせいだされしょ》とされ、細目のうち実現したのは上奏式（上奏文書の様式を定める）と内閣書記官の設置、輸入品使用の抑制ぐらいであった。

この経緯からも、天皇の意思が侍補たちに近いことは明らかであろう。また侍補たちの政治への影響力は、岩倉が鍵であったことも推測できる。天皇の政治教育と内閣との一体化、勤倹という価値、政治状況への危機意識を、岩倉は少なからず共有した。だから岩倉も侍補をすぐには廃止できなかったし、廃止せずに自らの発言力の強化にも用いた。

教育をめぐる対立

侍補は、天皇の「徳義ヲ教育ニ施サンコトヲ」という意思の実現も目指した。

明治五年の学制以来、政府は国民皆学を目標とした。理想は高かったが、費用負担、画一性など問題点は多かった。そこで明治十一年五月、田中不二麿大輔（卿欠員）を長とする文部省は「日本教育令」を閣議に提出した。「日本教育令」は伊藤参議の下で修正され、明治十二年二月に「教育令」として閣議で決定された。全体として地方の自由に委ねる方向に、学制から方針が改められた。その後元老院の議定を経て七月に上奏されたが、裁可が下りなかった。

明治十一年の行幸で、明治天皇は教育の状況を米国教育法に則っているため偏った成果となっていると考えていたが、それは田中主導の文部行政への批判であった。それにもかかわらず、よりアメリカの影響の強い「教育令」が上奏されてくる。天皇は裁可を留保した。

勤倹の詔前後から、元田は天皇の意思の具体化を図っていた。繰り返すが、卵と鶏の関係ではある。七月末から八月にかけての頃、天皇の命があり、元田は八月末頃までに「教学大旨」と「小学条目二件」からなる「聖旨」を作成した（『明治天皇紀』四）。「教学大旨」は、「教学」は「仁義忠孝」を学んで後「知識才芸」に進むのが「我祖《そ》訓国典《くんこくてん》ノ大旨」である、しかし知識才芸を尊び文明開化に走ったために風俗が乱れる、仁義忠孝を明らかにし、道徳の学は儒学を主とし、そののち各人に応じて各科の学問に進むべきである、と述べる。「小学条目二件」は、小学教育には、仁義忠孝の心の育成と、「高尚」の議論から「実地ニ基」づき学んでのち「本業」に立ち返る教則の設定とを、提案する。つまり、急進的な開化の否定と日本古来から続くと考えられた仁義忠孝の尊重を主張するものであった。

これに対し、教育令を修正した伊藤は、井上毅《いのうえこわし》起草の「教育議」を九月に提出した。風俗の乱れは社会の大変化によるもので教育が原因ではない、仁義忠孝の尊重は、「旧時ノ陋《ろう》習《しゅう》」に戻るものである、「古今ヲ折衷シ、教典ヲ斟酌《しんしゃく》シ、一ノ国教ヲ建立」するのは「賢哲」であり、政府の任にない、漢学の尊重は「政談ノ徒」を生んでいると、異議を唱える。

元田は「教育議附議」を作成してさらに反駁する。「国教」は「祖訓ヲ継承シテ之ヲ闡明《せんめい》ニスルニ在ルノミ」であり、それは皇祖の尊敬と儒教の仁義忠孝の尊重であるから、復古すればいい、と論じている（以上「元田永孚関係文書」）。水戸学的儒学理解である。あるいは儒学の通俗道徳要素を取り入れた国学である。

対立点は、廃藩置県以来の開化政策の是非と、道徳教育における儒教主義の採用か否かであった。そして後者の点について、伊藤・井上毅は、「国教」論を割り当てている。教導職による教化は破綻しつつあった。ふたたび国民の宗教的教化に踏み出すのか。しかし元田が、国教とは皇統神話とそれと不可分の忠孝の尊重と述べたとき、それを否定して幕末以来の天皇権威の上昇と、或いは天皇の権威の源泉とはどう折り合いが付くのであろうか。

議論の対立は人事に及んでいた。明治天皇には佐佐木を空席の文部卿に当てる意向があった。内閣はそれを阻止し、九月十日に寺島宗則《てらしまむねのり》外務卿を移動させ、井上馨工部卿を外務卿とし、あわせて条約改正方針を関税自主権回復から法権回復（治外法権の撤廃）に転じた。翌日その寺島に、天皇は岩倉の奏議に従って、「聖旨」「教育議」「教育令」を示して検討を命じた。こうして九月二十九日になって「教育令」は公布された。

教育に関する対立は、内閣の勝利で終わる。しかし天皇が儒教主義的教育に深い関心があることと、侍補たちの影響力とがまた明らかになった。

文書の中の天皇親政

勤倹の詔の中で実現した数少ない一つが、明治十二年四月七日に制定された、上奏式の改定である「御前議事式及公文上奏式施行順序附公文回議手続」であった。内閣が裁可を願って上奏する文書に、内容の重要度に応じて、天皇が「可」「聞」「覧」の印面の印を捺して決裁することを内容とする。大正天皇が、裕仁親王が摂政となった際に渡すのをいやがった印である。なお御璽《ぎょじ》は、明治後期からは徳大寺実則内大臣兼侍従長が管理しており、大正期以降は侍従職の保管の下で侍従が捺していたようである。常時輔弼《ほひつ》しない内大臣では捺しようがない。

裁可文書の変化について、広い視野で整理した永井和氏の論にしたがって説明しよう（「万機親裁体制の成立」『思想』九五七号など）。

太政官文書の決裁書類の様式は、①明治四年八月から明治六年五月まで、②明治十年八月まで、③明治十二年四月まで、④それ以降、に分かれる。

①になって決定の文書に「裁」の印面の印（A印）が罫紙の上部ほぼ欄外に捺されるよう

になるが、これは太政大臣が捺したものである。

①から②の転換点は、本書では説明しなかったが太政官制潤飾といわれる太政官制の改革が行われ法規上に「内閣」が規定された時点である。②の時期の様式では、決裁文書に場所が設けられて大臣参議の印ないしサインが付されるようになる。天皇の裁可も文書上に示すことが期待されたが、結局は「裁」印のままであった。そうした中で明治七年から大審院ができるまでの約一年間、死刑を決定する文書にはこれまでと異なる字体の「裁」印（B印）が捺され、したがって天皇が捺したものと考えられる。内閣と天皇の関係は、重要事項のみを大臣が口頭で説明していたと推定される。また②の最末期、西南戦争時の五月二十二日付の文書からB印が捺されるようになり、戦争指導において天皇自らが裁可する親裁が開始された。

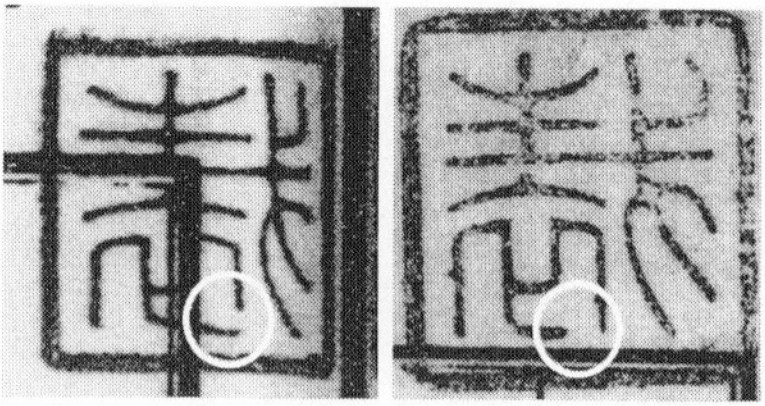

字体が違う「裁」印　右が本文に述べるA印、左がB印。丸で囲んだ部分が異なっている。永井和「万機親裁体制の成立」（『思想』957号）より

このような明治天皇の変化があり、その行動を継続させるために「内閣参朝公文奏上程式」が定められ、③期となる。天皇は内容の重要さに応じて、「可」「聞」「覧」を捺す。こうして天皇の裁可が文書上に現れることになり、「輔弼親裁体制」の原型が生まれる。天皇が裁可するためには教育が必要であり、侍補が置かれ天皇親政運動が起こってしまう。

さらに天皇が裁可することが文書上に明瞭になった結果、

統帥事項（軍の指揮）に関しては天皇が太政大臣の上奏を経ずに直接に裁可することが考えられるようになり、参謀本部が設立され、軍人を職に任命する人事関係文書は、陸軍卿と参謀長の連名上奏となった。こうして明治天皇は大元帥となった。太政大臣を経ないことが統帥権の独立と陸軍大臣の帷《い》幄《あく》上奏《じょうそう》権《けん》につながることになる。

④期になり、閣議の決定文書と、上奏文書が分離して、親裁体制はより整備された。文書上天皇は内閣の外に立つことになり、侍補の主張する「親政」の慎重な封じ込めがなされる。また統帥関係の上奏の文書様式は変わらない。

すでに述べてきたように、天皇の成長の度合いと政治への関心の低さが、明治十年頃までの明治天皇と国家の関係の問題点であった。だから文書に天皇が現れない。天皇と内閣の関係が問題となって、文書の決裁と侍補の設置が行われたと考えられる。

④期の天皇を閣外にという指摘は、明治憲法施行後という長いスパンを考えれば、そうであろう。しかし勤倹の詔の具体化が岩倉によって為されたことを考えれば、疑問がある。岩倉は天皇が政治的な意思を持つことを課題としており、親政と親裁を区別していたとは思われない。親裁から親政は始まる。

わずかな疑問はあるが、永井氏の研究から、文書の点でも、明治十年以後天皇が裁可するという行動を要請されていることが明瞭になった。そして天皇の行動を、親裁という点から検討すべきであるという点も重要な提起である。

余儀ながら、②の時期までの上奏の在り方であるが、官制上も上奏権は大臣しか持たない。上奏は、三条・岩倉が口頭で説明する状況であったことは、伊藤の回想に存在する（『伊藤公直話』）。つぎに、明治天皇が京都で裁印を使い出したのが五月二十日過ぎというのが興味深い。わたくしとしては、木戸までも失った明治天皇の危機意識と思いたい。

参謀本部の設置

天皇の裁可に関連して、統帥事項の裁可についても変化があった。

明治十一年十二月五日、軍の作戦・命令、つまり軍を動かすこと、運用することを管轄する参謀本部が設置される。陸軍省は、軍の行政面、つまり軍の組織を維持することを管轄することとなる。軍令（統帥）と軍政の分離である。ついで参謀本部長が置かれ、二十四日に山県が参議兼参謀本部長となり、西郷従道が参議兼文部卿から参議兼陸軍卿に転じた。そして統帥事項については、太政大臣からやがては参謀本部長の上奏事項となる。

通説では、①西南戦争で軍の指揮運用の拙さへの反省、②ドイツ主義への傾斜、③竹橋事件・国会開設運動など、政治運動の軍への波及の防御、が参謀本部の設置理由とされる。

③が目指された結果、軍の忠誠は、当座の政府から分離し、直接天皇だけに向かい、天皇が統帥権を直接把握することになる。その表現が、忠実・勇敢・服従の堅守、皇室崇拝、時事を論ずるの不可を内容とする明治十一年八月の「軍人訓誡」であった。それは明治十五年一月四日の「軍人勅諭」となる。「朕は汝等軍人の大元帥なるそ」と述べ、忠節・礼儀・武勇・信義・質素を軍人の精神と諭している。

この参謀本部の独立が、明治憲法の統帥権の独立に帰結していく。

前項で述べたように、この通説に、異なった視点を導入したのが永井氏である。永井氏は、①～③の理由があるとしても、なぜこの時なのかが説明されないとし、天皇の親裁が実現したから、軍の親裁も問題となって、明治十一年に参謀本部設置が実現したと説く。

さて、参謀本部の設置によって統帥事項が太政大臣の上奏権から外れることを、明治天皇は、侍補たちは、そもそも太政大臣やほかの参議たちはどのように考えていたのであろうか。侍補に反対に類する反応は知られていない。天皇親政の視点からは、変更前後に差異はない。

内閣側では、統帥権が太政大臣の権限からはずれる問題は、参議が参謀本部長を兼任するという人事の妙で解決された。大隈が、陸軍省と参謀本部の権限対立を危惧したが、これも陸軍卿と参謀本部長を参議兼任することで、内閣内で調整することとした。

つまりはこの時点では、参謀本部の設立を警戒する意識は、政府首脳には余りなかったと考えられる。それよりも、天皇が軍事に関心を持つかどうかが懸念されていた。

明治天皇の裁可は十二月の軍人の補職に始まり、翌十二年六月には軍令事項も裁可されるようになっている（永井和「朕は汝等軍人の大元帥なるぞ」）。参謀本部が設けられても、軍政も統帥も天皇に裁可が求められることは変わりない。それなのに参謀本部から天皇への裁可は、一度にでなく段階的に増やされている。とすれば、明治天皇に、三条や岩倉の上奏から、山県や病気中は代理を務めた大山巌参謀次長の上奏に変わることへの不満があったと考えざるを得ない。単に人の交代への躊躇《ためら》いであろうか。三条・岩倉を通さずに専門性の高い軍の指揮に関することが説明される不安だろうか。軍事への関心不足であろうか。

侍補の廃止

一年半余り、内閣と侍補たちの対抗は続いた。理解を示さないわけではない三条・岩倉も、侍補の閣議侍座だけは排除し続けた。明治十二年六月には、三条と岩倉は封事《ふうじ》を上奏、親裁を望む一方、意見は主任の長官に伝達することとし、侍補たちに別に伝える弊害を述べ、現在の政府の方針の変更を慎むこと、陸海軍に関心を注ぐことを述べる。教学聖旨についての岩倉の奏議でも、天皇が直接寺島に伝えたことを良いことと、特に強調していると読める。天皇の意図が政府の中枢と別ルートで表明されてはならなかった。なお話はそれるが、封事の最後の陸海軍の問題は、この六月から統帥事項の裁可が増えることを考えれば、抽象論ではあるまい。

佐佐木高行　元土佐藩士で大政奉還に尽力。貴重な著作を多く残した

十月十三日、天皇と内閣の密接化を条件に、侍補は廃止された。天皇親政を主張した以上、密接化が果たされるのであれば、侍補の役割はなくなる。侍補たちは甘受せざるを得ない。

しかし問題が残った。まずは天皇の意思である。

父孝明天皇の懊悩を見て育ったから、また維新後の経験から、明治天皇は、ほかの政治指導者と同様、万国対峙という国家目標を抱いていたと考えられる。即位後の、特に廃藩後の新しい出来事に、必要といわれれば、若さの好奇心もあって、順応していった。そして、士族侍従に拒否感を示さず、英雄を語り、乗馬に凝った。剛毅さを受け入れられる人物であった。だから、西郷が見せる無骨さに引かれたのであろう。現実政治への判断が生まれる頃、頑固と言っていい人々が侍補となり、西洋化を抑制する理念を語る。強国はわかる、産業化もわかる、西洋化もある程度は必要であろう、しかし国家財政が悲鳴を上げるほどに進めていいのだろうか。産業化・西洋化は、節倹という美徳と釣り合うスピードでいいのではないか。

君主は、道徳的修養で、国民を教化する存在である。個々の政策はおおむね参議に委ねても、儒教的道徳は、自らが国民に諭さなければならない。皇統の連続につながる価値観は、示さなければならない。だから軍人への勅諭を含む教化が、儒教的通俗道徳を語ることが、為すべき君主の職務であり、関与すべき国務であった。自然、西洋化には批判的となる。

そして京都の衰退と公家社会の頽廃をみれば、切り捨てたものは大きかった。明治天皇はこうした考えを持つようになっていたのではないだろうか。そして明治天皇は頑固であった。一度抱いた考えを変えるのは、なかなかに難しい。

つぎに天皇の私的顧問団の形成である。史料的には確認できないが、この後も佐佐木や元田は天皇の前に進む事を天皇に認められていたといわれる。特に元田は引き続き侍講となっており、制度的に天皇に会えた。元田の自伝では、明治十三年の頃には、天皇からの「機密ノ顧問」に備えることを、大臣に認められたという（「古稀之記」）。また明治十四年政変の進行中の十二日、佐佐木が天皇の前に出ようとしたとき、岩倉が今日だけはやめておくようにと説得しており（『保古飛呂比』十）、官職にかかわらず明治天皇が拝謁を許していた可能性は高いであろう。

のちに侍補たちを通じて、明治天皇の眼は陸軍非主流派に注がれる。土佐藩出身の中将谷《たに》干城《たてき》は、西南戦争で熊本城を守った将軍であった。台湾出兵での死者の埋葬方法に不満を持って、明治十四年三月、辞表を提出する。佐佐木・土方と同郷であり、剛直な武官という評価が伝わる。この時、天皇は谷の辞職を許さなかった。谷は、明治十四年政変の際には、三《み》浦《うら》梧《ご》楼《ろう》・曽《そ》我《が》祐準《すけのり》・鳥尾《とりお》小弥太《こやた》と、官有物払い下げ中止の建白書を提出する。こうしたことから、陸軍主流に対する四将軍派と唱えられるようになった。明治十七年五月には、明治天皇は谷を学習院院長にした。また明治十八年五月、陸軍は、検閲と戦時において二師団を統率することを目的に設けられた監軍を臨時の職としたが、明治天皇は鳥尾・谷・三浦が監軍に適任で

土方久元　元土佐藩士。農商務相、宮内相などを歴任

あると人事に介入しようとする。

こうした天皇の陸軍非主流派への親近感も、政府首脳には問題となった。

2　明治十四年政変

財政論と天皇

維新の三傑より一世代若い世代の集団指導体制の綻びは、財政政策から起こった。西南戦争の戦費のための不換紙幣発行と、大久保利通の殖産興業の夢を実現するための企業公債の募集は、政府支出の増大と政府紙幣の発行増によるインフレをもたらした。そして開発のための、また好景気による輸入増大は正貨（金銀などの貨幣）の流出を、いわば外貨準備の減少をもたらした。こうした財政状況の悪化をどうするか。勤倹の詔はその一つの解決策であった。しかし、殖産興業・開発を進めてきた参議層には飲めない案であった。

財政責任者であった大隈重信が考えたのは外債であった。これに対し、おおむね薩派は支持し、長派は反対した。内閣の意見が一致せず、明治十三年六月三日、大臣は天皇の判断を乞うに至った。三日、明治天皇は、前年来日した前アメリカ大統領グラントから得た知識を基に、植民地化への危惧を理由として外債不可を明瞭に打ち出した。そして大隈と伊藤博文たちが財政整理の調査を行うことになった。

つぎに岩倉具視が、八月になって地租の四分の一の米納化を打ち出した。当時米価が高騰しており、貨幣でなく米で納入させた方が、政府に有利と考えた。つまりは農民への増税である。この案にも、おおむね薩派は賛成し、長派は反対した。

九月になって明治天皇は、米納実施に不穏を覚える、経費の節減を考えるべきだと、勤倹主義の内勅を下した。こうして明治十三年秋に、殖産興業政策が転換された。政府は農商務省を設置し、工場経営などの直接的な政策から法制整備などの間接的な政策に変更し、政府の産業施設を払い下げることとした。そして均衡財政が方針となった。なお元侍補は、勤倹の立場で明治天皇に働きかけている。

明治天皇は、井上馨工部卿就任問題・教育令問題を見ても、内閣が一致している場合、決定を覆すのは困難であった。しかし内閣が一致できない場合、内閣が考慮しなければならない政治ファクターとして成長していた。そして天皇に決定を委ねざるを得ない状況になったとき、天皇の決定を受け入れる心理も、内閣のメンバーに徐々に形成されつつあった。

大隈重信　元佐賀藩士

国会論の高揚

明治十二年（一八七九）になって、国会開設運動は、それまでの西日本の士族結社中心の運動に、各地の豪農結社が加わって、全国的に活発になった。明治十三年三月からの愛国社第四回大会では国会期成同盟が結成され、政府に国会開設の上願書を提出するようになる。

国会開設運動の活性化に押され、政府でも議論が開始された。実はこの問題をいち早く重視したのは、侍補たちであった。明治十二年六月、元田は、国体の永遠と政体の変革可能を述べ、士族反乱も国会開設論も内閣の専制に原因があり、「君主親裁立憲政体」すなわち「天下ノ公議ヲ取リ」「其決ハ即チ陛下ノ宸断ニ在ル」という体制を導入すべきであり、憲法も国会開設も「宸断」で行うのがよいという意見を上奏した（『明治天皇紀』第四）。この国会は諮問的機関であり、幕末の公議論との継続は見られるが、西洋的な参政権の認容という視点はない。また参議への反発という権力的動機も濃厚ではあった。

明治十二年十二月から各参議が意見を提出する。意見書を見る限り、長派の開設論と薩派の時期尚早論に分かれる。黒田清隆は国会より殖産興業・開発と、この点でも大久保路線の維持を唱えていた。そうした中で、大隈・伊藤・井上の三参議は国会開設方針で合意したらしい。明治十四年一月、熱海に政府首脳が集まり、黒田を説得しようとした。いわゆる熱海会議である。しかし黒田は動かず、大隈たちの説得は失敗に終わった。

そして三月、大隈は参議の中で最後に憲法意見を提出した。内容は、議院内閣制、議院に左右されない永久官と内閣とともに進退する政党官の設置、二年後の国会開設、であった。そして提出した憲法担当の左大臣有栖川宮熾仁親王《ありすがわのみやたるひと》に、他見無用を依頼した。内容が急進的であるために、そして恐らくは最後に提出したことで主導権を握ろうとしたために、秘密にしたかったのであろう。

しかし憂慮した有栖川宮は、三条実美と岩倉具視に相談する。岩倉は伊藤が大隈意見書を内見できるように取りはからった。驚いた伊藤は大隈意見書を自ら写し取り、七月二日岩倉に辞意を述べる。伊藤、井上、大隈は国会開設では意見が一致していたはずであり、とすれば、二年後という時間の早さと、自分たちに相談がなかったことへの不信が、伊藤の驚愕であった。大隈の陳謝で伊藤は辞意を撤回するが、井上も不信を表明、三人に大きな亀裂が入った。

また岩倉は太政官大書記官の井上毅にも意見を求めた。井上毅は内容においてイギリス型の憲法と反発、ドイツ（プロシア）型の憲法導入を提起した。七月五日岩倉は、井上毅起草の「大綱領」を、自らの意見書として三条と有栖川宮に示した。欽定憲法、天皇が多くの権限を保持すること（天皇大権の規定）、大臣の天皇に対する単独輔弼《ほひつ》制、議会の予算制定権の制限等を骨子とする。こうして憲法論において、イギリス型とは異なる別の選択肢が示された。

大隈の辞職

明治十四年七月、開拓使官有物払い下げがリークされた。黒田が長官を務める開拓使の工場などの産業施設を、非常に安価に、投下資本一四〇〇万円に対し無利子三〇年賦三八万円で、薩摩出身の五代友厚《ごだいともあつ》に払い下げることとなった。年一万三〇〇〇円足らず。産業の育成が目的であったから、払い下げも事業の継続を主眼とすべきであると、おそらく黒田は考えた。しかしそれは、昵懇の者に不当に安く譲渡するともいえる。実際に当時の新聞は、この視点から非難を集中させた。

当時新聞記者には、慶應義塾出身者が多かった。大隈は自ら卿を務めた大蔵省などに、積極的に慶應義塾出身者を登用していた。五代と払い下げを争ったのは三菱で、三菱は大隈に近かった。政策を非難された黒田は、大隈―交詢社―福沢諭吉―三菱の筋を発見した。加えて薩派は、財政方針の転換の点でも、大隈に不満があった。伊藤・井上も大隈には不信があった。

折柄明治天皇は山形秋田北海道巡幸中であった。北海道の産業施設の視察は黒田が積極的に提案しており、天皇に勤倹の放棄を学ばせたかったのだろう。大隈はこの巡幸に供奉していた。

大隈の不在中に、政府内では、大隈が福沢グループと手を結び国会論を展開、開拓使問題で現政権を非難し、政権を奪取しようとしているとの発想が生じた。伊藤・黒田らは、大隈を追放して憲法制定、国会開設の主導権を握ることを決心した。十月十一日の天皇の還幸とともに大隈追放が上奏される。「薩長ニテ団結シテ大隈ヲ退ケル手段ニテハ無キヤ」と訝《いぶか》しむ天皇には、岩倉は佐佐木・土方も大隈非難で一致していると説得した（『保古飛呂比』十）。佐佐木・土方・谷たちも、中正党を名乗って、大隈非難と払い下げ批判を行っていた。佐佐木が拝謁を強行しようとして止められたのはこの時である。十月十二日大隈は辞職に追い込まれた。明治十四年政変である。そして勅諭が出され、憲法制定と一〇年後の国会開設が確約されるとともに、政府は、ドイツに憲法の範を求める方針を確定した。

なお政変後、佐佐木は参議兼工部卿、土方は内務大輔に就任している。

明治天皇は政治問題に意見を表明するようになった。その一方で、依然天皇と内閣との意思疎通は円滑とまでは言い難かった。内閣の意見が分裂した場合、天皇の意思は決定を左右する政治力を持ちうるようになった。さらに、天皇を憲法の中にどう位置づけるか、国会との関係をどうするかという新しい課題が登場した。

3　明治天皇と伊藤博文

幻の明治天皇の外遊

明治十七年初頭頃から、伊藤博文・井上馨と駐独公使青木《あおき》周蔵《しゅうぞう》との間で、明治天皇の洋行が検討されていた。伊藤が憲法調査のためドイツに滞在していたときに、青木との間で話題になったのだろうか。明治十七年七月十三日付の青木宛井上書簡では、「陛下洋行云々は……切望に不堪《たえざる》事件に候得共《そうらえども》、随分一難問、伊藤之インフルエンス（ママ）にても容（易）に不被行《おこなわれざる》事」と困難を述べ、「臣下一統尽力候迚《とて》も、肝要不可代《かうべからざる》親書の御心意に改良無之《これなく》ては進歩之結果も只付焼刃」と続けている（國學院大學図書館所蔵文書）。意味の取りにくいところもあるが、天皇の「心意」を変えなければ本格的な「進歩」は困難と捉えている。

頑固者を変えるには実物教育である。変わらない可能性もあるが、明治初年木戸孝允は長州割拠論の山県有朋を欧州に派遣してショック療法に成功している。明治天皇の状況は、伊藤や井上からは「進歩之結果」を得るのに遠かった。しかし洋行は、伊藤の「インフルエンス」でも困難、結局この計画は幻に終わる。

伊藤は、明治十六年八月三日に憲法調査から帰国して、明治天皇に向き合うことに乗り出していた。伊藤は明治天皇をどのように造型しようとしていたのであろうか。

伊藤博文の憲法調査

明治十四年政変の結果、国会開設の勅諭が出され、一〇年後の国会開設が公約されるとともに、政府内ではドイツ型の憲法導入が合意事項となった。伊藤は、俊英な若手官僚を集めた参事院という調査機関を設置し、その議長を兼任して憲法制定に満を持して乗り出したと、説かれることが多かった。しかし伊藤は、盟友井上馨が一升酒を心配するほどに、懊悩していた。よく考えれば、伊藤は、明治十四年初頭には大隈重信・井上とともにイギリス型憲法へ踏み出そうとしていた。その伊藤に、井上毅が提案したドイツ型憲法に深い理解があったとは思われない。そこにドイツへの憲法調査の必要性が閣議で提議された。伊藤は、自ら渡欧して、ドイツ型憲法への理解を深める決意を固めた。

明治十五年三月十四日、伊藤はヨーロッパへ出発した。ドイツでは青木駐独公使の手を借りて、憲法学の碩学ベルリン大学教授グナイストと、その高弟モッセから学んだ。ついでオーストリアに行き、ウィーン大学教授シュタインに学んだ。その後ベルリンに戻り、十六年

シュタイン博士の追悼会　シュタインは1890年９月に没した。紅葉館で開かれた追悼会には、伊藤博文（前列中央）ほか、関係者が集まった。伊藤の向かって左が谷干城

三月イギリスに渡って、五月にロシア皇帝の即位式に参列して、八月に帰国した。

伊藤は、まずグナイストとモッセについて学んだが、満足できなかったらしい。講義がドイツ語で行われ、青木が英訳し、随員の伊東巳代治《いとうみよじ》が日本語で筆記したという。まさに隔靴掻痒《かっかそうよう》であった。また明治十五年五月二十四日付松方正義宛書簡では、伊藤はグナイストの説を「日本の現況を以て見候へば頗《すこぶ》る専制論」（『伊藤博文伝』中）と述べている。伊藤が思うよりも議会権限の弱い説であった。

それに対して、シュタインからは、伊藤は得るものが大きかった。のち伊藤はシュタインの日本招聘《しょうへい》に努め、また伊藤の宣伝から欧行する政治家はシュタイン

に学ぶことが流行し、「シュタイン詣《もう》で」と呼ばれた。明治天皇も侍従藤波言忠《ふじなみことただ》のシュタイン講義ノートを学んでいる。

では、伊藤はシュタインのどこに感銘を受けたのであろうか。まずは、シュタインの講義は英語で伊藤に理解できた。その人柄は気さくであったという。そして、講義の内容が伊藤に興味深いものであった。シュタインは、ウィーン大学では国民経済学・財政学・行政学を講じ、社会学・社会政策にも通じ、また若い頃はパリ留学中に社会運動家と親交があった。グナイストの講義が法律学的であるのに対し、シュタインは行政・社会政策・社会学に及ぶ視野の広いものであった。つまり、伊藤は憲法の創設と国会開設を、実際的な運用と機能から理解したのであろう。

近年、瀧井一博氏によって主張され賛同を得つつあるのが、国王と議会の対立の構造ではなく、国家の発展のためには両者から相対的に自立した政府（行政権）が存在する必要があるという行政権の重要性を、伊藤はシュタインから学んだという説である。

イギリス型憲法政治に理解を持っていた伊藤は、国王と国会の対立から立憲政治が発展したと理解していたと思われる。それに対し、国家の発展のためには、国会の意思からも、国王の恣意性からも自立した行政権の確立が必要という考え方、要すれば行政の発見は、伊藤にとって、単線的な憲法発展史観からの自由を意味したのではないだろうか。

さらに明治天皇が自立した意思を表明しだしている現状からも、君主の意図と政府の関係について考慮しなければならない伊藤にとって、シュタインの説は魅力的であったに違いない。

こうして伊藤は、シュタインとの邂逅でドイツ型憲法への理解を深め、「国制知」への自信を取り戻した（瀧井一博『伊藤博文』）。帰国後天皇をめぐる制度と行政機構の整備・改革を行いながら、憲法制定に着手する。

岩倉具視と京都

岩倉具視にとって明治維新とは、朝廷による権力奪取であった。そして万国対峙を目指した。ところが西洋文明を移入した結果が、自らの権力を脅かす国会の開設であった。改変することに急ではなかったか。

明治十年頃には、岩倉はそうした反省を強く抱くようになっていた。眼は近世の朝廷に向かう。まずは明治十年冬から江戸時代の宮中儀礼の調査・編纂を企画した。これは明治二十二年十一月に絵図とともに『公事録』として完成し、江戸時代の儀礼の様子を伝える書物となった。ついで明治十一年三月には、史書を集め考証し、その上で外国の制度を参考にして皇室制度を制定すべきであるとして、儀制調査局（奉儀局）の設置を提唱した。

その岩倉に病（食道ガン）が忍び寄ってきた。明治十四年政変直前、岩倉は療養のために京都に帰った。そして岩倉は、京都の衰退を痛感する。京都にあった公家の社会と文化を切り捨てすぎたのではないか。そこで岩倉は、天皇を取り巻く制度は日本の伝統を尊重すべきであると、伊藤の帰国を待たず制度取り調べに着手しようとする。明治十五年十一月、岩倉は「皇室ニ関スルモノハ外国ニ準拠スヘカラサル者アリ」と建議し（『岩倉公実記』下）、それに基づき十二月十八日、宮内省に内規取調局が設置され、岩倉は総裁心得となった。

京都の保存にも乗り出す。明治十六年一月に京都皇宮保存に関する意見書を提出して、京都において、即位・大嘗会・立后の古式による執行、桓武天皇の神殿の創建、賀茂祭・石清水《いわしみず》祭の復興、白馬節会《あおうまのせちえ》など儀礼の再興、御所と御苑の整備などを提案した。未だ「旧慣」になずみ道徳心を持つ者も多いから、「前皇ノ古典ヲ復シ忠孝ノ道ヲ申ヘハ」風俗を維持し民情を厚くするであろうと、その効果を主張した（『岩倉公実記』下）。

こうした京都への思慕は、明治天皇にもあった。明治十年の大和国及び京都行幸の際に、明治天皇の意向として、内帑金《ないど》（お手元金）から一二年間にわたって毎年四〇〇〇円が、京都御所保存のために支出されることとなった。翌年十月十六日には、即位の大礼を実施する場所として京都御所を保存したいという意思を表明している。

岩倉の執念の帰結が、明治十六年四月二十六日の京都での大礼実施の決定であった（日付は『明治天皇紀』第六による）。正式の上奏文書の中で山県有朋は、西京を観る者は「皆《みな》古《いにしえ》ヲ懐《おも》ヒ感動シテ愛国敬慕ノ心ヲ起サヽル者ナシ」、そこで修繕を加え、大礼を実施せよと述べる。国民統合のためにも、歴史の強調は必要であった。

年中行事の復興もあった。九月二十二日、宮内省の援助の下、翌年からの賀茂祭と石清水祭の復興が決定した。七月二十日には春日神社の古来の祭式に賜金が与えられている。ただし、高木博志氏が指摘するように、宮内省の保護はあっても、勅使は派遣されても、神社の祭りとしての復活であった。宮中の神事は、皇室の祖先祭祀とするという原則は変わらなかった。

とはいえ京都の整備と復興によって、天皇の儀礼や文化的慣習が、京都時代のそれと接続される。連続していると錯覚され、あるいは連続すると強調される。さらに高木氏は、伝統を強調して儀礼を整備していたヨーロッパ列強と競う文化戦略があったとも指摘する（『近代天皇制の文化史的研究』）。ホブズボウムの「創り出された伝統」という、伝統と解釈される事象も新たに創られたものが多い、特に十九世紀末に、という議論にふさわしい事態が、日本においても発生する。

岩倉の死

明治十六年五月十五日、岩倉は京都御所保存の取り調べのために、京都に出発する。岩倉には今ひとつ懸念があった。天皇が政務への関心を薄くしたかに見えることであった。

規程上、明治十年九月以後、天皇は日々内閣に臨御することとなっていたが、守られていなかった。参議も多忙で日々内閣には出ていなかった。明治十一年十二月より、侍補の運動もあって、月水金が臨御となった。侍補の廃止と本書で述べなかったが参議制の改変があって、明治十三年三月から天皇と参議は日々内閣に出ることとなる。明治十四年政変後は、参議は火金の出勤となった。天皇についての規程はない。また明治十年十一月から、侍補の提案で、天皇が大臣・参議などと昼食をともにする金曜陪食が開始されていた。明治十四年十

明治11年	65
12年	63
13年	128
14年	65
15年	48
16年	47
17年	46
18年	27
19年	6
20年	14
21年	7

太政官・内閣への行幸回数
『明治天皇行幸年表』による。明治18年までは太政官への、19年以降は内閣への行幸を数えた。明治22年以降は、天皇は皇居に移り、皇居内にも内閣があるので行幸と捉えていない可能性があり、数えなかった。明治15年は、9月以降が8回と激減している

一月以降、火金が陪食となった。結局、この火金が記憶され、戦前の閣議は火金開催が定例化する。

さて天皇の太政官・内閣への行幸回数は、『明治天皇行幸年表』によれば、表のようになる。政治の季節明治十三年には一二八回を数えたが、それでも日々内閣への出御は守られない。もちろん明治天皇の意向があった。一方で、参議も内閣に行っているというわけではなかった。明治十四年春には、明治天皇が、大臣による伊藤の重用を原因と推測しながらも、「薩参議ハ寺島ノ外ハ出仕セズ」と、不満を持つほどであった（『保古飛呂比』十）。明治十四年夏の巡幸の際には、明治天皇は、黒田が出仕しないと川村・西郷も理由なく出仕しない、「甚ダ解セザル事也」とこぼしている（『保古飛呂比』十）。

明治十五年には、天皇の内閣出御はさらに減少している。特に後半は激減している。もちろん奥から表に出御はあり、個別の拝謁はある。しかし天皇の政治への関心が薄れたと考えて不思議ではない減少であった。

二月頃から、岩倉と元田の間で対策が協議されたが、元田の案は、御談会の復活であっ

た。侍補が駄目なら、参議が担当すればいいと提案する。岩倉も、賛意を示していた。

天皇は道徳的な君主として政治力を行使せよという、親政論者の元田たち侍補がいる。公家と一団となって政治を運営した近世の天皇を知っている三条や岩倉たちは、天皇が政治力を行使するのは理想であった。親裁は親政に進むことが望ましい。その一方で、家老・奉行が政治を行っていた武家社会出身の参議たちがいる。理念の天皇は尊敬対象であったが、生身の天皇は自分より若い。極論すれば、政治の方向を知っていて、裁可してくれればいい。だから薩派参議は用事があるときにしか行かない。ただ現実の天皇が意思を明確にしだしたので、理念と現実の折り合いの模索中である。当時の状況をこのように整理してもいいだろう。

岩倉の京都滞在中に、元田から、「御精神も御発揮」で、日々自分への下問もあり、両大臣の伺候も頻繁であり、天皇の行動が改善されたとの知らせがあった（六月十六日付書簡、『元田永孚関係文書』）。要すれば、明治天皇の政務への関心は安定していなかった。

七月岩倉は小康を得て東京に帰ったが、病はあらたまらなかった。明治天皇は二度にわたって見舞いに出かけた。二十日、伊藤の帰国を待ちわびて、岩倉死す。太政大臣が追贈された。

伊藤の帰国と宮内卿就任

伊藤は帰国の船の中で、随員の西園寺《さいおんじ》公望《きんもち》に、「岩倉は政治上においては棚の様なもので、……岩倉といふ棚に載せておけば、一時を免《まぬが》れ得《え》たが、今や岩倉亡《な》し、これより実に多事多難であらう」と述べた（竹越与三郎『陶庵公』）。難問を預けておける存在はいなくなった。そして同時に、参議を押さえる、三条実美に比べれば強力な上位の存在がいなくなったことも意味した。岩倉が元気で前節で述べたことが実現していれば、憲法や皇室典範はかなり異なったものとなったであろう。自らが政治の主軸となる決意を新たにしての、伊藤の帰国であった。そして岩倉しか為し得ない分野、即ち天皇と公家の問題に正対する覚悟も定めた。

伊藤は、帰国後しばらくは参議のみで、卿という省の長にはならなかった。史料的裏付けはないが、結果から見ると、長派の中で、万国対峙の国家建設のための分担が調整されたのではないだろうか。明治十六年十二月十二日、内務行政に関心を持ち始めていた山県は内務卿となり、以後地方自治制導入に情熱を傾ける。内務卿山田《やまだ》顕義《あきよし》は大輔を務めたことのある司法省の卿に転じ、法典整備を担当する。井上は条約改正に引き続き尽力する。そのために、文化を含めた欧化を示して欧米に条約改正への安心感を与えるという欧化政策に拍車をかける。そして伊藤が憲法と天皇を担当する。岩倉の内規取調局は十二月十八日に閉局となった。

井上の欧化政策を含め、欧米の制度の移入が必要なことが、改めて確認された。この点でも、伊藤たち参議にとって、欧化に慎重な明治天皇の問題性は大きかった。

伊藤は、天皇を担当するために、宮内卿就任を目指した。十二月十四日には天皇に宮中の改革の必要性について説き、三条に改革案ができ次第上奏すると伝えた（十二月十五日付三条宛伊藤書簡、「三条家文書」）。明治十七年三月十三日、伊藤は、宮中に制度取調局をおいて、局長に就任する。井上毅、伊東巳代治、金子堅太郎、尾崎三良《さぶろう》、牧野《まきの》伸顕《のぶあき》など、法案作成能力のある若手官僚が集められた。新しい制度を創造するために、参事院より能力と凝集力の高い機関が必要であった。そして宮中に設けることで、天皇に「陛下之御励精」をも求めた（三月十八日付三条宛伊藤書簡、「三条家文書」）。その上で、二十一日に伊藤は宮内卿に就任する。徳大寺実則宮内卿は、勅任官としてポストを重くした侍従長に移った。侍従のトップとしての侍従長であった米田《こめだ》虎雄《とらお》と山口正定はただの侍従となった。

明治天皇と元侍補はどのような反応であったか。佐佐木高行の日記では、天皇は元田に下問、元田が伊藤適任と奉答、ついで松方正義参議兼大蔵卿に下問があって伊藤と奉答した。薩派の意向を探ったのであろう。そして佐佐木は、元田と同じ意見であり、「伊藤も欧洲より帰朝後は、独逸の国家主義を見て、建国の精神に依り憲法を立てざるべからずと悟りたれば、前日の伊藤にあらず」と捉えていた（津田茂麿『明治聖上と臣高行』）。イギリス型国会・積極財政という元侍補のマイナス評価は、大隈が背負った。そしてドイツに倣った憲法を作るというイメージ造りに、伊藤は成功していた。伊藤は元田に、ドイツでの研究を基に帝室・政体・府県組織を改正していくが、儒学と異にする点もあり、意見交換したいと説得するなど（「古稀之記」）、元侍補の信頼を得るために努力していた。

明治天皇にも、伊藤はそのような努力を重ねた。すでに明治十四年夏頃から、明治天皇は、黒田はじめ薩派参議と井上に不信を抱く一方、伊藤に信を置くようになっていた。帰国後は、元田に「前日ノ伊藤ニ非ス、汝宜ク之レト談スヘシ」と言うほどであった。「伊藤欧風ヲ好ム宮中ノ事必改革スヘシ、仍《よっ》テ後宮衣服ノ事ニモ及フヘク困却ノ次第予メ慮《おもんぱか》ラサルヘカラス」と懸念はあったが(「古稀之記」)、すでに伊藤が提出していた帝室官職令を徐々に実行することを条件に、明治天皇は伊藤の宮内卿就任を認めた。また明治天皇の薩長のバランスを取るべきであるという意見に基づいて、宮内大輔が長州の杉孫七郎から、七月に日本鉄道会社社長に転出していた吉井友実《よしいともざね》に替わる。この点も、天皇と元侍補に安心感を与えたであろう。

華族の創設

欧州の君主国に倣い、国会を二院制として上院は貴族院とする構想は、早くから政府首脳の間では合意が成立していた。木戸孝允が明治六年に著した意見書でも二院制で、華族の奮起が期待されていた。伊藤の憲法調査に随行する華族の西園寺公望、岩倉具定、広橋賢光《ひろはしまさみつ》に、明治天皇は、特に皇室の制度・貴族の制度・貴族の義務・上院の組織の調査を内訓している。

上院の選出母体と普通考えられるのは、明治二年六月十七日に華族と規定された、公家と大名であった。ところが、おおむね公家と大名は能力の点で問題があった。実際、明治初年以来公家・大名は政治の中心から消えており、明治十七年時点では、政府の主要メンバーでは、皇族の有栖川宮熾仁親王《ありすがわのみやたるひと》と公家の三条を数えるだけであった。何らかの補強策が必要であった。

明治十七年七月七日、詔書とともに華族令が出された。詔書では、栄爵を与え、恩寵を示す、華族は忠貞を子孫まで尽くすべしと述べる。華族令では、華族を五爵すなわち公、侯、伯、子、男とし、男子のみ嫡長の順で相続するとし、宮内卿が監督すると規定した。

付属の叙爵内規では、公爵は、臣籍降下の皇族・摂家・徳川宗家、侯爵は、清華《せいが》家・御三家・一五万石以上の大藩主・琉球王家、伯爵は、大納言に補任例の多い公家（大臣家と羽林《うりん》家・名家の一部）・御三卿《ごさんきょう》・五万石以上の藩主、子爵は、その他の公家と藩主、男爵は、維新後華族となった者と規定し、いずれの爵位にも「国家に偉勲（勲功）ある者」が対象に加えられていた。公家と大名の家格を尊重しつつ、功労者を組み入れることができる規定であった。

七月七日、八日、十七日にわたって、五〇九人に爵が授けられた。「国家に偉勲（勲功）ある者」という規定によって、三条実美は清華家で侯爵に該当するが公爵に、岩倉家は羽林家で子爵に該当するが具視《ともみ》の継嗣が公爵に、毛利・島津家も侯爵に該当するが公爵に、木戸家と大久保家の継嗣が侯爵になっている。そして当時参議であった伊藤・山県等は、福岡孝弟《ふくおかたかちか》を除いて伯爵となった。公家・大名以外で、勲功によって爵位を得た者は、三二人であった。

華族の特権としては、貴族院議員となるほかに、世襲、叙位、保護を受ける世襲財産の設定、天皇・皇族の結婚の対象、学習院への入学があった。義務としては、皇室・国家への忠誠が求められた。八月七日には宮中三殿で授爵奉告祭が行われ、誓書を捧げている。そして宮内大臣の監督下に置かれた。具体的には宮内省華族局→爵位寮→宗秩《そうちつ》寮が管轄する。

こうして天皇を守る身分集団として、貴族院の選出母体にふさわしい華族が創出された。帝国議会開設後、公・侯爵は全員が、伯・子・男爵は互選の上、貴族院議員となった。

ところで、伊藤が華族令を創設するには、明治天皇の了解を得る必要があり、そのためには、元侍補の支持も必要であった。内閣からの上奏後、伊藤は元田に「必《かならず》御下問被為在事《あらせらるること》と仰察《ぎようさつ》仕《つかまつり》候に付、其節は可成《なるべく》速に御決裁相成候様蒙御賛成度《ごさんせいをこうむりたく》候」（『元田永孚関係文書』）と依頼する。そして授爵に当たって、参議の中では福岡より格下に位置した佐佐木が伯爵で福岡が子爵、参議・卿経験のない吉井が伯爵、土方が子爵になるなど、元侍補への配慮がなされている。なお薩摩出身者一四名に対し長州出身者一〇名であり、薩派への配慮も窺われる。

内閣制度の導入と三条実美の引退

天皇・宮中との関係を構築しながら、伊藤は、政治全般の主導権を確立するために、内閣制度の導入を試みた。なお大臣・参議の合議体である内閣は、明治六年五月に導入されている。

さて、太政官制の短所は、①参議と卿（各省長官）の分離や大輔・少輔（第一次官・第二次官）の存在など権限が明瞭でない部分があること、②変革期の機構ゆえ原則的には瑣事まで天皇・大臣の裁可が必要であったこと、③政治的に実力者の参議・卿がトップにいないこと、派生して実力者の参議・卿は上奏権がないこと、などが挙げられる。①は現実的な問題は生じておらず、②は井上毅など書記官が問題にしていたが大改革の起爆剤とはなりにくいことから、③の政治的な理由が内閣制度導入の最大の要因であろう。伊藤は、果断の人岩倉亡き後、三条太政大臣と有栖川宮左大臣では決断が為されないとして、まずは機構改革を求めた。甲申《こうしん》事変処理のために赴いた天津から帰国して、明治十八年（一八八五）五月頃から、伊藤は折衝を開始した。

　この甲申事変もまた、政治改革の要因となった。日本は維新以来、朝鮮に対して、国交を回復することとともに、清の属国の地位から離脱することを希望していた。属国であれば、日本は大国清と国境を接することになるからである。壬午《じんご》事変・甲申事変という二度の朝鮮のクーデタは、清の軍事的介入で平穏化した。そのため朝鮮の清への依存度は増し、日本の外交目標の達成は遠のいた。そして清の介入の前に、日本は軍拡に乗り出さざるを得なくなった。甲申事変で日清開戦を唱えたように、総じて薩派、特に薩派海軍が強硬であった。陸軍も編制を変える必要があった。そこで行政改革を行って軍拡費用を捻出することと、海軍を抑制するための人事異動とが必要となった。川村純義海軍卿では強硬派に同調する可能性が高かった。

　しかし、好転しつつあるとはいえ、天皇・宮中と伊藤との関係は微妙であった。伊藤は天皇への拝謁が容易ではなかった。伊藤によれば、天皇の出御《しゆつぎよ》は午前の一時間で、徳大寺侍従長や元田が召されていると、自分たちの拝謁は叶わない状況であった。元田はいつでも退出する、宮内卿が務まらなければ替わればよいと反発している（「元田永孚手記」、「元田永孚関係文書」）。また『明治天皇紀』は、この時かあるいは前年の話として、藤波言忠の回想を紹介している。明治天皇は体調不良のために表に出御しないことが続き、拝謁できない伊藤は宮内卿の辞表を提出した。吉井宮内大輔は憂慮し、明治六年以来児《ちご》として出仕し、侍従となっても奥への出入りを許されていた藤波に、天皇に拝謁を許すよう依頼した。藤波は、断りきれず、天皇に奏上した。天皇は侍従の職務にあらずと激怒し、寝室に入った。しかし翌朝伊藤は奥にて拝謁を許され、約二ヵ月後に藤波は、今後も直言せよと天皇から金時計を与えられている。

こうした天皇の態度に対し、八月には、下書きしか残されていないが、伊藤は太政大臣の三条実美に宛てて書簡を認めている（「伊藤博文関係文書」）。天皇が政務に関心を示さなくては、内外の形勢変化に対応できず、「御職掌上不相済事《あいすまざる》」と述べ、内閣の書類に下問もない、と天皇の態度を厳しく非難《なじ》し、天皇の「御輔導の効力相顕《あいあらわれ》候様希望之至に不堪《たえず》候」と三条の天皇への指導不足を詰る。天皇の態度を変えるためには、三条では期待できないとの不信と不満の表明であった。

改革の提案に、天皇・三条・元田は、右大臣任命による内閣強化策を唱え、伊藤の就任を希望した。伊藤は、明治十四年政変後、内閣顧問の閑職に引いていた、薩派の第一人者黒田清隆を推薦した。十一月初めである。伊藤の真意はわからないが、内閣制の導入を将来目標として、黒田を立てて、制度取調局と宮内卿で実質的に政治を主導しようとしたと思われる。しかし、十一月二十日に一度は受諾した黒田が、翌日になって就任を辞退した。天皇と宮中が伊藤の就任を望んでいることを知ったらしい。その後伊藤が頑として右大臣就任を拒否し、また黒田が酒乱を起こして井上馨をピストルで脅すという一幕を挟んで、右大臣候補が消失した。選択肢が消えて、十二月二十二日太政官制そのものを廃止して、「内閣職権」で規定される内閣制度が導入された。太政大臣・左右大臣・参議・卿は、総理大臣と各省大臣となった。そして、初代内閣総理大臣に伊藤博文が就任した。

三条実美　公家出身。内閣制度以前に15年間太政大臣を務めた

「内閣職権」は、首相の各省大臣への統制権が強かった。「大宰相主義」といわれる。指導力の弱い三条太政大臣の替わりに首相が設けられたのだから、当然の帰結である。

翌年二月二十六日には公文式《こうぶんしき》が定められ、法律勅令は首相が上奏し、御名御璽《ぎょめいぎょじ》後首相が副署し、各省に関する分は首相と主任大臣が副署する。副署した者が責任を負うこととなった。

閣員は、一三五頁の表を見ていただくとして、薩長出身者がほとんどの大臣職を占めた。文部大臣には、薩摩の森有礼が就任した。天皇は、森がキリスト教徒であるために懸念を表明し、かわりに谷干城を推したが、伊藤は、責任は持つと明言して、森を文部大臣にしている。海軍大臣には、薩摩閥の西郷従道陸軍中将が就任した。参謀本部長は内閣に所属しないこととなり、有栖川宮が左大臣から転じた。宮内大臣も閣外のポストとなり、伊藤が兼任した。

三条は、新設された国璽《こくじ》・御璽《ぎょじ》を預かり常時輔弼する内大臣に就任する。内大臣は三条の没後は徳大寺実則侍従長が二〇年にわたって兼任した。明治時代は、三条のための職であった。ただし伊藤は三条存命中は、天皇・宮中・華族については、できるだけ三条に相談している。

川村・福岡孝弟（明治十四年政変後、参議兼文部卿）・佐佐木は、新設で内大臣の相談に乗る宮中顧問官に就任した。半ば引退である。佐佐木の半ば引退は、元侍補が伊藤を信頼したことを意味し、彼らの政治力の減少を予見させる。なお宮中顧問官は、明治後半は宮内省OBのポストとなる。

こうして伊藤は、政府と宮中の主導者として活動する地位を獲得した。

明治天皇と初代首相伊藤博文

とはいえ明治天皇の政治への関心と伊藤との関係は、すぐには安定しない。明治十九年になると、病気もあったが、内閣への出御は、『明治天皇紀』では六回しか確認されない。『明治天皇紀』は、短いものは省いているようで拝謁を網羅していないが、ある程度の傾向は反映していると考えよう。明治十九年に拝謁が最も多いのは、参謀本部長に転じた有栖川宮熾仁親王の三九回、ついで伊藤の一四回だが、うち六回は七月である。宮中顧問官と同時の拝謁もあるが三条が一四回、近衛師団長小松宮《こまつのみや》彰仁《あきひと》親王（仁和寺宮嘉彰親王が改名）が外遊までに七回、大山巌陸軍大臣が六回、山県内務大臣が五回と続く。拝謁以外に接触はあるが、それでも閣僚との接触は多いとはいえない。三条・熾仁親王という慣れ親しんだ相手が内閣にいなくなったことへの、正直な反応である。

金曜陪食も間遠になり、七月二日が最後となった。

ところがこうした状況下であるにもかかわらず、伊藤は天皇と内閣の間で問題が生じると、天皇の側に立って解決を図る態度を取った。また病気になった天皇をいたわる態度も示した。たとえば、七月大山巌陸軍大臣は、陸軍検閲条例と陸軍武官進級条例を上奏した。前者は監軍を廃止し検閲を陸軍大臣の管轄とする、後者は進級を年功とするという内容であった。これに対して、有栖川宮熾仁参謀本部長と曾我《そが》祐準《すけのり》参謀次長が、前者は天皇の権限を陸軍大臣に奪うものであり、後者は人事の停滞と藩閥有利をもたらすと反対した。明治

伊藤博文　明治16年、滞欧中に撮影した写真

天皇は、有栖川宮・小松宮・四将軍派の反対派に理解を示した。調停に乗り出した伊藤は、進級条例は原案通りとするも、検閲条例は将来監軍を復活させるという条件で認めることで対立を収めた（坂本一登『伊藤博文と明治国家形成』）。ただし曾我は陸軍士官学校長に、四将軍派の三浦梧楼は熊本鎮台司令官に左遷され、転任を拒んで陸軍を逐われた。小松宮も海外視察に追い出された。陸軍主流派の完勝であるが、伊藤は、監軍の再置という点で天皇の意向を少しだけ実現したのであった。以後天皇は、軍の検閲を非常に重視するようになる。

すでに述べたように、天皇も元侍補も、リーダーの中では伊藤を一番マシだと捉えていた。その伊藤が天皇にやや近い態度を取ることで、天皇の伊藤への信頼が高まったことは想像に難くない。

明治天皇との関係が以前にもまして好転したところで、明治十九年九月七日、伊藤は「機務六条」を上奏し、天皇と内閣の関係の整理、制度化に乗り出した。内容は次の六点である。

①内閣への臨御要請には応じること。②各省よりの上奏文書への下問は、大臣か次官に直接行うこと。③必要な地方行幸を行うこと。④総理大臣と外務大臣からの内外人の御陪食要請には応じること。⑤国務大臣の拝謁要請に応じること。⑥内儀での国務大臣の拝謁も認めること。

明治天皇は、明治初期は好奇心もあって行動は軽快であったが、明治十年代になると、総じて外出嫌いで、外国人の拝謁を避ける傾向があった。また、閣僚との接触も少なかった。

江戸時代の天皇は、親子揃って知悉している限られた公家社会で振る舞えば良かった。しかし維新後は、新規参入者が次々に増える。特に明治十年以後は、入れ替わりが激しい。変化の激しさに明治天皇は不満を高めていたのであろう。外出も、風邪や雨のために当日中止になることが多かった。

こうした明治天皇に、内閣の閣議出席・拝謁・陪食要請に対しては個人的な好悪で拒否しないことを求めている。天皇の恣意的な行動より内閣の要請を優先することと、政治の補佐は内閣が行うことを求めたのである。天皇は、徳大寺侍従長を通じて、⑤⑥にあらかじめ時刻を通知することという条件を付けただけで、「機務六条」を承認する。伊藤への信頼が高まっていたのであろう。

明治天皇は、政治的意思を表明するルートを内閣に一本化することに、行動の恣意性も自制することに、原則的に同意した。二重の制度化が達成された。もっとも儀式への当日になっての欠席などはこの後も発生はするのだが。また天皇にとっては、閣議に常に出ていない現況が承認されたことも意味した。天皇と内閣の距離の、相互承認であった。

国王（王権）と内閣（行政権）と議会（立法権）の調和を目指す伊藤にとっては、国王の信頼の下で、王権から相対的に自立した行政の確立が始まったことを意味しよう。

4　憲法の中の天皇

憲法と天皇の地位

伊藤博文は、天皇との関係を安定させて、憲法の作成に乗り出した。明治二十一年（一八八八）四月総理大臣を黒田清隆に譲り、憲法審議機関として枢密院を創設、その議長となった。枢密顧問官は、当初は宮中顧問官プラスアルファであり、元侍補を含む宮中グループの比重が高かった。したがって国会に権限を与えることに慎重な人々が多くなる。六月十八日から憲法草案の審議が始まった。枢密院の審議を経て、明治二十二年二月十一日に大日本帝国憲法が発布された。

さて近代的な憲法とは、支配者の恣意的権力行使に対抗して権力を一定の内容をもつ憲法の下に置き制限する立憲主義という原理に基づき、国民の権利保障・そのための権力の分立・代表民主制を採用することを特色とする。

憲法の制定が急がれた理由を、北岡伸一氏は四つに整理した（『日本政治史』）。まずは、欧米同様、国民が参政権を求める「下から」という要因である。二つめが、政府が国民のエネルギーを発揮させるために参政権を与えることに熱心であったという「上から」の要因である。民撰議院設立建白書はそうした論理であった。三つめが、政府が地縁的な結合である藩閥の連合体であり政治運営のルール化が必要であったという「内から」という要因。そして、条約改正のためにも国際標準を達成しなければならないという「外から」の要因。これらに、公議の伝統という「過去から」という理由を加えれば、憲法が必要とされた理由は網羅できよう。そしてこれらの理由からわかるように、国会のない憲法は不十分であった。

憲法について、天皇を中心に、通説的に整理しよう。

まずは第一条から第四条で天皇の地位を規定する。第一条は「大日本帝国ハ万世一系ノ天皇之ヲ統治ス」と、皇統神話に基づいて天皇の統治を正当化する。このことから、現在でも明治憲法を神権憲法（王権神授説に基づく憲法）という憲法学者もいる。一方第四条では「天皇ハ国ノ元首ニシテ統治権ヲ総攬《そうらん》シ此ノ憲法ノ条規ニ依リ之ヲ行フ」と述べ、元首であるから憲法に基づいて統治するとする。枢密院の審議で、この第四条の元首であるという部分と、憲法に基づきという部分が問題となった。元首であろうとなかろうと、万世一系の天皇が統治するのが日本であり、また天皇が存在してのち憲法ができたのであり、天皇は憲法に縛られないという意見である。

これに対して伊藤は、立憲政治とは王権の制限にあると力説し、憲法を作った以上、制定した天皇も憲法に縛られると回答した。こうした考えを自己拘束論という（鳥海靖『日本近代史講義』）。王権の制限が近代憲法の原理であることを、伊藤は理解していたのである。

第一条を重視すれば、天皇は憲法に制限されなくなる。この解釈を展開したのが、帝国大学教授で憲法を担当した穂積八束《ほづみやつか》であった。伊藤は穂積の解釈に不満であった。穂積が著書『憲法大意』に序文を乞うたとき伊藤は拒否している。

一方第四条重視を進めて、国家法人説を取り入れて、法人格を持つ国家の意思の発動の視点から天皇もそれを構成する要素の一つであるとするのが、明治末年に提唱された東京帝国大学教授美濃部達吉の天皇機関説である。

このように、憲法の解釈は、今もそうであるように一義的ではない。法は制定者の意図に縛られるわけでもない。しかし、第四条が存在し、天皇も憲法下の存在であるという点で伊藤・美濃部の解釈が継続的であり、穂積が明治四十三年の主著『憲法提要』(有斐閣)で「予ノ国体論ハ……世ノ風潮ト合ハス」と嘆き、大正期には美濃部説が力を持つことを考えれば、第四条的解釈が憲法理解の主流と考えていいのではないだろうか。したがって昭和十年の国体明徴運動で美濃部説が葬り去られたことは、重臣の排撃のみならず、憲法観が変更された点でも重視しなければならないであろう。

ただし教育と軍において、穂積の学説は権威を持ち続けた。

天皇と国会

国会は不可欠であった。しかし、現実の国会がどのようなものとなるかわからない以上、伊藤はじめ政府首脳は、国会に多くを与えるつもりはなかった。すでに明治十四年政変の前の岩倉の憲法意見の「大綱領」で、天皇が握る権限が列挙されている。大日本帝国憲法でも第五条から第一六条にかけて、天皇大権が列記されている。帝国議会の協賛による立法、法律裁可、緊急勅令制定、命令制定、官制制定、統帥、編制、外交、戒厳令、栄典、大赦であり、これらが、それぞれの協賛・輔弼・輔翼機関によって執行される。

帝国議会即ち国会は、立法権で天皇に協賛した（第五条）。具体的には、国会には、法律制定（第三七条・第三八条）と予算制定（第六二条・第六四条）の権限が与えられた。

しかし、制限が加えられる。政府の側からいえば安全装置である。

法律に関しては、議会閉会中など緊急を要する場合、法律事項を勅令で天皇が発布しうるという緊急勅令制定権である（第八条）。勅令というと重々しいが、これは詔勅や勅語とは異なる。現在の法律・命令（内閣令など）の体系に対応するもので、罰則規定のある法律と下位法である勅令という体系である。ただし、官庁設置など、現在は法律事項が、行政大権によって勅令になっていたりするので、すべてが下位法というわけではない。とまれ緊急勅令によって、議会の法律制定権を回避する回路がつくられたのである。ただし次の議会で否決されれば、緊急勅令は廃止となる。時限立法に過ぎない。だから実際は余り役に立たない。

今ひとつは、天皇大権に法律裁可権（第六条）があるのだから、不裁可権があるという主張で、第一議会で政府内で主張された。しかし議会との全面対決になる道を、政府は採用しなかった。結局政府は不裁可権は行使しないということが慣例となる。

予算に関しては、かなり簡略化した説明になるが、既定の歳出の削減には政府の同意が必要であること（第六七条）と、予算が否決された場合政府は前年度の予算を執行しうること（第七一条）の制限をかけた。帝国議会開会前に、思うままの予算案と年度をまたぐ計画を立てておけば、帝国議会の介入は防げる。しかし新しいことはできない。数年にわたって議会の予算制定権を無視するのは困難であった。

というわけで、頑張ってつくったわりには、効果の薄い安全装置であった。

このように帝国議会の法律と予算の制定権は強かった。ところが、選挙に選ばれた政党の意思の実現は、なかなかに困難であった。

まずは、貴族院と衆議院が対等であった。衆議院は選挙で選ばれる議員で構成される。貴族院は、皇族議員、華族議員、勅選議員（政府任命議員）と、多額納税者議員とで構成される。華族議員や勅選議員が政府に敵対的であることはおおむねないであろう。お金持ちは基本的には政府支持であろう。つまり、衆議院の意思は、対等である貴族院が反対する限り実現しない。

さらにその上に、憲法制定後は、憲法に関する法律・外交・官制などを審議事項とする枢密院が存在する。構成員の顧問官は政府の指名であり、これまた政府を支持するはずの機関である。よって衆議院の意思の実現はますます困難になる。

このように説明できるが、それにもかかわらず、実際は政党内閣が成立する。政治的に政党内閣にいたる経緯は次章で述べよう。

天皇と内閣

伊藤がヨーロッパで学んできたシュタインの考えに基づけば、国家の発展のために国王の

	生没年	出身	政治資産（得意分野）など
伊藤博文	1841―1909	長州	天皇の信任・宮中・外交。長州閥の第一人者
山県有朋	1838―1922	長州	陸軍・内務省・司法省。のち貴族院・宮内省
井上馨	1835―1915	長州	財界
黒田清隆	1840―1900	薩摩	薩摩閥の第一人者
松方正義	1835―1924	薩摩	大蔵省・財界
大山巌	1842―1916	薩摩	陸軍
西郷従道	1843―1902	薩摩	海軍・陸軍

元老たちの出身藩と政治資産　この後、明治44年に桂太郎に詔があり、大正５年頃から西園寺公望が元老扱いされている

意思とは異なる意思を持つ場合もある内閣が存在するはずであった。ところが憲法には内閣の条文はなく、国務大臣がそれぞれに天皇を補佐するという、国務大臣単独輔弼制の第五五条が存在するだけであった。この第五五条に対応するのが第三条の天皇無答責である。天皇は政治に対する責任を負わず、輔弼の大臣が責任を負う。しかし内閣の規定はない。

まず天皇の内閣臨御規定は、伊藤によって草案の段階で削除されているが（稲田正次『明治憲法成立史』下）、天皇・内閣・国会の構造を考える伊藤からすれば当然であろう。

つぎに、内閣の記載に強硬に反対したのは、井上毅であった。井上は、総理大臣が強い権限を持ち各省大臣を統轄する、つまり連帯責任の内閣はイギリスの制度である、大臣は天皇が選定すべきものであると、考えていた。内閣が同じ政治方針を保持するメンバーで構成されれば、天皇の意思は実現できなくなる、大臣が個別に天皇を補佐する方が、天皇の意思が実現しやすい、という考えである。ここ

まではわかる。さらに井上は、連帯責任の内閣制はイギリスの制度であり、政党内閣になると考える。確かに政党内閣の閣僚は同じ政治方針であろう。しかしその逆、同じ政治方針を持てば政党内閣であるわけではない。だから井上の議論は、錯誤としか思えない。しかし井上は強硬に主張し、ついに憲法から内閣の規定を葬り去った。

憲法にあわせて、総理大臣の強い権限を認めた「内閣職権」は、同輩中の主席といわれるほどに首相の各省大臣への権限を弱めた「内閣官制」に変更される。

また、軍令機関の長（参謀本部長）は、これまで通り内閣に所属しなかった。統帥権の独立である。総理大臣は、戦争における軍の運用を憲法上は知り得ない。また国会と内閣の関係も明瞭には規定されていない。

こうして国家諸機関は、それぞれに分裂的に天皇を補佐する規定となる。これを明治憲法の割拠性という。

この割拠性に従えば、国家意思を統一することはなかなかに困難であった。昭和になり、日中戦争が始まって、統帥権の独立の前に首相が作戦を知り得ないという欠点が露呈する。昭和十二年、大本営政府連絡会議が設置されるが、これは「連絡」会議に過ぎない。

ところが明治時代は、割拠性がもたらす分裂性が問題とはならなかった。それは、国家意思の統合を、元勲たちが人によって達成していたと考えられている。元勲とは、明治維新来の歴史的経緯で実力者となった人々を指す言葉で、具体的には第一次伊藤内閣に入閣していた薩長の実力者たちで、元老とも呼ばれるようになる。彼らはそれぞれに得意分野があり、その分野の代弁者でもあり、要求の抑制者でもあった。そして危機に当たって意見を交換する仲間意識が形成されていた。彼らが最後の水平的調整を行っている限り、国家意思は統合される。内閣制度導入の際に、西郷従道は、薩摩閥より伊藤構想を支持し、明治初年より一五年にわたり実質的にトップを務めていた薩摩閥の先輩川村純義にかわって海軍大臣となったことにも、仲間意識の形成は見出せよう。

天皇の勉強

伊藤たちによって作成された憲法を、明治天皇はどう理解していたであろうか。もちろん大きな方針は、伊藤その人が天皇に説明していた筈である。しかしより詳細な憲法学は、シュタインの許に差遣された侍従藤波言忠によって伝えられた。藤波は明治十八年八月から二十年十一月にかけて欧米に宮内省の制度と帝室の馬政の調査に派遣されたが、伊藤から、シュタインについて学び、帰国後天皇に内容を伝えることを命じられた。藤波によればシュタインについて約一年学んだという。帰国後の十二月から翌年三月にかけて約三〇回天皇と皇后に進講している。藤波の進講によって、明治天皇は、伊藤の作成した憲法草案をシュタイン憲法学に沿って理解したはずである。藤波の進講記録そのものは残っていないが、明治末年にまとめられたものがある。記憶だけでまとめられる分量ではないので、進講記録に近いものが藤波の手元にあったのであろう。その内容を述べよう（「澳国スタイン博士講話録」）。

国政は、「帝王」「政府」「立法体」の三要素からなる。国王は「一国ヲ統轄スル国民ノ長」であり、専有する権限がある。それは「王冠専有ノ権」で、栄典・官吏の進退・外交・特赦・死刑宣告・統帥である。立法体は国会で「国ノ思想力」であり、法の施行は「国王ノ裁可」による。政府は「国ノ動力」であり、「国王ノ命」がなければ法の施行はできない。「宮内省及帝位継続法」と「王冠専有ノ権」はすべて国王の意思に属する。「政府」と「立法体」に関しては国王は「「ポシチーブ」即チ批准」か「「ネゲーチーブ」即チ「ベト」（禁令）」の権がある。「ベト」とは「Veto」で「如何《いか》ナル立法ト雖《いえど》モ」「其ノ発行ヲ禁セシムルモノ」、つまり拒否権である。

国会を設けた以上、国王の思うままにはならないこともある。そこで国王・政府と国会の権限を明らかにする必要があるが、国王が政府についてすべてを知ることは困難であり、「内閣顧問」を設け諸省の大臣と協議させればよい。

また政府・国会にも意思があり、政府は常に国王に対し「第二ノ意志ヲ抱カサルヘカラス」。国王と政府の二つの意思を調整する必要があり、「治理裁判庁」が必要であり、政府と国会の対立の判定も担当する。

伊藤が学んだように、国王と行政府と立法府の調和が国家の発展に必要と述べている。したがって行政府と立法府はそれぞれの意思がある。国王はそれぞれの意思に対し「批准」か「禁令」かを行う。裁可するかしないか、その判断には知識が必要であった。小松宮彰仁親王の講義録では、シュタインは、相談のため国王が「忠良ノ人」を選んで「顧問官」とし、

「軍事内局」と「政治内局」を構成すると述べている（「スタイン師講義筆記」）。小松宮への講義は明治二十年二月であり、ほぼ同じ内容が藤波にも伝わったと推測する。

つまり天皇は、天皇とは別の意思のある内閣が行政を担うこと、天皇は内閣や国会の上奏について可否を論ずる権利があり、その判断のために「顧問官」が必要であることを学んだと推定される。内閣は天皇から自立しているという伊藤の理解が伝えられている。では天皇の判断を支える「顧問官」とは何か。天皇は、枢密院・枢密顧問官を、その名の通りシュタインの説く「顧問官」であると、あるいはそのようにしようと考えたらしい。

枢密顧問官は議長を含め憲法発布まで一八名任命された。四月三十日に任命されたのは、伊藤のほか宮中顧問官七名に在野の勝海舟《かつかいしゅう》と河野敏鎌《こうのとがま》、元老院議長大木喬任・副議長東久世通禧、宮内次官吉井友実であった。五月十日、伊藤の宮内大臣と侍従長の顧問官兼任の要請に対し、明治天皇は徳大寺侍従長のかわりに宮中顧問官元田を指名、宮内大臣土方久元と元老院議官吉田清成《よしだきよなり》とともに任命された。侍補の中核であった、佐佐木高行・吉井・土方・元田が顧問官となった。同月十八日、皇族と三条実美に出席権が与えられた。六月十四日には四将軍派の鳥尾小弥太が任命された。十一月二十日には逓信次官の野村靖《のむらやすし》が伊藤の要請で任命されたが、天皇は人選を慎重にするように伊藤に命じ、元田には伊藤から相談があれば人選に注意するようにとまで述べている。人選への介入とその結果としての元侍補の多さに、天皇の意思が表れていよう。

このように明治天皇に、内閣に密接化せず、施政の方針を了解していればよいという天皇像が、伊藤によって提案され、シュタイン講義を含めて、理解される。そして明治天皇は、内閣の意思をチェックする機関として、枢密院を考えていた。

明治天皇は、皇室典範・憲法・議院法などを審議する、この年の枢密院の会議に全て出席した。内閣制度前後の状況を考えれば、精励である。もちろん憲法制定を重視したのであろうが、枢密院を天皇の判断のために不可欠の存在と捉えていたためでもあろう。

皇室典範と皇位継承

伊藤は、立憲制の一環として天皇をめぐる制度の整備に着手した。伊藤は、帝室法と憲法を分離すべきであるというシュタインの意見（「大博士斯丁氏講義筆記」）を採用し、憲法と別に、皇室典範を作成した。国会の容喙《ようかい》を全く避けるためである。憲法に帝位継承法を記載しないということは、岩倉も、明治十四年七月の「大綱領」で、「祖宗以来ノ遺範アリ」、つまり憲法で新しく規定することでないという視点から、提案していた（『岩倉公実記』下）。

明治二十二年二月十一日、皇室典範は宮中三殿に親告して制定された。皇位継承、践祚《せんそ》即位、成年立后立太子、敬称、摂政、太傅《たいふ》、皇族、世伝御料《せでんごりょう》、ほか合わせて一二章からなる。国民には公布されなかった。帝室の「家法」という扱いであった。もっとも四月二十四日に、皇室典範の解説書である「皇室典範義解《ぎげ》」が伊藤の私著という形で、国家学会より出版されてはいる。

女系・女帝の否認

典範で最も重要な問題は、皇位継承であり、男系、嫡子・長子優先を原則とする。

皇位継承について、男系がことさらに意識されたのは、男系優先ながら女帝・女系を否定しなかった明治九年十月の元老院国憲按第一次案が最初であろう（以下の引用は『日本立法資料全集16　明治皇室典範』上、による）。欧州法の受容によって女帝・女系が容認されている。なお、女系とは、女性の子孫の系統を指し、女帝・女系の継承を否定している現在の皇室典範では、徳仁《なるひと》皇太子の子供である愛子《あいこ》内親王は、皇位に就けないし、その子も皇位に就けない。

明治十三年七月の元老院国憲按第三次案でも女系が残っていたが、元老院の審議で問題となり、削除意見が出た。その論拠の一つは、結婚した皇女の子は「異姓」であり「万世一系」ではないというものであった。現実に女系であったことがなく、皇統の連続性が日本の優秀性を支えるという国学と水戸学の主張の前には、欧州の例から考慮された女帝・女系論は、説得力は小さかった。明治十五年設置の岩倉が主導する内規取調局の草案「皇族令」では、皇族間の養子しか認めておらず、すでに女系は検討外であったと考えられる。

ところが伊藤の制度取調局での調査を基に明治十九年に作成されたと推測される「皇室制規」では、女系の皇位継承を認め、天皇を別として皇族の庶系を否定し、親王家の臣籍降下を予定していた。一般に欧州の王室では庶出の継承を認めない趨勢にあり、一方女帝・女系は認められていた。シュタインも、庶出や養子は継承順位を乱す、血統の維持から、男系を優先するが女帝・女系を容認する、という意見であった。

これに対し、井上毅が「謹具意見」を提出した。井上は、国学者小中村清矩《こなかむらきよのり》の『女帝考』を学習し、日本の女帝は中継ぎの「摂位」であると主張、女系は易姓《えきせい》革命になると反対した。また臣籍降下も継承者を少なくするとの視点で反対した。

こうして明治十九年二月頃には、女帝・女系の否認が方針としてほぼ確立する。

嫡子優先と養子・譲位の否定

つぎに庶出が認められた。庶出については、側室の子が正妻の子より年長であった場合どうするか、などの問題が発生する可能性がある。そこで嫡出子しか認めないのが欧州の王室の趨勢であった。ところがその趨勢に従うと、現実には、明治十九年では、明治天皇の男子は庶出の嘉仁《よしひと》親王しかいなかった。したがって、欧州の趨勢やシュタインの意見に背いても、庶出の継承を認めざるを得なくなる。制度取調局の「皇室制規」の段階で、天皇のみ庶出が認められた。しかし皇族にも庶出はおり、また宮家が皇位を継承した場合庶出はどうするかという点も考慮されたのであろう。皇族を含めて、庶子を認めて嫡子優先が選択されることとなった。

養子も、欧州の王室に倣い、否定された。庶子を正室（皇后）の実子として扱うという伝統的な方式と、四親王家継承者を天皇の猶子《ゆうし》として親王宣下を行って皇位継承者を確保する方式は、否定された。

第二章践祚即位では、崩御とともに皇嗣が践祚し神器を継承することが述べられる。記載がないことと義解とで、譲位は否定されている。また京都での大礼実施、一世一元制といった、これまでの決定が確認されている。

譲位は、天皇の位を天皇自身が左右しうる手段であった。庶子を実子としたり、親王宣下を行うのも、天皇自身の意向を反映する方法であった。たとえ継承順に関与する意図はなくとも幕末の孝明天皇の譲位表明のように、宣下親王の継承順位は自明のことではなかった。譲位・養子の否定に加えて、天皇自身の意向をも排除して、皇位継承に関する問題の発生が避けられた。

第三章成年立后立太子で、天皇・皇太子・皇太孫の成年を一八歳、皇族を二〇歳としている。そして天皇の嫡長子は生まれながらに皇太子であるが、成年の際に、確認儀礼として立太子礼が行われることになった。

皇后については、対象とする家系を明記する案があった。明治十九年頃の明治天皇の内諭では、五摂家としていた（「元田永孚関係文書」）。結局皇族の結婚対象としては同族と勅旨によって認められた華族と規定された。皇后は、戦前は、一条家・九条家・久邇宮《くにのみや》家出身であった。内親王の降嫁先も、戦前は宮家だけであった。

宮家の形成

第一章に述べたように、江戸時代は財政の面で宮家は四親王家に限られ、それ以外の皇族は出家するのが常であった。幕末、出家を強いることは尊厳にかかわると、出家した皇族が還俗するようになった。中川宮（久邇宮）尊融《そんゆう》（朝彦）親王などである。これらの皇族は慶応四年に、次代は臣籍に降下すると決められたが、折々に例外が定められるようになっていた。

皇室典範では、女帝・女系を否定し、嫡子・嫡系を優先させる方針になった。側室については、昭和天皇に男子がなかなか生まれなかったときに設置論があったが、国際標準を意識した場合、果たして可能であったろうか。ともあれ、結果として、大正天皇・昭和天皇は一夫一婦制を維持した。

さて、この二つの方針、つまり宮家の限定と女系・女帝の否定を貫いた場合、皇位継承者は当然に減少する。その対策はあったのだろうか。井上毅は「謹具意見」で臣籍降下に反対して、女帝・女系を否定しても、「皇胤ヲ繁栄ナラシムル為ニハ他ノ種々ノ方法アリ」、臣籍降下規定は「此ノ必要ニ反対セルカ如シ」と述べている。他の方法というが、井上は臣籍降下否定以外の方法を実際には呈示していない。つまり、皇位継承者の確保は、女帝・女系と皇族の臣籍降下否定＝永世皇族制との二者択一で捉えられ、前者を否定する以上、後者を採用せざるを得ない。

ところが、井上毅を中心とする永世皇族制には、旧朝廷の側から反対があった。

大宝令継嗣令では、天皇の兄弟子女は生まれながらに親王・内親王、それ以外は王・女王、「親王より五世」（天皇の五親等、天皇の孫の孫である玄孫の子）となると王であるが

宮家名	当主	出　自	
伏見宮	貞愛親王	伏見宮20代邦家親王第14男子	四親王家。22代
桂宮			四親王家。廃絶
有栖川宮	熾仁親王	有栖川宮幟仁親王第1男子	四親王家。9代
閑院宮	載仁親王	伏見宮邦家親王第16男子	四親王家。6代
山階宮	晃親王	伏見宮邦家親王第1男子	勧修寺入室。元治元年復飾
華頂宮	博恭王	伏見宮貞愛親王第1男子	3代。特旨により3代を数える。のち伏見宮籍23代。初代は知恩院門跡より慶応4年復飾
北白川宮	能久親王	伏見宮邦家親王第9男子	2(3)代。輪王寺宮公現、蟄居ののち明治3復飾。特旨により継承。初代は聖護院入室、応4年復飾、照高院宮2代となってのち改称
梨本宮	守正王	久邇宮朝彦親王第4男子邦憲王	3代。特旨により継承。初代は円満院門跡り慶応4年還俗、梶井宮
久邇宮	朝彦親王	伏見宮邦家親王第4男子	青蓮院門跡、文久3年還俗、中川宮。維新広島藩預、許されて明治8年に久邇宮
小松宮	彰仁親王	伏見宮邦家親王第8男子	仁和寺門跡、慶応3年復飾、明治3年東伏宮、明治15年小松宮

近代の宮家　明治22年の皇室典範制定時の宮家。この後、賀陽宮（久邇宮朝彦親王第2男子邦憲王）、東伏見宮（伏見宮邦家親王第17男子依仁親王）、竹田宮（北白川宮能久親王第1男子）、朝香宮（久邇宮朝彦親王第8男子鳩彦王）、東久邇宮（久邇宮朝彦親王第9男子稔彦王）が創設される

「皇親」の限りではないと規定されていた。つまり天皇から四世（四親等）までが、「皇親」と分類されたのである。朝廷は律令が生きていた世界であり、このような意識がどこかにはあったであろう。岩倉主導の内規取調局の「皇族令」では、皇族は親王より五世で華族とするとなっている。

明治十九年頃の天皇の内諭は、新しく親王となった家は四親王家扱いとせずとしている（「元田永孚関係文書」）。原則として一代限りというそれまでの方針の支持の表明であろうか。

明治二十一年五月二十五日、枢密院に皇室典範案が諮詢《しじゅん》された。四月には、伊藤は、三条内大臣や土方宮内大臣に案を内覧していた。三条が相談した東久世通禧・柳原前光《やなぎわらさきみつ》・尾崎三良ら

京都出身者を中心とするグループでは、特に永世皇族制への批判が強かった。帝室費が増加するおそれがあり、すでに伏見宮の血統は皇位を隔てるに二十世を数える、よって臣籍降下条を加えよ、という意見であった（『日本立法資料全集17　明治皇室典範』下）。三条は枢密院会議でも意見を述べ、土方や吉井なども賛成している。

帝室費の増加、天皇から五親等卑属ぐらいになれば皇族とは言い難いという感覚が、反対理由であった。しかし欧州の王室法に準拠した結果、皇統の維持のために永世皇族制は採用する必要があった。井上毅の強い主張が通り、永世皇族制が維持された。

こうして近代の皇族が確定する。

皇族の特権としては、皇位継承権を持つこと、貴族院議員となれること（原則として出席はなかった）、枢密院に参加が認められたこと、歳費が支給されること、等があった。一方天皇の監督下に置かれ、婚姻の制限、養子の不可があった。また降嫁した場合、皇族の身分を失うこととなった。これは、和宮《かずのみや》親子《ちかこ》内親王のように、降嫁しても内親王の身分を維持した朝廷の慣例とは異なるものであり、この点も柳原らは反対していた。

また軍事職に就くという義務もあった。明治六年十二月九日には、太政官から宮内省に、皇族は「海陸軍ニ従事スヘク」仰せ付けられたとの達があった。この達に従ってであろう、戦前は三例を除いて、皇族男子は陸海軍に所属した。

皇室の財産

皇室財産については研究も多くなく、最近の川田敬一氏の研究に従って整理する。

明治七年の「地所名称区別」では、「皇宮地」は課税されない第一種官有地とされ、国有財産の一つであった。明治九年に、木戸孝允が尊厳の維持には財産も必要と皇室財産設定を建議して以降、議論が活性化する。まずは、欧州各国の例にならって、あるいは国民に土地所有権を与えたことに対応して、皇室財産を設定すべきであるという意見が多かった。明治十四年政変後は、議会の介入を防ぐという意見が多くなった。また「王土論」つまり全て天皇の支配であるという視点から、あらためての設定に否定的な意見もあった。

明治十八年五月、大蔵卿松方正義の建議が受け入れられ、皇室財産が設定され、日本銀行や横浜正金銀行の株が、二十二年には佐渡・生野両鉱山（のち売却）が、二十二年から二十三年にかけて北海道や木曾の山林原野が、皇室財産となった。山林原野は約三五〇万町歩で、青森・岩手・秋田三県を合わせた約三万六五〇〇平方キロメートルに近い。ただし売却・下賜などで減少していく。経営は日露戦争後は安定し、大正初期まで毎年一〇〇万〜二〇〇万円の利益を上げたが、その後経営は不安定となった。

皇室典範では、世伝御料《せでんごりょう》を設定し分割できないこと、皇室経費は国庫から支出すること、皇室会計法を制定すること、などが規定された。御料とは、土地・物件などの天皇の所有物のことである。また憲法第六六条では、皇室経費は増額の場合以外は議会の協賛を要しないと、規定された。皇室経費は、日露戦争後まで毎年三〇〇万円、その後四五〇万円に上がり、昭和二十年まで変わらなかった。明治二十三年十一月二十七日に、宮城・離宮・北海道や木曾など御料地のうち約一〇〇万町歩が、世伝御料に編入された。

明治二十四年三月二十四日の皇室会計法では、皇室の会計は、世伝御料とそれ以外の御料に関する御料部、現金・有価証券に関する御資部《ぎょしぶ》、国庫よりの皇室経費を歳入とする常用部からなる。御料部会計は御料局長が、御資部は内蔵頭が主管した。政府の会計法では、毎年の残余は次年度収入に繰り入れられたが、皇室会計法では、常用部の残余は御資部に蓄積された。つまり、皇室財産の増加が図られたのである。

本章では、明治天皇が政治的意思を表明するようになったこと、価値観では儒学・神道を重んじる侍補に近く、近代化・西洋化をめざす参議―内閣制下の大臣と差があったこと、そうしたなかで伊藤が明治天皇の信任を得るようになり、大日本帝国憲法と皇室典範という、法制・制度面での天皇の姿を造型したことを述べてきた。明治二十年頃には、天皇も、伊藤の意図を理解していたと推定できる。天皇にとっても、自ら作成に関与した憲法と典範であった。

ハードは整備された。次はソフトである。次章では、制度がどのように運用されていったか、明治天皇の視点から、述べていこう。

第四章　立憲君主としての決断

1　新宮殿と洋風儀礼

憲法発布式

明治二十二年（一八八九）二月十一日紀元節の日、憲法発布式が行われた。紀元節の親祭では、明治天皇は賢所《かしこどころ》と皇霊殿《こうれいでん》で、御拝のあと皇室典範と憲法の制定の告文を奏した。続いて新築の宮殿の正殿で、発布式が行われた。内閣総理大臣・枢密院議長・各省大臣・親任官・公爵・勲一等・勅任官・府県知事たちが式場に入り、各国公使・御雇い外国人・式場には入らない紀元節参列者が観覧席に着く。午前一〇時四〇分、親王・内大臣・宮内大臣らを従えて出御《しゅつぎょ》した天皇は、高御座《たかみくら》に立った。皇后も入室し、高御座の右側（向かって左）で参観する。天皇に、三条実美《さんじょうさねとみ》内大臣が憲法を奉呈する。天皇は、「祖宗《そそう》」からの「大権」によって「不磨《ふま》（永久になくならない）ノ大典」を公布する、「祖宗」は「臣民祖先ノ協力輔《ほ》翼《よく》」によって帝国を創った、今の「臣民」は「祖宗ノ忠良ナル臣民ノ子孫」であり、「和衷（本心から仲良くする）協同」して「帝国ノ光栄」の発展をめざして負担を分担することを望む、と勅語を述べた。皇統の継続と忠の再生産が内容である。そして、天皇は黒田《くろだ》清隆《きよたか》総理大臣に憲法を授けた。

午後一時一五分、天皇は皇后と同じ馬車に乗り、青山練兵場に行幸、陸海軍の観兵式が行われた。夜七時からは豊明殿で、天皇・皇后出席の大宴会が開かれた。宮殿では他に三会場があり、延遼館《えんりょうかん》では伯子男爵に酒饌が振る舞われ、いずれの会場にも親王が名代として出席した。

豊明殿での宴会は一〇時に終わり、ついで正殿で舞楽が行われ、一一時に竹之間で、皇族・大臣・公使ら約四〇人と立食の宴が開かれた。

式典に先立ち、明治天皇は、憲法制定などの功績により伊藤博文枢密院議長に旭日桐花大綬章を親授した。バランス上黒田にも授与した方がいいという三条や元侍補らの意見を排して、天皇が決定した。叙位・大赦・贈位も行われ、西郷隆盛に正三位が授けられた。

また奉幣のために、宮中祭祀を担当する掌典長《しょうてんちょう》や掌典を、神宮・神武天皇陵・孝明天皇陵・靖国神社に派遣し、地方長官を管内の官国幣社に派遣した。さらに長土肥旧藩主・島津《しまづ》久光《ひさみつ》・岩倉具視《いわくらともみ》・大久保利通《おおくぼとしみち》の墓前と木戸孝允《きどたかよし》の霊前に報告させた。奉幣と報告を同日中に行うことは、天皇の強い意思であった。天皇にとって、大きな達成の日であった。

翌日午後、天皇と皇后は上野公園に行幸して、市民の奉迎を受けた。

式典は、ドイツ・ベルリンで行われた類似の行事を模範とした。天皇は、宮中三殿ではおそらく束帯《そくたい》、宮殿の儀式では正装であった。皇后は、ダイヤをちりばめた宝冠にバラ色の衣装、ダイヤをちりばめたリヴィエラ風のアクセサリーを着けていた（オットマール・フォ

憲法発布式図　床次正精画。明治22年２月11日に行われた発布式の、綿密な考証に基づいて描かれている。宮内庁宮内公文書館蔵

ン・モール『ドイツ貴族の明治宮廷記』)。

つまり式典は、宮中三殿の儀以外は欧化した儀礼で行われた。皇后も洋装で参加した。そして東京市民は、同じ馬車に乗った天皇と皇后をはじめて眼にした。

明治宮殿探索

会場となった新宮殿(明治宮殿と呼ばれる)は、明治二十一年五月にほぼ竣工し、十月二十七日に、落成と今後は皇居を宮城と称することが告示された。明治二十二年一月十一日、明治天皇・美子皇后たちは、赤坂離宮の仮皇居から宮城に移った。

新しい皇居は、表宮殿(公的空間)が西の丸、奥宮殿(私的空間)が山里、局《つぼね》(女官の宿舎)が紅葉山、賢所が吹上に位置する。山里は西の丸より最大二〇尺(約六メートル)高い。山里はまた表宮殿には二尺ほど高い場所があり、「中

段」と呼ばれ、御座所や鳳凰之間などの天皇・皇后の表の日常政務空間が設けられた。天皇の「私」の濃度の順に、高低差が付いている。

宮殿の正式な入り口は二重橋である。正確には、石橋と、木製時代の構造が二重となっていたので二重橋と呼ばれ続けている鉄橋である。二つあるから二重橋ではない。石橋・鉄橋と渡って、唐破風で銅板葺きの御車寄《おくるまよせ》に至る。宮殿は和風木造建築で、ほとんどが平屋建て入り母屋造りである。表宮殿の主要な建物は、重量を減らすために、屋根が銅板葺きであった。

御車寄から棕櫚《しゅろ》などが植えられた中壺（庭）を挟んで正殿（造営中は謁見所と呼ばれた）がある。建坪約二二四坪、入り母屋造り、銅板葺き。内部は、折上格天井《おりあげごうてんじょう》以外は、床の寄木張り、壁を覆う織物（緞子《どんす》張）、周囲の入側《いりがわ》との境のガラスのはめられた開き戸、シャンデリアなど、洋風の内装であった。正殿から東回りに東溜之間《ひがしたまりのま》、南溜之間を経て、饗宴の場である豊明殿（造営中は饗宴之間）に至る。建坪約二六五坪の入り母屋造り、銅板葺き。内装は洋風。中壺に沿って、後席の間としての千種之間《ちぐさのま》・竹之間があり、西溜之間を経て、正殿へ一回りできる。

正殿から西に、「中段」の鳳凰之間（造営中は内謁見所）と御座所《ござしょ》（御学問所）がある。鳳凰之間は、二重折上格天井だが、格子の内部にさらに格子を組む小組格天井が用いられ、書院造りでは最も格式が高い。壁は金砂子《きんすなご》の張付壁である。その一方で暖炉があり、床は寄木張りで、洋風である。廊下を挟んで皇后の内謁見所である桐之間がある。鳳凰之間

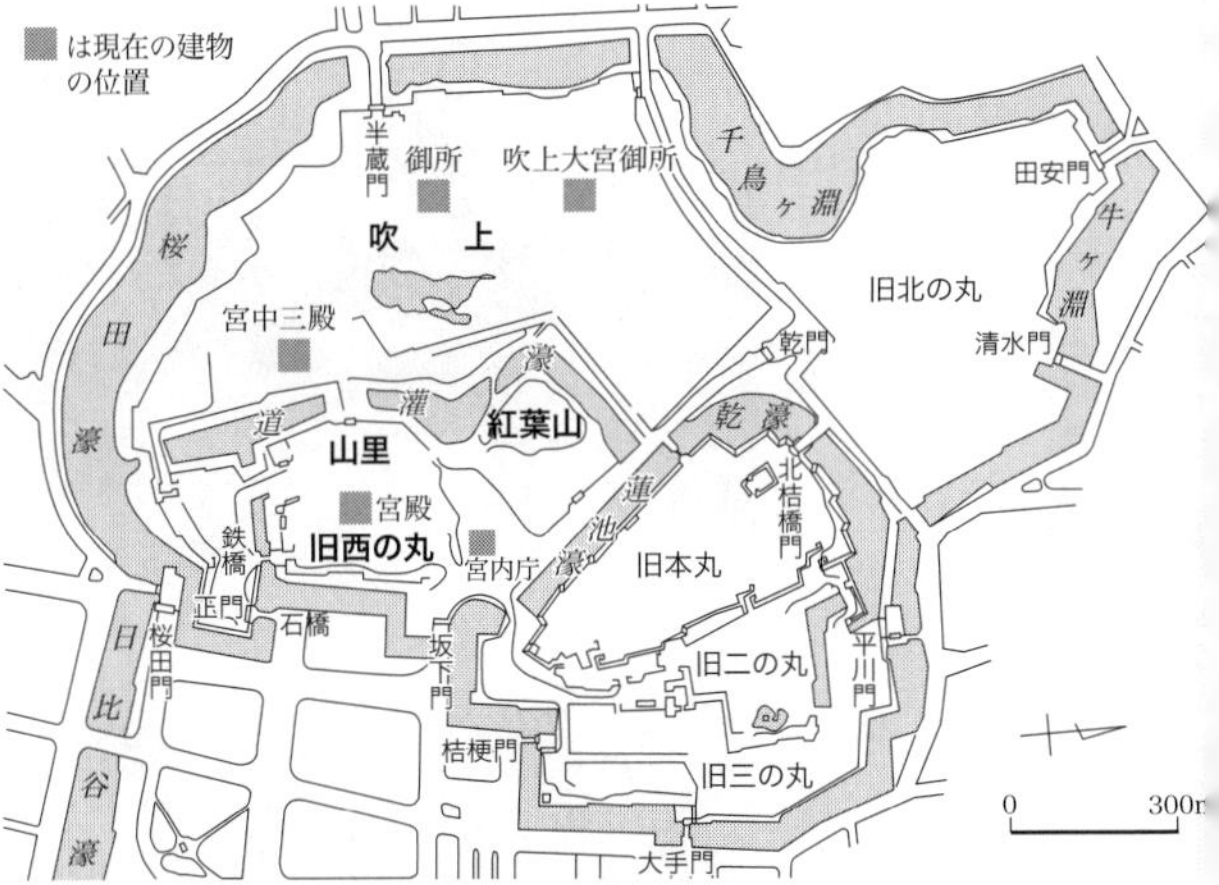

皇居総図　現在の宮殿と同様に、明治宮殿も旧西の丸に建設されていた

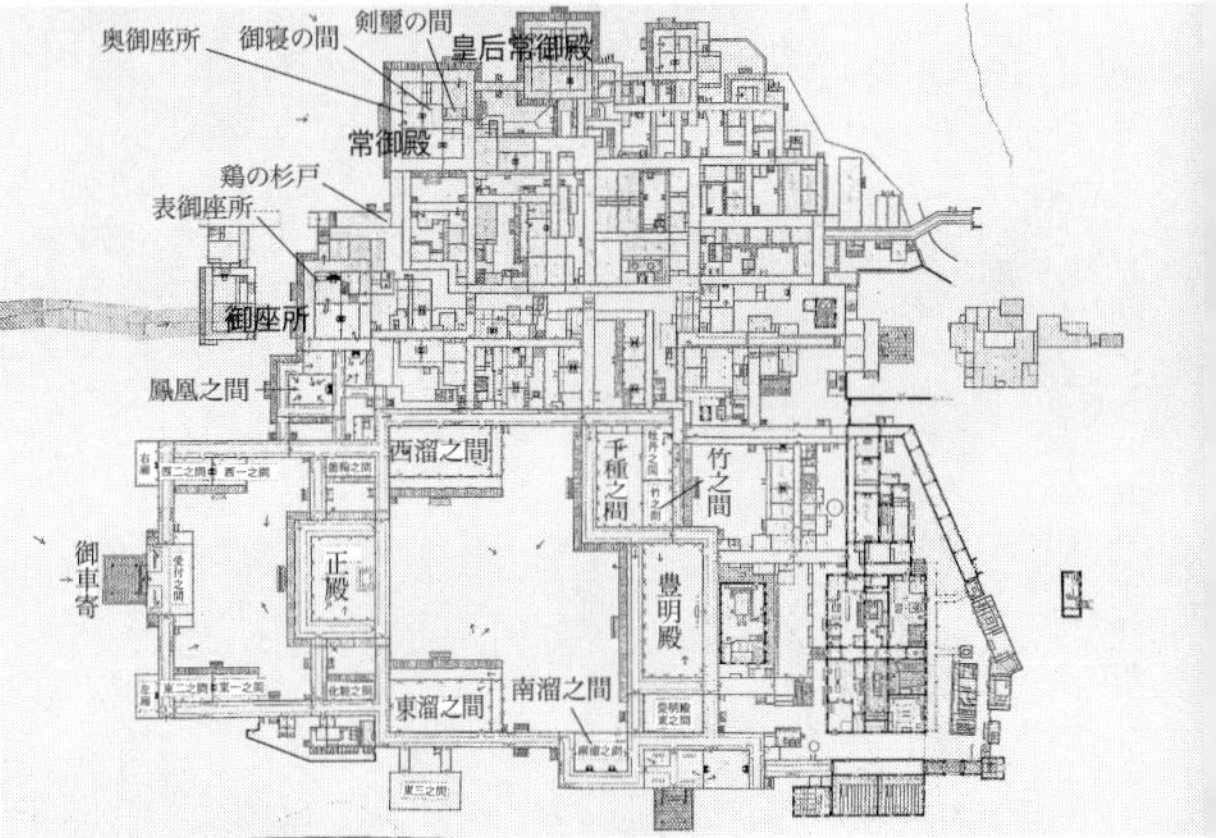

明治宮殿平面図　大正11年6月作成の図面上に、おもな建物、部屋名を示した。宮内庁管理部蔵。写真提供・建築画報社

明治宮殿　上は御座所。写真は宮内庁総務課蔵。下は常御殿。宮内庁管理部蔵『明治宮殿アルバム』より

は、通常の賜謁に用いられるほか、御講書始、歌御会始、節《よ》折《おり》・大祓《おおはらえ》、などが行われる。

御座所は二階建てで、一階一の間が表御座所であった。床の間がある一方、絨毯が敷かれ、机と椅子が配置され、シャンデリア・暖炉もあった。天皇は靴で表宮殿に出御しており、絨毯が敷かれているが、内装は表宮殿より和風の濃度が濃い。

さらに西に、奥宮殿があり、天皇常御殿と皇后常御殿などがある。表宮殿と奥宮殿を分けるのは、「鶏《とり》の杉戸《すぎと》」である。これより中に入れる男子は、原則として九等出仕だけであった。杉戸は部屋を取り巻く廊下（入側・縁座敷）の中仕切りに使われた。

天皇常御殿と皇后常御殿は、いずれも三列×三列の九つの空間で構成され、京都御所の天皇・皇后の御常御殿に倣った形であった。中央が御寝《ぎょしん》の間である。両御殿とも絨毯が敷かれていたが、側近の回想などによれば畳の上であったらしい。奥御座所である一の間の写真を見ると、暖炉・シャンデリアがあるが、壁面や天井は和風の意匠である。御座所の西隣の間である御小座敷には床の間、違い棚がある。壁は金砂子張付壁。部屋と入側の間は明障《あかりしょう》子《じ》。内装は中段よりさらに和風の度合いが濃い。明治天皇は、奥では靴は履かずに白い靴下で過ごしていた（園池公致《そのいけきんゆき》「明治宮廷の思い出」）。

御寝の間も絨毯敷きらしいが、羽二重《はぶたえ》の寝具で、白の和服が寝巻であった。病で床につき（「御仮床《おかりどこ》」）表に出られなかったときに、中段の御座所から寝台が運び込まれた（園池公致「明治のお小姓（五）」）。緊急の奥（内儀）での拝謁のためであった。

天皇常御殿では、剣璽《けんじ》の間と続きの上段の間で畳が見える。上段の間には歴代天皇の霊位があり、明治天皇は年二、三回拝礼をしていた（坊城俊良『宮中五十年』）。皇后常御殿では、御寝の間、御服の間、化粧の間が畳敷きであった。

奥に行けば行くほど、和風が強くなっている空間であった。

なお、宮内省庁舎は、表宮殿に隣接して煉瓦造りで建てられ、内閣・枢密院はその中に置かれた。紅葉山の女官の局は、奥宮殿から、「百間廊下」と呼ばれる長い廊下でつながっていた。

曲折する造営

明治宮殿の造営は、難航した。明治六年五月五日に皇居は焼失したが、十八日には財政難の折柄、造営を急がないようにとの勅諭が出された。明治九年五月に、翌年から五ヵ年計画での再建が決定した。ところが減税と歳出削減のため明治十年一月に延期となった。一方明治九年九月からは、赤坂離宮内にネオ・バロック式の石造謁見所（外国からの賓客である外賓の接待所）が起工されたが、明治十二年三月の地震で煉瓦壁に亀裂が発生し、建築は中止となる。

その後宮殿の造営計画は再浮上し、天皇の予定地の検分ののち、明治十二年九月十二日に、西の丸に謁見所と宮内省を、山里に御座所を、紅葉山に女官の局を造営することが決定された。そして赤坂の石造謁見所を西の丸に移築し、山里は和風木造建築とする計画となった。

明治十三年十一月に西の丸に木造の和風宮殿を、赤坂に将来洋風謁見所を建築することに変更される。石造では費用がかさむことが判明したからであった。

ところが明治十四年五月に宮内省御《ご》用掛《ようがかり》となった榎本武揚《えのもとたけあき》を中心に、山里に石造洋風謁見所建設案が出され、ジョサイア・コンドルに設計を依頼した。しかし明治十五年八月に榎本が担当を外れると、事態は停滞したらしい。そこで、明治十六年二月に、明治二十三年の国会開設の儀式に間に合うように、二十二年中の竣工と、装飾費を含めた一〇〇〇万円の支給を、担当者が三条太政大臣に上申した。

この促進策が、意外な結果を生んだ。七月十七日、明治天皇は、本格的な石造建築には財源が不足しており、西の丸・山里に「木造仮皇居」を造営すること、ただし宮内省は煉瓦造りとすること、吹上《ふきあげ》へ宮中三殿を造営すること、将来本丸に皇居を造営することを定め、工期五年、予算二五〇万を目途と決定した。和風木造への再逆転であった。

その後伊藤博文宮内卿が、明治十八年五月二十五日に、謁見所など表宮殿の拡大（建坪にして倍増という）、宮内省の紅葉山下への変更、瓦葺きから銅板葺きへの変更、工期の三ヵ

明治宮殿の内部　上は正殿。写真は宮内庁総務課蔵。中は天皇常御殿にある奥御座所、下は皇后常御殿の皇后宮御座所。宮内庁管理部蔵『明治宮殿アルバム』より

年への短縮、工費の九八万円増額を行い、ようやくに最終案となった。

明治十七年四月十四日の地鎮祭から、明治二十一年五月二十三日のほとんどの建物が完成した謁見所竣工まで四年一ヵ月、宮内省や近衛局を含めて総建坪一万二七〇三坪余、うち表宮殿が約二二一一坪、費用は約三九七万円であった。繰越金や明治十五年度以前購入分を加えると、約四九〇万円であったともいう（中島卯三郎『皇城』）。

外交儀礼の整備と建築方法

皇居造営が迷走したのは、費用と建築方法の対立のせいである。建築方法を規定したのは、外交であった。

列強に対峙することが目標であった明治日本にとって、列強からの王族や外交官には、当時の外交儀礼に則った、すなわち西洋風の対応をしなければならなかった。

外国使臣への謁見の場合、明治元年では、公使たちが入場すると天皇は立ち上がっていた。明治三年八月十二日内規が定められ、国書受け取りの際に天皇は立つこと、会見の場所は畳を撤去し布を敷くことなどが決められた。つまり天皇は国書受け取り以外は着座する作法となった。外国公使たちは国際儀礼上立礼とすべきであると不満を抱いた。明治五年に着任したイギリス代理公使ワトソンが強い態度で抗議したため、五月十五日のワトソンの拝謁は、立礼で行われた。西洋風の場で、立礼で行わなければならなかった。

これに先だつ正月二日の新年拝賀（朝拝）の儀には、欧州の儀礼に倣い外国公使が招かれ、祝辞を述べていた。明治六年には、夫妻で滞在中の公使からは、天皇皇后が揃って新年の祝賀を受けることになった。翌明治七年から新年朝拝の儀に皇后が出席するようになる。そして明治十四年の朝拝の儀から、外国公使の夫妻での出席が許された。あわせて日本人も夫婦での参賀が許可された。

王族など外国からの賓客（外賓）への対応も、天皇だけとの会見、天皇との宴会、明治十二年頃から天皇・皇后との会見、明治十九年から天皇・皇后との宴会と、同様の変化をする。つまり外交儀礼は夫婦単位であった。

明治九年赤坂に謁見所が洋風石造で建築が開始されたことは、儀礼の形式だけでなく、洋風の場所も必要と認識されていたことを示している。

しかし建築には費用の問題があった。洋風石造に比べ和風木造の方が格段に安かった。和風にすれば四分の一の予算となる。明治天皇は、第三章で述べた勤倹の詔の際に、皇居は和風木造という意思を明確にしていた。嗜好はあったろうが、費用の点からも、外交の視点からの決定に異を唱えたのである。財政難もあり、明治十三年十一月に木造建築に落着する。

ところで、明治十二年九月に外務卿に就任した井上馨《かおる》は、日本が欧化して列強に安心感を与えることで条約改正を達成することを課題とした。明治十年代後半から本格化する欧化主義の時代、鹿鳴館時代である。来日する外国人や外国公使へ欧化を示すことも必要であり、明治十四年八月五日には外賓接待略規を定めていた。そして井上は、天皇皇后が出御し立食パーティーを行う観菊会・観桜会と、新年宴会・紀元節宴会・天長節宴会の三大節宴会に、外交官を招待することも企図した。明治十三年十一月十八日に第一回の観菊会が赤坂離宮で、翌年四月二十六日に第一回の観桜会が吹上御苑（明治十六年から浜離宮）で開催される。明治十四年から三大節宴会に外国公使が招待されるようになった。

明治十四年十月には、赤坂仮御所に木造の会食所が完成した。のちに枢密院の憲法草案審議に使われ、現在は移築されて明治神宮外苑の憲法記念館（明治記念館本館）となっている。格天井《ごうてんじょう》・舞良戸《まいらど》など和風の意匠が用いられているが、建築史の山﨑鯛介氏は、暖炉・吊りランプなどが導入され「洋風会食所」として建設されたと分析する。とまれこの会食所で、それまでは別立てであった外国公使を招いての天長節宴会が開かれた。井上は、西洋風の場所で、欧化した儀礼を行うことを望んでいた。

伊藤と井上の宮殿設計

伊藤は、井上の欧化政策を支持する。明治二十年頃伊藤は元田に、万国並立のためには、宗教以外「務テ欧風ニ模倣シ」、東洋に「一ノ欧州的ノ日本ヲ造立セントス」と述べている（「元田永孚手記」、「元田永孚関係文書」）。当然宮殿もその視点から検討され、規模の拡大と、内装の欧化が決められた。構造が変更できないのであれば、広さと内容で欧化を補うしかない。明治天皇は、「あんなものを建てゝ何にするのか」といったが、不満は設計変更にあったのだろう（「伯爵万里小路通房談話筆記」）。

その西洋風の表宮殿での憲法発布式には、外交官と皇后が出席し、また夜には皇族妃や外国人の婦人が参加する晩餐会が開かれた。一方天皇の「私」性が強まる空間に行けば行くほど、しつらいは和風の色彩が濃い。そして奥では、公的な儀礼とはならなかった京都御所の年中行事が、ほんの僅かに受け継がれた。

明治天皇の意思の実現という点からすれば、明治十年代は、天皇は変わらず勤倹に共感していた。その意思は、大臣・参議が一致していると実現に至らない。しかし財政難から閣内対立が起こると、天皇の意思は実現しやすくなる。そして伊藤の宮内卿就任を認めた頃から、伊藤の意見を重んじる。これまで述べてきた状況が、皇居造営の変転にも読み取れよう。

宮内省顧問モールの回想

伊藤が宮中諸制度と儀礼を国際化するために招聘《しょうへい》したのが、オットマール・フォン・モールであった（『ドイツ貴族の明治宮廷記』）。モールはドイツ皇后兼プロイセン王妃アウグスタの枢密顧問秘書を務めたドイツ貴族で、プロイセン王国の少年侍従の経験があった。妻も宮廷女官を務めた人物であった。日本政府からの、宮廷事情に詳しい人物を雇いたいという要請に、ドイツ外務省はモールを選んだ。

明治二十年（一八八七）四月二十九日に家族とともに来日したモールは、宮内省顧問となり、二年間滞在した。そして宮廷改革案を練り上げていく。「すでに洋風の基盤の上に欠陥だらけながらも新しくつくりあげたものを、今後は正しく、いかめしく、しかも趣味豊かに変容させてゆかねばならない」という決意の下に。求められるアドバイスは、儀礼だけでなく、宮廷の組織や権限、皇室財政、皇位継承や皇族制度、さらには国家組織にまで及んだ。

モールはハード面だけでなく、ソフト面においても努力した。五月中旬ドイツのヘッセン方伯フリードリッヒ・ヴィルヘルムが来日した。昼餐会では、宮内省役人の給仕はほめるにほど遠く、食器の落ちる騒音が広間を満たした。以後週二回の給仕演習が行われることになる。

憲法発布式を立案したのも、モールであった。発布式後は、ドイツのヴィルヘルム二世の戴冠式が、将来の日本のモデルとして宮内省で話題になっていたという。新しい宮中儀礼は、欧州の帝室・王室の儀礼が参照されて整備されていた。

モールが導入しようとして困難だったことの一つは、皇后の問題であった。儀礼を欧化するためには、皇后はじめ女性の出席を考慮し、ある種の平等性を示す必要があった。

憲法発布式後の観兵式や上野公園の行幸では天皇皇后が同じ馬車に乗ったが、国王と王妃が並んで立ちあらわれるという欧州の儀礼の影響であり、伊藤やモールらの企画であろう。もっとも天皇皇后の同車は、モール着任前である前年二月十五日、京都から大阪への行幸啓の時に実施されており、初めてではない。

しかし明治天皇は、皇后と対等ということを受け入れがたかった。明治二十年十一月八日の観菊会では、天皇は、皇后が並んで歩くという要請を聞き入れず、天皇の出御が遅れている。

御雇い外国人で帝国大学医学部の教師を務め、宮中関係者や高官を診療したエルヴィン・ベルツは、天皇が自分の玉座と皇后の座が同じ高さであることを承服せず、あるとき井上馨が参内して「玉座の下に厚い絹の敷物がこっそり置いてある」のを発見し、引きずり出して放り投げたために大騒ぎになったと記している（『ベルツの日記』上）。欧化主義者井上には我慢ならなかった。

こうした明治天皇であったから、モールによれば、外賓のための昼餐・晩餐では「長い間どうしても皇后に腕をお借（貸）しになるという気持ちにはなれなかった」。明治二十年の観菊会も腕をとることが要請されたのかもしれない。天皇には、馬車の同乗が「大譲歩」であった。

銀婚式と皇太子結婚式

明治二十七年（一八九四）三月九日、大婚二五周年の大祝典、つまり銀婚式が開催された。式次第は、前年から欧州での調査が行われていた。宮中三殿の拝礼から始まり、正午近くから正殿で式典が開かれる。公使団長フランス公使アダム・シェンキエヴィッチが大統領の祝辞として「既往二十五ヶ年間ハ日本国ニ取テ著シキ進歩ノ時期ナリシコトヲ明言シ得ル」（『明治天皇紀』第八）と述べるのを聞いたとき、元勲たちは、特に伊藤首相は嬉しかったに違いない。天皇皇后は同車して青山練兵場に向かい、観兵式を行った。夜は宮城で晩餐会である。

明治三十三年五月十日には皇太子の結婚式が行われた。四月二十五日、伊藤博文帝室制度調査局総裁の下で取り調べられた皇室婚家令にしたがって、嘉仁《よしひと》皇太子と九条節子《さだこ》は、賢所で、束帯と十二単をまとって神前結婚式を執り行った。正装とマント・ド・クールに着替えて天皇皇后と対面式をし、馬車に同乗して青山御所に向かい、再び宮城に向かう。天皇は皇后の手を取って、皇太子は皇太子妃の手を取って、饗宴の間に移った。

ベルツの日記によれば、伊藤は有栖川宮に「皇太子に生れるのは、全く不運なことだ」「礼式《エチケット》の鎖にしばられ、大きくなれば、側近者の吹く笛に踊らされねばならない」と言って、「操り人形を糸で踊らせる」身振りをしたという（『ベルツの日記』上）。あまり悪意に取る必要はなく、伊藤は少なくとも皇室儀礼を演出していることに自覚的であったことを読み取れば十分である。

二つの儀礼は、憲法発布式同様、欧州の王室儀礼を取り入れて企画された。儀礼の中には宮中三殿での奉告があるが、少なくとも伊藤の関心は、外国に向いていた。国民にも、欧化した儀礼の担い手としての天皇、欧州列強に匹敵する儀礼を行いうる地位に達した日本を示すことが、伊藤には重要であった。

御真影の作製

欧化した天皇像の普及という点では、御真影《ごしんえい》（宮内省は「御写真」と表現する）の影響力も大きい。

伊藤は宮内大臣就任後、しばしば天皇に肖像写真の撮影を要請した。天皇の写真は明治五年の二一歳の時の写真しかなかった。青年から中年へ、やはり容貌は変化しよう。君主間の

御真影　写真嫌いの天皇を画家キョッソーネが描き、それを丸木利陽が撮影して全国の学校などに掲げられた。皇后は写真を厭わず、明治22年、丸木と鈴木真一が撮影

写真交換という外交儀礼上も不都合であった。しかし天皇は撮影を頑なに許さなかった。天皇の拒否の理由を、『明治天皇紀』は「撮影を好みたまはず」と記すだけである。

伊藤の後任宮内大臣の土方久元《ひじかたひさもと》は、大胆な方法を企画した。大蔵省印刷局雇のイタリア人エドアルド・キョッソーネにこっそりと写生させ、それをもとに肖像画を描かせ、丸木《まるき》利《り》陽《よう》に撮影させたのである。キョッソーネは、明治二十一年一月十四日にスケッチしたあとで、天皇の正衣を着て勲章を付けて写真を撮り、それをモデルに身体部を描いた。こうして御真影は誕生した。明治天皇は感想を漏らさなかったが、外国の皇族に贈る際に署名し、九月十日にはキョッソーネに晩餐を与えており、満足する出来であったのだろう。

こうした作製経緯もあり、概して研究者の評判は悪かった。西欧的な、あるいは国籍不明の、人工的につくられた風貌というのである。それに対して佐々木克氏は、明治五年の写真と特徴が似ており、キョッソーネは「天皇の顔を忠実に描いていた」と評価する。そして「軍服に包まれたダイナミック」な「身体は、西洋近代の制度・技術を」、「一種神秘性を感じる顔は、日本人の心と精神を象徴し」、「革新と伝統との調和」という「明治国家のスローガンを「御真影」は表現していた」という（『幕末の天皇・明治の天皇』）。

政府が広めたかった天皇像を考えるのであれば、軍服という洋服に包まれた姿が、欧化した大元帥像が、広めたかった姿であった。明治二十四年十一月には写真の複製以外の画像の販売が黙許となり、御真影をもとにした画像が作製されて、メディアによって広まっていった。

美子皇后は写真を厭わなかった。洋装に宝冠をかぶった姿が、鈴木真一と丸木利陽に撮影されて、御真影となった。なお引き裾（トレーン）は修正加筆されている。

明治二十二年十二月、天皇皇后の御真影は、官立・道府県立師範学校・中学校から、市町村立高等小学校にまで拡大されて、申請により下付されることを文部省は通牒した。明治二十五年五月には尋常小学校に宮内省下付写真の複写物を掲げることが許された。とはいえ、明治期は全国の小学校に行き渡ったわけではない。籠谷次郎氏の研究では、小学校の場合兵庫県では明治二十五年末に八〇パーセント以上、大阪市では大正になって五〇パーセントを超え、京都市では大正末期になって五〇パーセントを超える状況であり、一般に行き渡るのは昭和期と推定している。明治期はまだ御真影崇拝の強制力は画一的ではなかった。

伊藤の演出

明治十年頃、明治天皇と伊藤は遠い存在であった。明治十年代前半は、天皇と伊藤は対立の面が大きい。その伊藤が、天皇を演出しようと考える。なぜだろうか。ひとつには、外交政策上も欧化した君主像が必要であった。

今ひとつの理由は、枢密院の憲法草案審議における伊藤の発言に見出せる。明治二十一年六月十八日、憲法草案審議の冒頭で、伊藤は言う。国家の「機軸」の確定が必要である。「機軸」なく「政治ヲ人民ノ妄議《もうぎ》ニ任ス時ハ」国家が滅びる。欧州では「宗教ナル者アリテ之ガ機軸ヲ為シ」「人心此《ここ》ニ帰一セリ」。日本では、仏教は衰退、神道は「人心ヲ帰向セシムルノ力ニ乏シ」い。「我国ニ在《あり》テ機軸トスベキハ独リ皇室アルノミ」(『枢密院会議議事録』第一巻)。つまり、国民の精神的統一を果たすものは、ヨーロッパではキリスト教であったが、日本では宗教でなく皇室だけが期待できると述べている。

王権と行政権と立法権の調和が国家の発展をもたらすのであるが、王権には国民の精神的紐帯《ちゅうたい》という機能があることを、伊藤はヨーロッパで発見してきた。だから、儀礼を通じて、国民の精神的統合を果たさなければならなかった。皇室は慈善や学校に力を注がなければならなかった。対内的にも、新たな天皇・皇室像を呈示する必要があった。

ただし、伊藤には、機軸となるのは宗教ではなかった。神道は「力ニ乏シ」かった。元田の国教論にまで改宗したわけではない。

明治天皇は、欧化した儀礼、特に皇后の対等性に不満があった。しかし列強に並び立つ国家建設という目標のために、伊藤を中心とする元勲の提案を受け入れて、新たな天皇像を呈示するのに協力するようになっていた。

2　洋装の国母・美子皇后

皇后の洋装問題

明治七年（一八七四）の新年拝賀から、明治天皇と美子皇后は並んで拝賀を受けた。天皇は洋装であったが、皇后はそれまで通りの儀礼用の衣装、つまり単《ひとえ》に緋《ひ》の袴、上に唐織《からおり》の袿《うちき》を着た小袿《こうちぎ》長袴《ながばかま》であったろう。お雛様の三人官女に近い姿である。あるいは、より正式の、五衣《いつつぎぬ》、いわゆる十二単であったかも知れない。

天皇の服制は、第二章で述べたように、明治五年五月に正服が着用され、九月に大元帥の礼服が定められた。明治五年十一月十二日文官大礼服が定められ、二十九日に朝拝・新年宴会など大礼服着用日が布告されており、天皇もこれ以後は儀礼の際に洋装であったと考えられる。また少なくとも明治六年の新年拝賀には椅子が導入されており、それまでの座礼から立礼となっていたと推定できる。そして明治六年六月に御軍服が定められた。肋骨服で菊紋の金飾りがあり、両肩に肩章がつく。ただし、一般の軍服とは装飾がかなり異なっていた。明治十九年七月六日、陸軍がドイツ式に服制を変更した際に、御正服・御軍服・御略装などが定められた。この年の天長節の観兵式から、天皇は新しい正服を着用するようになる。新しい御真影は、この正服姿である。

天皇と皇后が並び立つ姿で国際社会に欧化を示すのであれば、皇后も洋装しなければならない。憲法調査から帰国した伊藤は、洋装の必要性を公言していたのであろう。明治天皇が、欧化が宮中に波及し、「後宮衣服ノ事ニモ及フヘク困却ノ次第」を考慮しておかねばならない（『古稀之記』）と、伊藤の宮内卿就任に反対した理由である。

宮内卿に就任した伊藤は、明治十七年九月十七日に婦人服制の制定にこぎ着けた。勅任官の礼服・通常礼服・通常服を定めたが、いずれも袿袴《うちきばかま》（けいこ）で、素材や色目に差がついていた。官僚である女性は女官を除けばほぼいないから、対象は宮中の女性たちである。そして、「西洋服装ノ儀ハ其時々達スヘシ」（『法令全書』明治十七年）と付け加えられていた。狙いはここにあった。

一年一〇ヵ月たって、ようやく伊藤は天皇・皇后はじめ女官たちの説得に成功した。明治十九年六月二十三日、伊藤は、皇族・大臣・勅任官・有爵者に、以後皇后は西洋服装を用いるから、礼式相当の西洋服を着用して良いと通達し、「現ニ宮中ニ於テ用キラレタル」（『法令全書』明治十七年）ものとして、大礼服などの礼装を示した。

そして皇后は、七月三十日はじめて洋装で華族女学校に、八月三日にも洋装で皇太后のいる青山御所に行啓した。翌日、吉井友実宮内次官は伊藤に「過日来皇后陛下御洋服被為召《めさせられ》至極天意に被為叶《かなわせられ》候由、是は誠に意外也、恐縮也」と書通している（『伊藤博文関係文書』八）。「天意」は天皇の意と思われ、天皇も満足していたらしい。

明治二十年一月の新年宴会では、皇后は新調なった洋装の大礼服、マント・ド・クールを着用した。十八世紀フランスの宮廷服で長い引き裾が付く。皇后の場合、のちに華族の少年が、裾を持つ御裳《おんも》捧持《ほうじ》者《しゃ》となった。費用は装飾品を含めて銀貨一二万～一三万円に正金五万フラン（約七七〇〇円）で、特にダイヤモンドの首飾り代に一〇万円かかった（「独逸へ御注文ノ皇后陛下御服装品代価支払一件」、「外務省記録」）。

一月十七日は洋装を奨励する皇后の思召書《おぼしめし》が出された。女子の服は古代は「衣」と「裳」であったが、南北朝の頃から「衣」だけとなり裾を長くするようになった。洋服は、上下に分かれていることが日本の古代と同じであり、立礼に合い活動的である。よって女子の服制を改良する。このような趣旨であったが、伝統を破壊するには神武創業という論理の再登場である。

皇后の新たな役割

前項で述べたように、明治十九年八月三日美子皇后は、英照皇太后の御所である青山御所に行啓した。皇太后は、東京に来ても、旧来の生活や嗜好をできるだけ堅持していた。その御所にわざわざ洋装で行ったのは、洋装の許しを得るためであろう。

　唐衣　たちゐになれず　ともすれば　かざりの玉の　こぼれけるかな

右の皇后の歌が示すように、もちろん洋装への戸惑いはあった。しかしこの行啓には、美子皇后が洋服を受容しようという努力が感じられる。

第二章で述べたように、皇后は、国母であろうとする、つまり国家的役割を担うことを意識する女性であった。だから、御談会や元田の進講にもしばしば出席した。元田を「師匠」と呼び（「還暦之記」）、感激させている。藤波言忠《ふじなみことただ》が明治天皇にシュタインの講義を伝えたときにも、陪聴している。

そのような女性であったから、時代の趨勢、政府の改革方向を理解し、皇后の果たすべき役割を探求していた。明治天皇とモールの接触は公式の謁見に限られていた。その一方で美子皇后は、毎週水曜日の午後に、モール夫人から欧風の制度・儀礼の説明を受けた。「こよない愛想のよさを高い知性と結びつけられて」いる皇后は「洋風に王侯の職務を果たすこと」を「熱心に望まれた」（『ドイツ貴族の明治宮廷記』）。モールは、皇后が、ドイツ帝国皇后アウグスタを模範として、教育、慈善、赤十字、賓客への応接、時代への関心などを王妃の仕事として心にかけたと述べる。奥の欧化を嫌った度合は、皇后よりも天皇の方が高かったのではないか。

　外国の　まじらひ広く　なるまゝに　おくれじと思ふ　ことぞ添ひゆく

この歌に、皇后の意図が溢出しているであろう。

ところで、明治十八年から二十年にかけて、明治天皇は伊藤との関係をかなり良好にしていた。しかしおそらく体調の問題もあって、個人的な嗜好が再び表面化した時期でもあった。

明治天皇のパーソナリティに、外出嫌い、医者嫌い、外国人嫌いという点があった。外出嫌いでは、明治八年の巡幸を許可しなかったことについて触れた。雨が降れば観兵式ですらしばしば当日になって中止した。外国人嫌いについては、型どおりではすまない外国の皇族などとの会見前は機嫌は良くないし、観桜会・観菊会も好きでなく、観菊会と陸軍の大演習とを日程がぶつかるように設定したという（「子爵日野西資博談話速記第二回」）。外賓の歓迎の宴が行われるようになった明治十二年でも、天皇は実は開催を渋っている。特に外国人と握手するのが好きではなかったらしい（「伯爵万里小路通房談話筆記」）。

この傾向が、明治十八年から十九年にかけて特に現れる。明治十八年五月、天皇は観桜会を当日になって不参加とする。明治十九年三月には風邪のためとはいえ、海軍の武蔵進水式を欠席する。天皇の公務はいずれも大事であるが、前者が外国人のための園遊会であることと、後者が清に対して明瞭に海軍力において劣位にあったときの軍艦進水式であることを考えれば、ことは深刻である。九月の伊藤の「機務六条」の奏上は、こうした状況下でなされた。

この二つのキャンセルの際、いずれも皇后は単独で行啓した。皇后は天皇の許しがないと行動しなかったというが、後者は軍事であり、その異例さは明瞭であろう。おそらく国家的な、公的な責務を果たそうと皇后は考えていた。

女子教育・慈善・産業奨励

美子皇后が、果たすべき役割があると考えていた分野は、女子教育、慈善、産業奨励であった。

産業奨励では、養蚕《ようさん》を明治四年に始めている。もっとも皇居炎上で中断し、皇太后が赤坂で継続した。明治六年六月二十四日には皇太后と富岡製糸場に行啓している。これ以後も皇后は、行啓中心に、産業奨励に関心を注いだ。

皇后は学問好きで、皇后の役割を模索した人であった。だから女子教育に関心が深かった。明治四年の女子留学生への賜謁については先に述べた。明治六年十一月二十九日には開成学校へ、続いて東京女学校に行啓した。学校への初めての行啓であった。

明治八年二月二日東京女子師範学校（現在のお茶の水女子大学）設立が決まった際は、御手元金五〇〇〇円の下賜があった。同年十一月二十九日の開校式には行啓し、祝詞を述べた。のち「みがゝずば　玉も鏡も　何かせむ　まなびの道も　かくこそありけれ」の歌を贈る。女子師範学校への行啓は一一回に及んだ。

明治十八年十一月十三日には、学習院から分離した華族女学校の開校式に行啓し、母となるべき女性の教育の大切さを説く、賢母主義の言葉を述べている。そして明治二十年三月十八日に、女子師範に贈った和歌と同趣旨の学業を奨励する「金剛石」と「水は器」の七五調の歌を二首与えた。初めての洋装外出先は華族女学校であったが、華族の女性に、洋装すべき事を訴えたかったのであろう。

ほかにも、教訓書である『明治孝節録』を近藤芳樹に編纂させ明治十年十一月に刊行、『幼学綱要』の補遺として『婦女鑑《ふじょかがみ》』を西村茂樹に編纂させ明治二十年七月に刊行させている。

慈善活動としては、西南戦争時に、皇后と皇太后は自ら綿撒糸《めんさつし》（ガーゼに近い）を作り、慰問品とともに負傷者に贈っている。

明治十九年十月二十六日皇后は婦人慈善会の総裁に就任する。この会は、困窮者への施療を目的に設立された有志共立東京病院の支援のために、皇族・華族・官僚夫人たちが寄付を募ろうとして明治十七年に設立された組織である。病院設立の際には、内務省衛生局長長与専斎が、「西洋各国ノ charity ハ多ク国王国庫ノ補助ヨリ成リ立チ」と述べ、国王とチャリティーの関係を紹介していた。これをうけての婦人慈善会の設立であった。病院には、皇后は下賜金を与えていたが、明治十九年六月婦人慈善会会長伊藤博文夫人梅子が、皇后に総裁就任を希望した。梅子は、「泰西文明諸国の例を参酌し、幷せて古昔施療の制を考へ給ひ」と述べる。皇后は総裁に就任、翌年病院は東京慈恵医院と改称した。皇后は設立に二万円下賜し、以後皇太后とともに毎年下賜金六〇〇円を与え、五月の開院式への行啓はじめ、皇后時代に二三回の行啓を数えた（『東京慈恵会医科大学百年史』）。

西南戦争が勃発すると、傷病者救護のために、ヨーロッパの赤十字社に倣い、明治十年五月、博愛社が組織された。明治二十年一月、博愛社総長有栖川宮熾仁親王は、発展のために天皇皇后の庇護の下に置くことを奏請、三月十六日天皇・皇后は許可した。こうして博愛社は日本赤十字社へ改組される。明治二十年五月からは、天皇皇后から毎年五〇〇〇円の下賜が行われた。総会への皇后の行啓は一六回に及ぶ。明治四十五年五月には、皇后は万国赤十字連合に奨励基金一〇万円を寄贈している。

慈愛溢れる君主というのは、東洋においても理想であろう。明治元年の東幸をはじめとして、天皇の巡幸や大きな行幸には、高齢者や困窮者の救助、孝子節婦への賜金などが行われ、天皇の宣伝が行われていた。皇后の慈善も、光明皇后が引き合いに出される。

赤十字社総会に臨席する皇后　『昭憲皇太后史』より

しかしそれだけでなく、モールがアウグスタ皇后という準拠像を呈示したように、欧州では、王室と慈善の関係が重視されていた。イギリスでは十八世紀後半には、王族は、ある程度自覚的に、低下する政治力と反比例するようにチャリティーに力を入れ、ミドルクラスをはじめ社会各層から支持を得ようとし、効果を上げていた（金澤周作『チャリティとイギリス近代』）。欧州に倣って、皇室の慈善活動も活性化する。その中で、皇后の役割も考えられる。

のちのことになるが、伊藤は、明治三十九年京城愛国婦人会支部で「婦人の社会的進出」と題する次のような演説を行った。東洋においては女は「内を守るの風習」

があるが、日本ではやや「男子を助けて社会の事に携はる」ようになった。憲法調査で独墺伊に滞在中に、各皇后が「社会の事業に尽瘁《じんすい》せらるゝ実情を目撃したのである」。ドイツの現皇帝の伯母は「学校病院事業に頗《すこぶ》る熱心で」あった。ロシアの皇后は「棄児院」に熱心であった。帰国後美子皇后に言上の結果、華族女学校・慈恵医院の創立となった。また宮内大臣時代に博愛社を赤十字に改称した。韓国夫人も慈善活動だけでなく、工業上など社会の事業に関係すれば、国家の発展につながるであろう（平塚篤『続伊藤博文秘録』）。

また、伊藤の残した史料である『秘書類纂　帝室制度資料』の中に、「帝室へ慈恵《じけい》部ヲ置カルル事」という文書がある。「慈恵賑恤《しんじゅつ》」を管轄し「帝室ヲ仰慕スルコト益厚カラシメン」ことを目指す組織で、総裁は皇后が目されていた。

伊藤は、欧州で王室と慈善・教育の関係、その中の皇后の役割を発見し、皇室と慈善・教育の関係を再編した。伊藤の提案を、国母像を模索していた美子皇后は受け入れ、公的役割を果たそうとした。美子皇后の活動は、以後の皇后のあり方の原型となった。

明治天皇と「天狗さん」

明治天皇は、奥の関係者にあだ名を付けて呼んでいた。直接呼んだかどうかはわからないが、美子皇后のあだ名は「天狗《てんぐ》さん」であった。鼻が高かったからといわれるが、公的役割を引き受けようという気位の高さへの揶揄《やゆ》は全くなかったろうか。

皇后が、学問好きで、元田を尊敬し、公的職務に熱心だからといって、堅苦しい奥ではなかった。赤坂時代では、天皇はろうそくを消して回って女官とふざけたという（「男爵西五《にしいつ》辻《つじ》文仲《あやなか》談話速記」）。日清戦争後ではあるが、天皇・皇后が、食後女官とともに、音の鳴らない手作りの楽器に興ずる話が伝わっている。皇后も、愛読書には『女四書』だけでなく、『源氏物語』もあった（坂本辰之助『昭憲皇太后』）。古典への教養があったから和歌も作れる。奥は、文・雅の女性と公家の子供の世界であった。

皇后は、こうした奥の統轄という責務も果たしていた。奥は、皇后を中心に、天皇付きのおそらくは側室でない典侍《てんじ》室町清子《むろまちきよこ》（旧姓四辻、呼名「紅梅典侍《こうばいのすけ》」）と、皇后付きの典侍高《たか》倉寿子《くらかずこ》（新樹典侍《しんじゅのすけ》）とで運営されていた。天皇への侍寝は、高倉が差配していたという。

そして皇后の表の行事への参加には、皇后に付き添う女官が必要になる。現在の感覚でいう女官であるが、側室とは区別する感覚が当時もあったらしい。公式の会・内外人の交際・園遊会・夜会・晩餐は、「御側女官」を除き、性的関係のない女官が供奉することとなった（「徳大寺実則日記」）。日清戦争後の御側女官は、柳原愛子《やなぎわらなるこ》（早蕨《さわらび》）・千種任子《ちぐさことこ》（花松）・小倉《おぐら》文子《ふみこ》（緋桜）・園祥子《そのさちこ》（小菊）であり、供奉した「お清《きよ》」の女官は、室町や高倉らが中心であった。

坂本一登氏が指摘するように、逆説的な意味でも皇后の存在が大きかったのは、公的職務はこなしながらも、政治への積極的介入が、少なくとも観察しうるほどにはなかったことである。奥の統轄も達成しており、愛妾の介入もない。この点でも、天皇と内閣の安定的関係の形成に果たした皇后の役割は大きい。

3　天皇と元勲たち

明治宮殿の日常

明治宮殿に移ってからの明治天皇の暮らしを、側近奉仕者の談話から覗いてみよう（『「明治天皇紀」談話記録集成』を出典とするものは、談話者の名のみ記す）。側近者は、明治天皇について、喜怒哀楽を表さないが、奥ではよく笑ったりする、小事に拘泥しないが、よく観察していた、いい加減なことをすると信用を失う、片意地なところがある、記憶力に優れている、という点でほぼ共通した人物像を抱いている。医者嫌いで、外国人に会うのは気が進まないらしい、時代が下るほどに出不精になる、というのも、おおむね一致した観察であった。徐々に太っていき、近視ではなかったかという推定もある。自称は「わし」で、奥では京都言葉が出た。皇后には「皇后サン」と呼びかけていた。

朝は、六時半から七時頃に起床（藪篤麿）。トイレ（「御厠《おとう》」）とうがい、洗顔など（「お化粧《しまい》」）ののち（日野西資博②）、寝巻と同じ白か、縞の和服に着替える。なお何時付けるかわからないが、天皇は香水が好きであった（日野西③）。侍医の拝診があり、朝食。この頃までに侍従試補が奥に入ってくる（園池公致《そのいけきんゆき》「明治宮廷の思い出」、以下宮廷）。一〇時、日清戦争までは通常はフロックコートに着替えて、表へ出る（藪）。日清戦争時から軍服になる。時には左手に、産業奨励のために買い上げた、ダイヤモンドの光る、彫りの施された金の指輪が二つくらい輝いている（園池・宮廷）。

出御前に、内大臣秘書官から御璽《ぎょじ》のお下げの依頼があり、侍従試補が天皇に断って持って行く。出御の際は、侍従試補は裁可の印などを持ってお供する（園池公致「明治のお小姓」）。

一二時半から一時頃、奥にもどって、昼食（藪）。皇后も一緒（園池・宮廷）。日清戦後は、午後も出御し、七時頃還御（藪）。

夏でも冬服であったが、奥では白のリンネルのフロックコートを着用した（柳原愛子）。夏は、汗だくであった（藪）。奥に戻ると和服で、昼食時も和服に着替えたという（藪）。乗馬や弓をやるには和服というわけにはいかないので、日中や日曜はフロックコート。くつろげる状態になって和服に着替えるのであろう。また博覧会や地方などで奨励のために購入した縞を和服に仕立てることもあった（日野西①、園池・宮廷）。奥では、白い靴下で過ごしている（藪）。

風呂は余り好きではなかったらしい。冬になると、ほとんど風呂は使わず、肩を拭くぐらいであった。足を洗う御裾湯は、中山慶子の勧めがあって、毎日行っていた。ただし神事の前は、清めのために湯を使う（日野西②）。湯を背中にかけるという入浴であった（日野西②）。

七時から七時半にかけて夕食、約一時間（藪）。少なくとも皇后は座って食べていたようだ（日野西②）。一〇時に就寝（御格子《みこし》）と伝わるが、実際の就寝は一一時頃（藪）。

奥では、明治二十四年一月の帝国議会議事堂の火災が漏電と疑われて以来、電気を用いず、明かりはろうそくである（藪）。

書籍は、明治十七、八年頃までは勉強として熱心に読んでいたが、多用になり読まなくなった。ある時「新聞はよしあしや」といって読まなくなった（柳原）。日清戦争の頃天皇の体重が誤伝されてからは、全く読まなくなったともいう（日野西②）。内閣や侍従が上申することで情報を得ていたと、側近は推測する（藪）。

乗馬は、赤坂時代が最も盛ん。午後御所内を乗馬して、夕刻寒香亭で葡萄酒の酒宴。周りが酩酊を心配することも多かった。宮殿に移って、減少した（万里小路通房《までのこうじみちふさ》）。服装は、フロックコートに山高帽であった（慈光寺仲敏）。日清戦争を境に、ほとんど乗らなくなる。内庭での乗馬は、女官や侍従試補に乗馬をさせ、天皇が見ることも多かった。また侍従や試補・内舎人《うどねり》に遠乗りを命じることもしばしばあった（藪）。遠乗りは、民情視察であったり（万里小路）、景色を見るためであったり、乗馬そのものが目的であったりした。

他にも奥の楽しみには、自らやったり、女官や侍従試補にやらせたりして、室内で大弓・楊弓・打毬《だきゅう》（元来は馬に乗って行うポロに似た競技）などが行われた（日野西①）。天皇は謡曲を女官に教えることもあった。観世流であるが、自己流であった（慈光寺）。蘆刈・七騎落・熊坂といった武張った物が好きであった（藪、西五辻文仲）。

生涯の御製九万三〇三二首

赤坂時代、天皇は乗馬や弓など楽しみも多かった。玉突きも行ったようだ。しかし宮殿に移って、体を動かすことが減少していく。政務が多忙になったことが一因であった。そして日清戦争を境に、さらに自ら体を動かす楽しみは少なくなっていった。

そうした中で、変わらずに明治天皇が行った楽しみが、歌であった。

表御座所では、暇があると上奏物の袋を切って裏側に和歌を書き付けていた。試補にも題を与えている（藪）。万里小路通房は、天皇には「友達の情」がないから、歌を作ったのではないかと大胆に推測する（万里小路）。素行不良で侍従を馘首《かくしゅ》された万里小路だから遠慮がない。対等な関係が存在しないから、感情の表出はモノローグとしての歌になるとの説である。感情の表出が自由でないという点では、当を得ていると思われる。

明治天皇は、歌を、孝明天皇から習った。その後歌道師範が置かれたりするが、明治十年頃から高崎正風《たかさきまさかぜ》が重用される。高崎は、明治八年四月に、おそらく大久保利通の推挙で侍従番長になり、翌年東奥巡幸に際して御歌掛兼勤となって御製《ぎょせい》拝見を仰せ付けられ、天皇の歌の批評者となった。明治二十一年六月新設の御歌所の所長となり、明治四十五年に亡くなるまで務めた。

高崎は、薩摩藩の国学者で桂園《けいえん》派の歌人であった八田《はった》知紀《とものり》の弟子であった。桂園派とは、辞書的には、『古今集』を重視し、平易を尊ぶ流派である。高崎は、和歌は「其精神《そのまごころ》の折にふれ事に感《かま》けて黙止《もだし》あへず発出《うちいづ》る嗟歎《なげき》の声音《こえ》」と述べている（『埋木廼花《うもれぎのはな》』）。そして題詠や過度の技巧を評価していなかった。明治天皇は高崎の歌を知って御歌掛にしている。平易に伸びやかに詠むことが、明治天皇のモノローグに適していたのではないだろうか。文学的素養のない私見であるが、以後今上天皇まで、皇室では伸びやかな歌風が続いているように思われる。

こうしてモノローグとしての歌が、量産される。もちろん明治天皇自身が歌が好きであった。父孝明天皇から直接指導を受けたという思いもあろう。明治天皇生涯の御製九万三〇三二首と数えられている。美子皇后は記録されているのが二万七八二五首という（小堀桂一郎「美しき皇后の御歌」『昭憲皇太后』）。

明治十年の京都行幸の際、和歌の衰退に、京都在住華族に対して歌道に励むように沙汰があった。以後何度か同様の沙汰がある。京都公家の補助という側面もあるが、朝廷の文化的継続という点でも、明治天皇は歌を大切にしたかった。

歌に関する儀礼では、歌会始《うたかいはじめ》がある。禁中《きんちゅう》並《ならびに》公家《くげ》中諸法度《ちゅうしょはっと》にあるように、歌は天皇・公家の精進すべき芸能であった。したがって、十六世紀初頭には成立していた和歌御会始《わかごかいはじめ》は、江戸時代にも継続された。維新を越えて、明治二年正月、御代始《みよはじめ》の和歌御会始が行われ、翌年からは歌御会始《うたごかいはじめ》として続いていく。維新期の宮中儀礼の整理から免れたのは、国学者と和歌との深い関係によるものであろう。

明治七年からは、一般国民も歌御会始に歌を提出できるようになる。明治十二年からは、優秀な歌が披講されるという撰歌の制が導入された。明治十三年には、官吏でも宮中関係者でもない一般人の歌が一首選ばれている。明治十六年発行の『官報』には、翌十七年一月以降、御製から預撰歌まで掲載された。明治三十三年以後は詠進歌数が掲載される。『明治天皇紀』によれば、明治七年が四一三九首、八年が三三〇九首であったが、明治三十三年には一万二九五五首、明治四十五年には二万九三五三首となっている。幕末の国学の広まりは、和歌を詠む層を生み出していた。和歌を通じた、思いもかけない天皇と国民の淡い交流が成立する。

このようにしてほぼ根幹が定まった歌御会始は、御歌所設置後は、御歌所が事務を管理する。大正十五年の皇室儀制令の附式で式次第が定められ、歌会始の儀となる。戦後に御歌所が廃止されて運営方法を若干変えながら、現在に続いている。

侍従と侍従試補

奥宮殿は女性の世界で、男性で入れるのは、原則として侍従試補だけである。午前八時に奥に入り、天皇とともに表に出てきて、御座所の外に控え、奥や侍従との連絡に当たる。もともと堂上《とうしょう》公家の一〇歳から一五歳くらいの子弟が多く任命されていたが、明治後期にはほとんどそうなった。明治天皇には、公家は歴史もあり貧乏でもあるからなるべく「自分ノ手許テ使ツテヤロウト思フ」と言う趣旨の発言があった（藪）。出仕した者を、育てるという意識があった。そして信任されて、侍従となる者も多かった。

明治天皇が出御すると、侍従は挨拶に行き、あとは侍従候所に控えている。侍従は天皇と長く親しく話をすることはない（万里小路）。侍従試補も拝謁の時には席を外している。徳《とく》大寺《だいじ》実則《さねつね》侍従長が政治的な用向きを担う（藪）。前章で、伊藤への賜謁を願った藤波言忠《ふじなみことただ》が、役目外と叱られた理由である。

拝謁の間は、天皇も賜謁者も立っている。土方久元宮内大臣が私は年だからと断って座ると、天皇も座った（藪）。のちに伊藤博文や山県有朋は椅子を許されるようになる。

拝謁に、いわゆる事前の約束無しに天皇の前に出られるのは、元田永孚《もとだながざね》と藤波言忠とのちに佐佐木高行《ささきたかゆき》であったという（藪）。ただ佐佐木も日清戦争の頃から、簡単に拝謁できなくなる。

元田の信任は厚かったが、侍従たちは、「御上モ、モウ少シ御捌《さば》ケ遊バスト宜《よろし》イ。元田ガ教ヘタ頑固ナ事バカリ仰セニナルカラ」と、良くは言っていなかったという（日野西②）。公家出身の侍従たちの言ではないだろうか。おそるべし、文・雅の公家である。育てようという明治天皇の意思はなかなかに伝わらない。そしてその結果、「西京人に一人も偉い者は居らん」の大声となる（園池「明治のお小姓（五）」）。

藤波は明治七年一月九等出仕となって学友の役目を果たし、さらに侍従になったため、明治二十二年に主馬頭《しゆめのとう》に転じても内儀まで入る事を許されることもあったらしい。豪快な人柄もあって、天皇にかなり遠慮なくものを言ったようである（園池・宮廷）。

明治二十三年から侍従試補であった藪篤麿《やぶあつまろ》は有栖川宮熾仁親王と伊藤博文への信頼が厚かったと観察している（藪）。明治十五年から侍従であった万里小路通房は、伊藤の言うことは良く聞き入れた、元田はいくらか用いたと言う（万里小路）。

前章で述べたように、明治天皇と伊藤の関係は良好に安定しつつあった。では明治天皇と伊藤と元田の関係は、実際の政治の場では、どのように推移したのであろうか。また、憲法で天皇の法的な在り方が規定されたが、国王・内閣・議会の調和は、具体的にはどのように達成されたのだろうか。まずは国王と行政の関係からこれらの点を検討していこう。

井上馨の条約改正

明治二十年になって井上馨外相の条約改正案が漏れると、反対の声が巻き起こった。領事裁判権（治外法権）撤廃のために外国人裁判官を登用すること、法典作成において列強に通知すること、内地開放を行うことが問題となった。

まずは明治政府の智嚢・井上毅《こわし》宮内省図書頭《ずしょのとう》が、いわゆる御雇い外国人のボアソナードの意見を元に、裁判官登用は司法権の、法典通知は立法権の侵害となるという反対論を広めていく。ついで六月一日ボアソナードが、伊藤首相に意見書を提出した。こうして反対論が広義の政府内で高まっていく。元田永孚も、時期尚早と反対意見を持っていたが、同郷の井上毅からの働きかけもあって決意を新たにし、元侍補の佐佐木高行・吉井《よしい》友実《ともざね》・土方久元と相談を始めていた。最後に欧州から帰朝した谷干城《たにたてき》農商務大臣が、七月三日の閣議に反対意見書を提出する。明治天皇は、佐佐木や元田・土方を通じて谷の意見を問い合わせる。

井上馨

一方元田は天皇に閣僚以外の意見を聞くよう提案した（沼田哲『元田永孚と明治国家』）。谷は七月二十日参内して辞表を提出した。二十六日辞職が認められ、後任は土方久元となった。った。反対論の高まりの中、井上は、二十九日事実上条約改正案を撤回せざるを得なくなった。

さて、対立の最中の二十三日、明治天皇は伊藤に「追々親近するもの丶中にも之を憂慮疑《ぎ》懼《く》するものあるを以て、親しく外務大臣に就て実情を聞知《ぶんち》せよと命じ」たから、外務大臣にもよく説明させよ、と述べた（七月二十三日付井上宛伊藤書簡、『伊藤博文伝』中）。説明せよというからには天皇にも不満があったのかも知れないが、反対と明瞭には述べていない。

また谷辞表聴許の翌日二十七日には、天皇は元田に、次のように漏らしている。土方の明《はるの》宮《みや》（皇太子）教育御用掛の後任に谷をと考えたが、伊藤の反対で佐佐木とする、条約改正は内閣と谷の熟議が足りない、改正自体は細部の修正を外国公使に申し入れなければならず、よって「今般之改正は先つ中止之見込」（「御内諭控」、「元田永孚関係文書」）である。元田の手記ではあるが、天皇の意向が中止に傾いていたと読み取ってよいのではないか。谷を明宮の教育係に登用しようとし、また翌年七月十三日には学習院御用掛に任命しており、谷への不信が発生しているわけでもなさそうである。

明治天皇が相談する相手は、やはり元侍補《じほ》たちであった。彼らが明治天皇の私的顧問団を形成していた。ところが明治天皇は積極的な介入を行わない。井上によく説明するようにと述べるだけであった。元田たちの意見は聞いており「機務六条」の担当者に下問せよの点を厳密には守っていないが、担当大臣の意見を尊重するという「機務六条」の精神は守っている。

明治天皇のこうした態度は、個別的には、伊藤への信任の高まりを示している。それとともに、制度的には、天皇を輔弼するのは内閣であるという原則を守ろうとしていることを示す。伊藤たち元勲には、意思の出現ルートの一元化という点で好ましかった。

こののち、政府が条約改正案をあきらめた頃から、民間で政府批判が始まり、九月に井上は外務大臣辞任に追い込まれた。また批判は伊藤に及び、宮内大臣を辞任した。後任は土方久元であった。坂本一登氏が、宮中を巻き込んだ体制危機として「明治二十年の危機」と呼ぶ内部分裂に見舞われる。

小康を保った後、伊藤は黒田清隆に首相の地位を譲り、薩摩閥との協調関係を強化し、自らは枢密院をつくり議長に転じ、憲法作成に専念することとした。黒田は、伊藤が任命した大隈重信外相と条約改正に取り組むことになる。ほかの大臣はほぼ留任である。

伊藤辞任は明治天皇にとっては思いもかけない事態であった。そこで「特ニ命シテ内閣ニ列セシム」という「班列《はんれつ》」という無任所大臣に近い資格を作り、制度的に伊藤を内閣の一員となした。

ところで、士族でありながら侍従職出仕となり侍従に進んでいた、元田永孚の親友の息子荻昌吉が、九月三十日に非職となっている。「明治二十年の危機」の余波であろう。

大隈の条約改正

大隈外相の条約改正も、井上の方針を踏襲したが、外国人裁判官を大審院に限り、法典の通知から編纂意思表明程度に変えるなど、日本が譲歩する点を弱めてはいた。憲法発布から三ヵ月を過ぎた明治二十二年五月三十一日、『ロンドンタイムズ』が掲載した日本の条約改正案が翻訳されて新聞『日本』に掲載された。やはり国辱的であると反対が起こった。

元田は、大隈の改正にも反対であり、徳大寺・土方・吉井と連絡して天皇に意見を奏上する、伊藤枢密院議長に働きかける、井上毅と連携する、枢密顧問官と連携する、谷や郷里熊本の政治団体紫溟会《しめいかい》と接触するという行動を取った。ついで元田は明治天皇の指示で大隈の意見を聴取し、七月二十二日に裁判官登用は憲法に反し、伊藤枢密院議長に下問するよう、明治天皇に報告している。それをうけて七月二十四日天皇は伊藤を呼び意見を聞いた。そして二十六日の伊藤・井上馨・大隈会談となる。伊藤は元田には、裁判官登用は憲法上問題であり、政府の維持が困難な事態になると述べており、反対に近い（沼田哲『元田永孚と明治国家』）。

会談で大隈は譲歩したが、二十八日になって黒田は辞意を表明、内閣の瓦解を恐れた伊藤は態度を後退させる。そして八月二日伊藤も出席した閣議が開かれた。伊藤は枢密院への諮詢を提案したが、結局、裁判官を帰化させることを外国に通知することが決まった。そしてこれ以降、黒田は閣議決定済みとして、条約改正問題を閣議にかけなくなった。

九月十九日天皇は元田に、反対の輿論が高まっているのだから、公文を取り消し中止にするか、修正案を作るか、このまま実行するか、伊藤の意見を聞くようにとの指示を与える。さらに閣議に枢密顧問官を呼び下問してはどうかとの意見を、伊藤に伝えさせている。それに対して伊藤は、まず閣議の開催が妥当であると元田に返信した（『伊藤博文伝』中）。

広義の政府では、やはり元侍補は反対であった。明治天皇も不満であった。司法権・立法権の侵害を恐れ、ひいては日本らしさの損壊を危惧した。明治天皇が学んだ理解では、裁可に当たって、天皇を助ける顧問府が存在するはずであり、それは枢密院以外にあり得なかった。伊藤は一時は枢密院開催を考慮したが、最後は反対した。

黒田清隆

伊藤は、黒田と会って説得を試みたが成功せず、憂慮する天皇からも逃げた。十月十一日には枢密院議長の辞表を提出する。十八日、大隈は玄洋社社員の来島恒喜《くるしまつねき》に爆弾を投げつけられ負傷した。黒田は内閣維持を断念、病臥中の大隈を除く全大臣の辞表をとりまとめて、天皇に提出した。後任は、なぜか宮中府中の別を乱すと非難されないが、三条実美内大臣が首相を兼任する。

元勲優遇

大隈外相の条約改正でも、明治天皇は、自らの反対の意思を直接に黒田にぶつけなかった。元侍補たちの反対運動にも乗らなかった。「機務六条」を遵守したのである。事態が落ち着けば、元勲たちには、天皇の行動が内閣の輔弼を優先していることは明瞭となったのではないか。こうして明治十年代前半の政治動向が予測できない天皇から、そして十年代末の恣意的行動を予測できない天皇から、元勲たちに安心感を与える天皇になった。元勲を「建国の父祖」と呼ぶ史家もいるが、明治天皇も「建国の父祖」の一員に加わったのではないだろうか。もちろん天皇と元勲は垂直的関係ではあるけれども。

一方明治天皇は、難問を抱える。ひとつは、藤波言忠の講義通りの顧問府が存在しないことである。憲法草案審議の時のように、顧問府で天皇自らが積極的に発言しようとは考えていなかったであろう。しかし顧問府が存在して多様な意見を聴取できるから、天皇は裁可に自信が持てる。だから、天皇は憲法草案審議の会議に励精した。元侍補やそれに近い顧問官たちが発言する場でもあった。ところが、憲法制定後は、伊藤も黒田も、天皇の望みにもかかわらず、枢密院を裁可に当たっての別角度からの検討を天皇に示す場とは、運用しなかった。

次の首相山県有朋はもっと露骨であった。明治天皇に「木像ノ如キ人ナリ」と評された（『保古飛呂比』十）大木喬任が伊藤の後任議長となった枢密院の官制を、明治二十三年十月七日改正した。枢密院諮詢事項を限定するとともに、会議が天皇の諮詢を待って開かれることにしたのである。枢密院が自らの意思で広範な問題に関与することは不可能になった。

今ひとつの難問は、元勲が勝手に辞めることである。優柔不断の三条でも約一八年間太政官のトップを務めた。それなのに、内閣制度が導入されると、ツートップがあっさりと政府を去る。特に信任を深めていた伊藤の去就は心痛であった。こうして明治天皇は、伊藤と黒田に「大臣ノ礼ヲ以テシ茲《ここ》ニ元勲優遇ノ意ヲ昭《あきらか》ニス」という元勲優遇の詔を出す。政府を去っても宮中では元勲の一人として扱うという宣言である。だから政府から全く離脱するという意思表示である。また大隈と井上馨のためには前官礼遇が設けられた。なお御厨貴氏は優遇を与えられた元勲を「「失意」のファウンディング・ファーザー」と呼ぶ（『明治国家の完成』）。政治に失敗した元勲へ政府留任資格付与の側面を重視した表現である。伊藤・黒田からすれば、失敗は慰撫されたことになろう。

そして天皇は、藩閥トップの争いは、自らが下問という形で収拾に動かなければ、対立を収める機会がないことも学んだのではないだろうか。

なお黒田が首相の権限で閣議を開催しなかったことを受けて、憲法と整合性を持たせるためにも、内閣職権が内閣官制に改められて、首相の権限が弱められている。

山県有朋と軍

三条は、達観していたのだろう、条約改正案の撤回が済んだ時点で兼任を辞した。後継首相は、山県有朋である。明治二十二年十二月二十一日、山県は首相の内命を受けると、すぐに天皇に、次に述べるような内容の上奏を行った。

――「内」に立憲政治を行い、「外《そと》文明国と比肩対峙」することは、「陛下の御宿志にして我政府維新以来の宏図なり」。したがって天皇も考えをめぐらせるべきであるが、天職を行うに「欠」はないか。自分たちは天皇への尊敬と忠誠を学んできたが、欧米の学を学ぶ若者たちは「儀文虚礼」では皇室を敬愛しない。「敬愛仰慕」を盛んにする道を取らなければならない。

欧州の帝王は、陸海士官を優待し、敬愛させる道が備わっている。日本の現状は、天皇は未だ大阪・名古屋・仙台の師団を訪れていない。「陸海軍を統帥し玉《たま》ふ陛下の天職に於て欠なき乎《か》」。横須賀進水式も概《おおむ》ね頭痛で出席しない。船酔い体質かもしれないが「少しく忍ばせ玉」え（「黒田首相辞任問題ニ関シテノ上奏文案」、「伊東巳代治関係文書」）。

皇室が敬慕されるべく行動を示せと、かなり辛辣に申し立てている。とくに山県が問題としているのは、天皇と軍の関係が円滑でないことである。

明治十年頃までは大元帥たるべく調練を行った天皇が明治十年代にはいると、たしかに軍への関心が薄れる。統帥事項に関しても、天皇の裁可が実現するには時間が掛かっている。山県の諫奏《かんそう》に対して、明治天皇は行動で受け入れを表明した。明治二十三年二月二十四日、軍艦八重山試乗のために横須賀に出かけた。そして三月下旬から五月下旬にかけて、陸海軍の連合大演習統監のために、愛知・広島・佐世保に行幸した。名古屋では豪雨の中を視察して、参加した武官を感激させた。軍艦での移動も厭わなかった。陸海軍連合大演習は、明治二十二年一月二十八日に、天皇が親臨して統監すると新しく定められたものであった。天皇がそれを受け入れるかどうかは、軍にとって大きな意味を持っていた。

六月七日には山県と小松宮彰仁《こまつのみやあきひと》親王が陸軍大将に任命された。これまで大将は、西郷隆盛の後、明治十年に任命された有栖川宮熾仁親王だけであった。

天皇の軍主流派へのわだかまりは、西郷隆盛を討伐したことにあった。そして四将軍派の存在が、軍主流へ距離を置くことを可能にしていた。ところが憲法発布の大赦で、西郷は国事犯の罪が赦免され、正三位が贈位されていた。つぎに四将軍派は明治十九年七月に陸軍から逐《お》われていた。第三に天皇と藩閥政府の密接化が伊藤の政治指導を中心に達成されていた。そこで天皇は山県の諫言を受け入れた。この半年の期間が、「天皇が山県らの期待する大元帥の役割を取得し、自己に納得させていく過程」であった（坂本一登『伊藤博文と明治国家形成』）。

山県有朋

こうして明治十年代以後の、明治天皇と軍との間の不安定な関係は一掃された。天皇の意思は、軍主流派以外には表出されない。軍に関する天皇の行動は、責任者の上奏が尊重され、恣意的な行動が抑制される。「機務六条」の軍における達成であった。

屋上屋を架したい。明治十九年七月陸軍紛議で四将軍派は軍を逐われたが、その時伊藤とともに山県も、参謀本部・四将軍派の、監軍廃止反対論を支持する調整を行った。翌年五月三十一日監軍は復活し、山県内務大臣の兼任となった。同時に軍事参議官が置かれた。軍事参議官は、「帷幄《いあく》ノ中ニ置」かれ、陸海軍大臣・参謀本部長・監軍をメンバーとし、陸軍に関するものは陸軍大臣・本部長・監軍が、海軍に関するものは海軍大臣・本部長、陸海軍に関するものは全員が審議する規定となっていた。軍令機関と軍政機関の意思統一を、天皇の下命で行う組織であった。ただし明治三十六年の改正まで、軍事参議官の専任者は存在しない。

監軍の復活は、軍主流が明治天皇の意向に配慮したことになる。明治天皇は、明治十八年八月、山県内務卿の参謀本部長兼任を解いているが、文官と武官の兼任は認めがたいという意向があった。その山県の内務大臣と監軍の兼任を認めている。明治天皇は、前年の陸軍紛議の際の山県の調整を評価したのであろう。

そして「徳大寺実則日記」では、参謀本部からの上奏を軍事参議官会議に付すという天皇の指示が、明治二十一年から二十三年にかけて時々見受けられる。黒田内閣では、伊藤内閣より軍事に関する勅令の帷幄上奏が増えた（永井和『近代日本の軍部と政治』）。天皇はどのように対処すればよいか。軍政事項の顧問府は枢密院が務めることは理屈上可能であるが、軍令事項の顧問府は軍事参議官しか見出せない。そしてそのメンバーは、参謀本部長熾仁親王と陸軍大臣大山巌とおおむね監軍に在任した山県である。明治天皇が意見を求めるには、軍主流である元勲たちとの関係を構築するしかなかった。この点でも、山県を信頼する必要があった。

加えて大隈条約改正問題で、伊藤と黒田が傷ついた。議会開催は近い。明治天皇は危機感を持って山県内閣の維持に協力した。内閣への出席も多い。徳大寺侍従長は明治二十三年七月十九日の日記に、炎熱の中日々出御《しゅつぎょ》、万機《ばんき》親裁倦怠《しんさいけんたい》の色なく、「聖慮《せいりょ》敬服ノ外《ほか》ナシ」と記した。

教育勅語の制定

山県は、教育勅語制定にも努力した。海後宗臣氏の研究を基に経緯を述べていこう。きっかけは明治二十三年二月の地方官会議に出席した府県知事が、教育が知育に偏っており、徳育を強化するよう求めた建議にあった。会議の中では、「陛下直接御親裁」を求める意見も出た。

山県は、若い世代の間で尊王の観念が弱まっていると考えていた。また政党の活動を敵視する人物であった。地方官の動向を承けて、「軍人勅諭ノコトガ頭ニアル故ニ教育ニモ同様ノモノヲ得」ようと考え、天皇の意思の表明である勅によって道徳教育を教化することに乗り出した。山県は、文部大臣を、山県が内務大臣時代に次官を務めた芳川顕正《よしかわあきまさ》に替えた。芳川の人望の無さに交代をためらう明治天皇に、教育の将来の基準を定めるために自ら指示する必要があると説得した。

文相となった芳川は、早速に、女子高等師範学校長中村正直《なかむらまさなお》に草案を作成させた。五月末頃にできた草案を、山県は井上毅法制局長官に示した。井上は、「君主ハ臣民ノ良心ノ自由」に干渉しないのが立憲政体であるとし、教育の勅諭は「政事上ノ命令」でなく「社会上ノ君主ノ著作」とすべきであること、内容が宗教上や哲学上の教義に似ていることが争いを勃発するおそれがあることなど、問題点を指摘して反対した（「教育勅語意見」、『井上毅伝』史料篇第二）。そして二十五日には自ら筆を執った案を送っている。井上は、伊藤博文の「教育議」の原案作成者であったが、その観点を維持して立論している。国家は宗教など内面に関与すべきでない、したがって政治上の勅語でなく君主の著作とせよという意見である。

さて、明治天皇は、元田の講義を受けて、儒教的徳目を重んじていた。明治十年代前半には学生の欧化を苦々しく見ていた。知育偏重から徳育重視という構想は、賛成できるものであった。七月下旬、山県は中村案と井上毅案を上奏し、内意を伺った。天皇は八月下旬までに、元田に検討を下命した。元田は井上と共同して教育勅語の作成に乗り出した。文部省も協議に加わり、九月二十六日閣議請議となった。閣議では、教訓は君権の関与するところではないという意見や、攘夷論が再燃し外交上問題とならないかという意見もあったが、決定に至った（芳川顕正「教育勅語渙発由来」、稲田正次『教育勅語成立過程の研究』）。

十月三十日教育勅語は下付された。内容は、おおよそ次のようなものである。――皇祖が国を始め徳を建てた。臣民が忠孝を重んじるのは、皇統が続く国家体制の純粋で優れた点である。教育の源もこの点にある。父母に孝、兄弟に友、夫婦に和、朋友に信を尽くし、学を治め、公益に励み、憲法を遵守し、緩急あらば「義勇公ニ奉シ」「皇運ヲ扶翼《ふよく》」せよ。皇統神話と通俗的儒教道徳をつなぎ合わせたものである。だから万人に受け入れやすい。

問題は、今も否定しがたい人が多いであろう孝から始まり、最後に忠としてまとめられていることである。

勅語は各学校に配付された。第一高等中学校は、翌年一月九日、勅語奉読式を行った。奉読後、教員と生徒は拝礼することとなったが、クリスチャン内村鑑三は、軽く頭を下げただけであった。十字架以外には礼拝したくなかったからである。これが問題となって、内村は退職に追い込まれる。教育の場では、儀式として奉拝が強制されていった。井上の意図とは異なって、天皇の権威と直接つながる文書として、やがては国民を拘束する。

神祇官設置運動

佐佐木枢密顧問官は、明治二十三年六月、神祇官の復興を求める建議を山県首相に提出した。祭祀の式典が宮内省式部寮の一部となって形骸化し、このままでは風俗は軽躁となり、禍害が皇室に及ぶ可能性がある、神祇の崇拝は皇国の礼典であることを知らせるために、神祇官を復興せよという内容である。八月九日になって、明治天皇は徳大寺侍従長を小田原の伊藤のもとに派遣し、意見を求めている。

第二章で述べたように、神祇官を復興させたエネルギーは、天皇が皇室の祖先祭祀を自ら行うことに収束した。国民教化のための宣教は、僧侶も担い手とする教導職設置となり、明治八年には各宗派がそれぞれに国民教化を担うこととなった。宣教も分裂して弱体化する。明治十五年一月には、内務省は神官が教導職を兼任することと、葬儀に関係することを禁じた。内務省の伺では、教導職は宗教者であるからと説明する。そこで神道史では、神道が一般の宗教と異なると捉えられたと、つまり神社非宗教説となったと解釈されている。

神社非宗教説とは、神社は一般の宗教と異なるから、如何なる宗教も上位から包摂するという考え方で、昭和期の神社神道を国民に強制する論理とされる。ところが明治期にこの原型を唱え出したのは真宗本願寺派（西本願寺派）の僧侶の島地黙雷《しまじもくらい》らで、だから祖先祭祀を中心とする神社と神道を区別せよ、神社と仏教は対立しないという理屈であった。内務省が神社非宗教説を採ったからといって、神道保護となるとは限らない。

明治十七年八月、内務省は政府が宗教に干渉することは弊害が多いとの理由で、教導職を廃止した。この時葬儀が自由に行えるようになり、キリスト教も葬儀を行うことが可能になった。そこでキリスト教公認に一歩近づいたと評価されている。そして明治十九年には「神社改正之件」が政府の方針となり、神社は伊勢神宮を除き財政的に自立することが目標となった。

こうした神社乃至神道への政府の冷淡さを受けて、佐佐木は建白に乗り出した。さて明治天皇が伊藤に下問したということは、佐佐木の建白に少なくとも関心があったことを示している。伊藤は反対の奉答を行ったらしい。その後復興派は戦線を拡大、閣内では山田顕義司法大臣が熱心に支持した。元田も参入して、伊藤に神祇崇敬はしないのかと迫り、伊藤は必要であるが自分は今は政府外であると回答、逃避した。元侍補は神道に関心が深かった。しかし、結局は復興論はどのような形でも閣議を通過せず、明治二十三年の暮れを迎えた。

伊藤は逃げたが、反対であった。井上毅法制局長官は、礼典は国務に非ずと明快に述べており、信仰の自由に国家が介入することに反対であった。ただ宮内省の一局とすることには賛成した。また、青木周蔵外務大臣が、条約改正の障害となると反対して、閣議で成立しなかったという風聞も漂った。確かに青木や井上馨は神祇官再興には反対であった。

要すれば、教育勅語の時と同様に、政府が宗教や思想に介入することを避けようとする意見が閣議では強かった。天皇の意思として忠孝の道徳を奨励することまでは閣議で多数となるが、宗教を奨励する国家機関を創るとなると閣議では多数派とならない。この振幅が、元勲クラスと内閣員の認識であった。

明治天皇は明治二十五年一月山田を枢密顧問官にするときに、神祇官復興運動に関わらないことと釘を刺している。天皇は、元侍補たちに考えが近いから神祇官復興を考慮したが、憲法第二八条で信教の自由が規定されている以上、伊藤や井上毅の方針を支持したのであろう。

明治二十四年三月、明治天皇は佐佐木に、伊藤は才力に任せてわがままだと述べ、佐佐木は頑固で忠良な人物を採用した方がいいと答えた。四月にも、明治天皇は、欧州にてはビスマルク、清では李鴻章《りこうしょう》、日本では自分と伊藤が大天狗になったと話し、佐佐木は忠直の人の養成と採用が良いと答えている。明治天皇は伊藤に不満もあったのだろう。しかし佐佐木が伊藤の替わりが必要ですと踏み込むと、話はそれで終わりとなっている（津田茂麿『明治聖上と臣高行』)。

明治天皇は元侍補たちと考えは近い。自分を政治的に育ててくれた、考えの近い年長者に、つい愚痴をこぼしている風景である。

元田は明治二十四年一月二十二日に没した。伊藤への不信任ではない。

上している。吉井友実は四月二十二日に亡くなった。伊藤は替わりの人選を行わないよう天皇に言元年(七七〇)の藤原永手《ふじわらのながて》以来の生前正一位を与えられた。三条は二月十八日遠逝。直前に、宝亀《ほうき》佐木は六二歳。宮内大臣となった土方は、伊藤に近づいていく。明治天皇は、私的顧問団を失い、佐佐木は愚痴をこぼす相手となった。

大津事件

明治二十三年十一月、ロシア皇太子ニコライ・アレキサンドロヴィチはシベリア鉄道起工式に臨席するために、極東旅行に出発した。旅行は観光旅行の類で、日本訪問も非公式であった。しかし欧州の皇太子の初訪問であり、シベリア鉄道による軍事バランスの変容もあって、日本は国賓の礼を以て接遇することとした。ニコライは明治二十四年五月九日神戸に上陸して京都に入り、十一日琵琶湖遊覧に赴いた。有栖川宮威仁《たけひと》親王が同行する。午後一時三〇分頃、大津の京町で、警備に当たっていた警官津田三蔵《つださんぞう》が抜剣してニコライに斬りかかった。ニコライは頭部に長さ七センチと九センチの傷を負い、一つは骨膜にまで達していた。

津田の動機は、公判では、ニコライの来日が侵略のための軍事視察と捉えたためとされている。

ニコライ襲撃の報を受けて、政府は狼狽する。威仁親王は、明治天皇に、慰問の電報と京都への行幸を要請した。天皇は翌十二日午前六時三〇分の汽車で京都行きを決める。また箱根にいた宮中顧問官伊藤博文を召致した。伊藤は午前一時過ぎ参内、天皇は御寝の間で面会した。

十二日午後九時一〇分京都着。ロシア側の要望もあり、見舞いは翌日午前一一時頃となった。その後ロシア軍艦で療養するために神戸に戻るニコライを、同車して神戸に送った。

十九日、明治天皇は離日するニコライを神戸御用邸に午餐に招いた。ロシア側は辞退し、逆に天皇をロシア艦に招待した。京都御所内にいた伊藤・黒田清隆・西郷従道内務大臣・青木外務大臣などは、もしそのままロシア艦が日本を離れれば天皇が誘拐されると危惧して決断が付かなかった。そこで天皇に判断を求めたところ、天皇は直ちに受諾を決定した（「長崎省吾談話速記第一回」）。ロシア艦では午餐をともにし、談笑した。ロシア公使は、天皇がこれほど声高に話すのを初めて聞いたというほどであった。最初の見舞いのときには「ご心労のあまり顔がひどく醜く見えるほどにやつれていた」明治天皇は、「陽気かつ元気に歩かれており、両足が進んで陛下のいう

ニコライ２世　1894年に帝位につき、ロシア最後の皇帝となる

ことをきくようになっ」ていたと、ニコライは日記に記している（保田孝一『最後のロシア皇帝ニコライ二世の日記』）。

外出嫌い、外国人嫌い、船嫌いの明治天皇の即決と行動であった。日露関係の難しさを、天皇は十分に認識していた。元勲たちは、自分たちと同様の判断ができると安心したであろう。

そして天皇自らがロシア皇太子を見舞わなければならなかったことは、国際関係における天皇（元首）の領域を元勲たちに認識させたであろう。政治とは決断であるという。決断をした天皇の威信は高まる。しかも元勲たちでは処理できない領域において。明治天皇は、元勲たちにとって、元勲の一員であるとともに、上位の威信をまとった存在となったと思われる。

4　日清戦争の決断

議会開設と政党否認論

明治憲法では、議会に立法権と予算制定権を与えていた。元勲・薩長実力者たちは、議会と政党をどのように捉えていたか。

著名なのは憲法発布時の黒田清隆首相の超然主義の演説である。政府は政党から超然として（無関係に）存在するという政治方針を述べ、政党内閣を否認した。同じ頃、伊藤博文も同様の演説を行っていた。黒田だけが特別ではなかった。では元勲たちはどのような理由で超然主義を主張したのであろうか。

まずは自分たちこそが政権担当能力があり、万国対峙という国是を追求しうるという自負があった。つぎに薩長実力者たちは、政党を「私」党と見なした。社会の一部の利益を守るための団結が政党である、それゆえ公益を追求しない存在と捉えた。そして自分たちこそ国是を追求できるという考え方は、権力を守るという行動を正当化するものであった。

帝国議会第一次仮議事堂　第１回帝国議会召集前日の明治23年11月24日に完成し、わずか２ヵ月後に焼失した

つまり国会が存在する立憲政治を開始したが、現実の政党はせいぜい必要悪であり、政党内閣は認めないというのが、元勲たち薩長指導者の共通認識であった。であるならば、その一員といってもいい明治天皇が同様の考えを持っていたとしても、何の不思議もないであろう。
加えて、明治天皇には議会の権限を小さくしたいと考えていた侍補たちの影響もあったはずであり、「建国の父祖」の中でも、政党否認論が強い方であったと考えられる。
明治二十三年（一八九〇）十一月二十九日、第一回帝国議会が開会した。その年の七月の第一回総選挙の結果、自由党系・立憲改進党系（民党）が衆議院の六割近くを占めた。かれらは民力休養・地租軽減を唱えて、政府予算の削減を主張した。東洋最初の議会を失敗に終わらせたくないという配慮から自由党土佐派が削減額を縮小した予算案に賛成し、辛うじて予算は成立した。

第一議会で、予算制定権を与えた以上、衆議院の賛成がないと予算が成立しないことがはやくも明らかになった。法律に関しても同様である。さらに、商法が、欧化主義的であると非難され、延期法案が衆議院だけでなく貴族院でも成立してしまう事態が発生した。担当の山田顕義司法相は法律不裁可権の行使を唱えたが、政治状況から行われなかった。不行使は慣例化する。こうして政府には、法律も予算も成立させるためには、衆議院の多数党と何らかの取引を行わなければならないことが明らかになった。第一議会の予算の成立は、僥倖《ぎょうこう》であった。

選挙干渉の混乱

第一議会で疲弊した山県有朋首相は、明治二十四年四月九日辞意を表明した。後任には貴族院議長となっていた伊藤博文の名をあげ、井上馨に交渉させるように提案した。しかし伊藤は受けず、薩派の松方正義が首相となった。直後に大津事件である。西郷従道《さいごうじゅうどう》内相らが辞職する。結果として松方内閣は、元勲が閣僚に存在しない内閣となった。紙幣整理を断行した松方であるが、「後入斎」といわれ、後から聞いた意見になびいてしまう優柔不断な性格であった。内閣の弱さと自らの性格から、松方は明治天皇に上奏して政治を行うというスタイルを取った。十月一日には、天皇に火金の閣議への出席を要請している。明治天皇は前年の十二月二十六日を最後に閣議に出なくなっていた。議会と対峙すべきは内閣（行政）であり、天皇（国王）が前に出るべきではないという判断だったかもしれない。明治二十四年十二月二十三日松方内閣で議会乗り切りのため御前会議開催説が出たときに、松方を補佐していた枢密顧問官井上毅はこの理由で反対している。

さて帝国議会は、二回目であり、政府も政党も妥協を探らなかった。十二月二十五日衆議院は解散となり、政府は政府支持議員の拡大を目指した。明治天皇もその政党観からすれば、当然に支持する。その結果、明治天皇や松方、さらには品川弥二郎《しながわやじろう》内務大臣の予想を超えて現場が暴走、明治二十五年二月に行われた第二回臨時総選挙は死者二五人が出る暴力選挙となった。選挙干渉の発生である。しかしそれでも、選挙結果は民党が過半数を占めた。

選挙干渉の善後策の対立が長引いて、明治二十五年七月、松方は辞表を提出する。

和衷協同の詔勅

後継は伊藤博文であった。伊藤は、「明治政府末路之一戦」（七月三日付井上馨宛山県書簡「井上馨関係文書」）と、首相を引き受けるに当たって元勲の総入閣を要求した。つぎに、伊藤の考える天皇政府関係から逸脱した、事ごとに天皇の内意を聞いて閣議に諮《はか》っていた天皇と松方内閣との関係を一掃、天皇に「万事御委任あらせられたし」と、政治を任せるように求めた（『明治天皇紀』第八）。こうして政治力を強め、自由度を高め、第二次内閣を組織した。

しかし意欲で状況は好転しない。第四議会で、衆議院は、政費節減と新規の軍艦建造費の削減を目指した。そして政府弾劾の上奏案を可決した。伊藤は、勅答を下し政府との協議を始めさせるか、解散を命じるかのどちらかを天皇に提案する。天皇は明治二十六年二月十日にいわゆる「和衷協同の詔勅」を出し、政府と議会の協調を求めた。政府は行政費削減を行い、天皇はお手元金（内廷費）から毎年三〇万円を六ヵ年にわたって拠出し、官僚は俸給を一割還納して軍艦建造費に充てる、そのかわり議会は予算を認めるという方法であった。

この詔勅は、公文書としての詔勅であり、閣僚が副署している。つまり内閣の要請に明治天皇が同意して出された。天皇が、内閣を越えて議会との関係を築こうとしたのではない。議会の上奏に答える場合でも、明治天皇は伊藤や内閣に下問して、態度を決している。そして「和衷協同の詔勅」の場合、信任する伊藤であったから、詔勅を出すことに同意したのであろう。

政党は、シベリア鉄道が起工され、海軍力で清に劣っている現状からすれば、海軍の不透明性と政府の傲慢さを批判するが、軍艦建造そのものを否定する意見は少なかった。万国対峙という目標は、政府と共有されていた。だから詔勅を受け入れた。このことは、天皇が公共を担う裁定者として現れることを、社会は、少なくとも議会は確認したことになる。

伊藤はやむを得ず、天皇の信任という政治資産を使った。しかし、国王から自立した政府という伊藤の理想からは逸脱であった。またもし議会が受け入れなかったら、天皇の権威は大きな傷を負うことになる。実は危険な方策であった。第五議会・第六議会では、陸奥宗光《むつむねみつ》外務大臣と進めていた条約改正交渉について衆議院で責め立てられて、伊藤は解散を続けた。はたして伊藤には、「明治政府末路之一戦」に展望があったのだろうか。なお第四議会までの交渉で、既定の歳出（憲法第六七条）も、削減できない費目を限定的に解釈することが慣例化する。また一つ、安全装置は役に立たなかった。

第六議会解散中、条約改正が実現する。イギリスが、ようやく領事裁判権の撤廃を容認した。明治初年来の国家目標である万国対峙の一つが達成された。

そして日清戦争が勃発する。対外戦争中ということで、第七議会と第八議会は政府支持の大合唱の中、平穏のうちに終わる。第二次伊藤内閣は、戦前では二番目の長期政権となった。

日清戦争起こる

一八九四年（明治二十七）、朝鮮で東学党《とうがくとう》という宗教結社の反乱が起こり、一般農民まで拡大した。甲午《こうご》農民戦争と呼ばれる。宗主国清《しん》は朝鮮に軍を派遣して、鎮圧に協力した。日本も派兵権があると主張し、出兵した。反乱は沈静化したが、日本は朝鮮の共同改革を清に提案、清が拒否したことで、この年八月一日、日本は清に宣戦を布告した。

宣戦布告後、土方久元宮内大臣は、伊勢神宮と孝明天皇陵に宣戦の奉告のために派遣する勅使について、明治天皇に相談した。すると天皇は、今回の戦争は「素より不本意なり、閣臣等戦争の已《や》むべからざるを奏するに依《よ》り、之れを許したるのみ」、伊勢神宮と孝明天皇陵に奉告するのは、「朕甚《はなは》だ苦しむ」と述べた（『明治天皇紀』第八）。日清戦争には反対であり大臣の要請によって許したのであるから、先祖に報告などしたくないとの拒絶であった。土方が諌めたところ、天皇はお前の顔など見たくないと激怒した。翌朝自省した天皇は土方に人選を報告するように伝え、とりあえず事態は収まった。

しかし十一日の宮中三殿での宣戦の奉告祭にも、天皇は出御しなかった。結局式部長の代拝で祭祀は執り行われた。欠席は、天皇の同じ気持ちの表れであろう。

明治天皇は避戦論者であった。父孝明天皇の攘夷論は、表現においては熾烈であったが、行動においては慎重であった。影響力は限定的と思うが、元侍補は、明治初期の攘夷派と異なり、欧化反対論者ではあったが対外強硬論者ではなかった。なにより、天皇が信頼を高めていた伊藤を中心とする長派が、征韓論政変以来、国力の判断から対外進出に抑制的であった。こうして、冒険的な対外進出は避けるという考えが培われていたと思われる。

加えて、明治天皇は、負けることへの怖れが大きかったと思われる。践祚《せんそ》の後中山忠能《ただやす》が明治天皇に述べた、国を自分のものと思ってはいけない、という考え方は、近世に広まっていたイエの思想と共通性がある。例えば上杉鷹山《ようざん》が養嗣子に与えた「伝国の辞」では、国家（藩）も領民も「私」のものではないと強調する。藩は先祖から子孫へ伝えられるもので藩主の私有物ではない、領民は藩に属する、藩主は藩と領民のための存在であると主張する。藩主のイエは、領民をも構成員とするイエに拡大し、そのイエと領土とを公共の存在として継承していくことが藩主の任務であった。天皇の地位も、国土も、国民も、明治天皇一代のものでなく、伝えていかねばならない公共のものであった。そして「連綿」と続いているという意識によって、伝える義務感は、一層強くなる。帝位と国家を危うくする冒険策は取りたくなかった。

しかし拒否は一時的なものであった。落ち着けば元勲たちの意向は了解できた。天皇は戦争指導に精励する。

広島大本営

清との緊張が高まるなか、六月五日、戦争指導のための大本営が設置された。七月十七日には、初めて宮中で大本営会議が開かれた。明治天皇出席の下、参謀総長・陸海軍大臣・軍令部長などが出席したほか、山県有朋枢密院議長が出席を命じられる。二十七日には伊藤首相が出席を命じられる。山県は現役の大将であるが、伊藤は文官であった。首相が統帥を知らなくては困るとの判断があった。こうした智恵があって、明治憲法の割拠性は問題化しなかった。

八月二十七日には、長州出身・元陸軍次官の岡沢精《おかざわくわし》少将が侍従武官となった。侍従（侍中）武官の設置は、明治六年頃から陸軍を中心にくすぶっていた問題であった。当初は天皇と軍を直結するために提案された。参謀本部が設立され軍令が天皇と直結したことで、連絡係としての設置論に変わる。明治十八年になって、ドイツに倣って、皇帝に直属して儀礼・人事を管轄する侍従武官局即ち軍事内局の設置構想が発生する。これは政府組織全体にも関わる問題であり、陸軍主導に反発する海軍の意向もあり、暗礁に乗り上げた。

連絡係は必要であるから、侍従が軍人となることで解決が図られた。天皇親政運動の際に、元侍補の侍従長米田虎雄《こめだとらお》を陸軍中佐に、同じく山口正定を海軍中佐にしており、さらに岡田善長《おかだよしなが》少佐らが御用掛になり、明治十七年には岡田は侍従になっていた。翌年には侍従毛利左門《もうりさもん》が海軍少佐に、侍従試補広幡忠朝《ひろはたただとも》が陸軍中尉になった。軍の視察などは主に彼らが担当した。

明治二十六年五月の戦時大本営条例で、軍事内局と侍従武官の設置が決められた。大本営が設置されると、軍令関係の上奏は増大する。これまでは、軍令関係の上奏は、説明は参謀総長が行い、書類の上奏は徳大寺実則侍従長が行っていた。文官の侍従長が、増大する軍令文書を上奏するわけにもいかない。そこで、軍令関係の上奏を取り扱う機関として、ドイツ的な要素とは無関係に、設置されたのではないだろうか。戦後常置が考慮され、明治二十九年四月一日大本営の解散とともに、軍事内局は廃止され侍従武官官制が定められた。そして軍令関係の上奏は侍従武官の管掌とし、陸海軍大臣と原則的に監軍の上奏は侍従長の管掌となった。また陸軍が設置を主張し続けたからか、武官長は以後陸軍が占めた。

さて、通信状況を考えれば、戦争指導は戦地に近い方がいい。また士気を高める必要もあった。東京からの鉄道の終点でもあった広島に大本営が移ることになり、天皇も九月十五日、広島に移動した。そして戦争指導を行うことから、軍服をつねに着用するようになり、その習慣は戦後も継続した。

広島では、天皇は、士気を鼓舞するために広島に赴いたという意識の下、師団司令部の二階の一室を御座所として、食事は執務テーブルでとり、夜になるとベッドを入れ、寝食を執務と同じ一室ですませた。増築は許さなかった。明治二十八年三月に皇后が女官と広島に来るまでは女官は存在しないから、日常のことも侍従が奉仕した。日野西資博《ひのにしすけひろ》は風呂の準備や世話を、天皇から教わりながら行ったと回想している。夜はベッドの側で、日野西と広幡忠朝が日替わりで袴を着してうずくまっていたという。もちろん、蹴鞠《けまり》、楊弓《ようきゅう》、書画鑑賞など息抜きはあったが、不自由な生活を送っていた（「子爵日野西資博談」「斎藤実談話速記」）。

東京への凱旋

日清戦争は、世界の予想と異なって日本の勝利に終わった。翌年三月二十日から下関で、日本全権伊藤博文首相・陸奥宗光外相と清国全権李鴻章《りこうしょう》との間で講和会議が始まった。四月十七日講和条約が調印された。清は、朝鮮の独立を承認し、遼東《りょうとう》半島・台湾・澎湖《ほうこ》諸島を日本に割譲し、二億両《テール》（約三億六〇〇〇万円）の賠償金を払った。

戦中のストイックな天皇の姿は、国民に示された。天皇とともに戦ったという感情が醸成されていった。

五月三十日、明治天皇は東京に凱旋する。楽隊が「君が代」を演奏する中、午後二時御料車が新橋停車場に着いた。天皇は馬車に乗って宮城に出発する。馬車の覆いははずされている。日比谷通りには、清水組が設計した、長さ一町（約一〇九メートル）に及ぶ凱旋門が設けられていた。その後にも、東京市の建設したアーチなどが続いていた。馬車列は凱旋門を

日清戦争の凱旋門　東京・日比谷に建てられた。「聖徳無疆」の文字がある

とおり、アーチを抜け、新幸橋を渡る。鹿鳴館の手前を左折して霞ヶ関に向かい、外務省の角を左折、桜田門から二重橋をわたって、二時四五分頃宮城に到着した。ジグザグの道筋を通って、市民の万歳の声を受けた。大元帥明治天皇の戦争指導の下、戦争に勝ったという熱狂があった。

国家の運命と自分の運命とを重ね合わせるのがナショナリズムである。ナショナリズムを感じる層が、日清戦争の経験で拡大した。ナショナリズムの中心には、天皇が存在していた。

靖国神社臨時大祭

日清戦争は二四万人あまりが動員され、死者は一万三四八八人であったとされている。明治二十八年十二月十五日、靖国神社では招魂《しょうこん》祭が行われた。

前史はあるが、明治政府が戦死者を神道形式で祀ったのは、明治元年六月二日江戸城西の丸大広間で行ったのが最初であった。七月十日と十一日には、京都の河東操練場でも行われた。明治二年六月二十九日、軍務官（のち兵部省、陸海軍省）によって東京招魂社が設立された。明治天皇は永代祭粢《さいし》料として一万石を与えた。明治七年一月二十七日、明治天皇の初めての行幸があった。

明治十二年六月四日招魂社は靖国神社と改称され、別格官幣社となった。

本書で述べてきたように明治初年の祭祀の整理は、天皇が、皇祖神天照大神と皇霊を、合わせて天神地祇を、親祭することで落ち着いた。その構想からすると、戦死者を祀る神社は別の構想となる。戦前の神道を考える場合、おそらくは早々に思い起こされる靖国神社は、明治初年の祭政一致からは生まれない。

靖国神社　明治２年に東京招魂社として創建され、明治12年靖国神社と改称された

その一方で国家のために命を落とした人々を慰霊しようという感情は、起こって当然だし、行わなければその後の士気にも関わるであろう。江戸開城の後、とりあえず江戸と京都で慰霊が行われる。その形式は、祭政一致が唱えられた明治初年では、神道形式で行わざるを得ず、招魂祭として行われた。明治二年の恒常的な施設は、神祇官ではなく、軍務官によって設立された。明治十二年になって靖国神社となり、忠臣を祀るために新たに創建となった神社と同様、別格官幣社という社格が与えられた。

日清戦争後の招魂祭の次の日、十六日から十八日にかけて臨時大祭が開かれた。十七日には明治天皇が親拝した。十九日には直会祭が行われた。そして軍楽・舞楽・能・相撲などの余興が行われ、見せ物小屋も出て、遺族だけでなく、大勢の参拝者でにぎわった。戦死者の慰霊の場である靖国神社への関心も、日清戦争で高まった。

神官は葬儀には関与しないというのが、明治十七年の結論であった。しかし戦死者を神として扱うことで、靖国神社は慰霊を行った。この例外的な神社が、魂の供養を求める感情を、神社に引きつけることとなったのではないだろうか。葬儀をしない非宗教の神道では、カミとホトケを区別せず祈る国民的宗教の期待に応えられないということだろう。

5 政友会の成立と立憲政治の安定

日清戦後議会

明治二十年代の政府と議会の関係は、日本近代史研究屈指の名著坂野潤治氏の『明治憲法体制の確立』で説明されている。坂野氏の研究をもとに説明しよう。

前節で述べたように、政府が政党の賛成を獲得しない限り法律と予算を成立させることはできなかったが、政党の意思の実現にも、政府の合意が必要であった。予算案を否決して、政府から譲歩を勝ち取っても、民力休養とするためには減税法を成立させなければならない。衆議院で法律が可決されても、貴族院が反対する限り成立しないからである。

そこで第二議会終了後から、政府の側では井上毅が、削減された予算を、国民が支持するであろう産業化政策に使うという「積極主義」を提案した。一方議会は、現在若干見解が分かれているが、第三か第四議会に、どうせ減税してくれないのであれば、鉄道整備に支出させようという動きが出てくる。こうして減税よりも地域社会への還元という論点が成立する。「民力休養」から「民力育成」への転換である。

自由党では、この転換を星亨《ほしとおる》が推進した。その結果、自由党は、日清戦争前から第二次伊藤博文内閣に対立する姿勢を軟化させていった。

日清戦争後の第九議会では、星亨の尽力もあって、自由党は政府の戦後経営予算の支持に回った。時代とともに進行する米価上昇は、農家の所得を増やした。ところが地租は、改定されない地価にかかる税であるから、税額は変わらない。その結果痛税感が減少する。それならば減税より地域社会に還元される産業振興策の方がよいという考えになる。

また日清戦争後に起こった、露・仏・独の遼東半島の清への還付勧告すなわち三国干渉を、日本は国力から受け入れざるを得なかった。政府も自由党も、ロシアに対する防衛のための軍拡が必要と考えていた。そこで自由党は政府の予算案を支持した。

第九議会終了後の明治二十九年四月、伊藤は板垣退助《いたがきたいすけ》を内務大臣とし、若干の政党員を政府に登用した。こうして政党と提携することで、議会政治を安定させる方法を示したのである。しかし伊藤はこれ以上の譲歩をするつもりはなかった。新しい議会を迎える前に総辞職した。

次の首相は松方正義であった。松方はパートナーに進歩党（立憲改進党系）を選び、進歩党指導者の大隈重信を外務大臣に迎えた。局長や府県知事など、与えたポストは伊藤より多い。政党との提携の継続は、与えるポストの拡大をもたらした。

明治天皇は、日清戦後は伊藤に政治を任せたからか、伊藤を含め、政府首脳の拝謁が極端に減る。前にも記したように、『明治天皇紀』は拝謁を網羅していないが、土方久元宮内大臣でさえ、「御《お》直々《じかじか》申上候御用之外は拝謁も至《いたっ》て稀《まれ》なり」と述べて困惑するほどに（『佐佐木高行日記　かざしの桜』明治二十九年七月二十二日条）、文書上奏にともなう短時間の御用以外の拝謁は減少した。対照的に松方内閣になると、第一次内閣と同様、松方は頻繁に天皇に拝謁している。

第二次松方内閣は、地価修正問題で行き詰まった。国家予算は、日清戦争前の約八〇〇〇万円から三倍近くなった。清からの賠償金が財源となったが、限界があった。そこで、地価を高く修正、つまり増税を図ろうとした。痛税感が減少しているとはいえ、増税となると話は別である。明治三十年十月、進歩党は松方内閣と手を切った。十二月には異例の天皇の勧告で、松方は辞任した。

大隈内閣成立事情

後継内閣は伊藤博文であった。これまでのやり方でいけば、自由党と提携すればよかった。ところが伊藤は、より安定を求めて、あるいは超然主義復活を求めて、自由党と進歩党の両方との提携を模索した。全政党と等距離が保てれば、偏らない点で、それも一種の超然主義であった（佐々木隆『藩閥政府と立憲政治』）。しかしポストの価値は下落している。両方の満足を得ることはできない。両方ともに提携交渉が巧くいかず、選挙に突入する。選挙後、自由党と進歩党は合同し憲政党を結成、衆議院の約三分の二を占める大政党が成立した。

明治三十一年六月二十四日、組閣時に次いで二回目の御前元勲会議が開かれ、対応策が協議された。伊藤は、衆議院の多数党が必要であるが、現在の政党では満足できないとして、自ら政党組織に乗り出そうとした。ところが山県は、たとえ伊藤の組織した政党でも、それを与党とすれば政党内閣である、と述べ、伊藤の構想を否定した。

明治天皇は伊藤と直接に相談、大隈・板垣の入閣を含めて伊藤に首相を任せたつもりが、伊藤は大隈・板垣に政権委譲を交渉することを任されたと解釈し、大隈に後継首班指名が伝えられてしまった（佐々木隆『明治人の力量』）。伝わったものは仕方がない。こうして初めての政党内閣である第一次大隈内閣が六月三十日に成立し、板垣は内務大臣になった。

成立直後、山県・黒田・松方の間で、大隈内閣が憲法改正を行って政党内閣制を導入するのではないか、明治天皇がそれを認めるのではないかという疑念が発生した。三人は連絡を取って、枢密院へ諮詢することなどを提案したが、天皇の危機感は薄く感じられた。しかしこれは憲政党内閣への危機感を抱いた三人の妄想ではなかったか。明治天皇も徳大寺も政党内閣を好んではいなかった。三人が何をいきり立っているか理解できなかったであろう。

八月後半になって、尾崎行雄《おざきゆきお》文相の共和演説問題が起こる。尾崎が、もし日本が共和政治であったら、三菱や三井の当主が大統領候補となる、だからけしからんという内容であったが、共和政治が問題となった。天皇の否定を仮定したとの非難を尾崎は浴びることになった。

そもそもポストの配分に問題があった。多数派の自由党系の方が大臣ポストが少なかった。進歩党系の尾崎が辞任すれば、自由党系にポストが移るかも知れない。自由党系は尾崎を攻撃した。

十月に入り、板垣は尾崎弾劾の上奏を行った。それを受けて、明治天皇も尾崎の辞職を要求した。明治天皇は、教育勅語を支持したように、道徳教育を重視していた。第一次伊藤内閣では森有礼の文相登用に、第一次山県内閣では芳川顕正の採用に懸念を示し、折を見て谷干城を起用しようとしていた。第一次松方内閣では、土方久元が文相に擬せられていたが、松方が天皇の意思を忖度《そんたく》したと思われる。その教育分野での失言であった。ただし天皇の行動は、板垣の上奏を受けてからの行動であり、積極的能動的行動ではない。

尾崎の辞任を契機に両派の対立は激化し、大隈内閣は自壊する。政党だけで政権を維持するには、まだ政党の力は弱かった。

後継は山県内閣であった。山県は穏当に、自由党系のみで形成された新しい憲政党を交渉相手に選び、ポストを与えずに提携した。そして選挙権拡大と憲政党の要求を汲んだ地価修正と、文官任用令改正と軍部大臣現役武官制を成立させた。文官任用令改正で、政党員の政府登用を困難にした。軍部大臣現役武官制で、現役を逐われた非主流派が大臣に就けないようにした。政党の勢力拡大防止策である。この二つは法律ではないから、憲政党へのだまし討ちである。明治三十三年五月憲政党は提携断絶を宣言した。山県からすれば、少ない譲歩で多くを勝ち得た。しかしこれは一度だから成立した提携関係であろう。得る物より奪われるものが多いという不信感を持たれた山県が、パートナーを見つけるのは困難なはずである。

元老の形成

明治天皇はいらだちを増していた。国会の恒久的で円滑な運営方法が見出せないからである。ちょうどこの頃であった。徳大寺侍従長兼内大臣が辞職を申し出た。明治天皇は激怒した。自分は天皇を辞められないのに、なぜ辞めるのか、まして公家出身なら、簡単に辞めるべきではない、と。元勲たちが簡単に政権を投げ出し、さらに後継首班指名には天皇が下問して合意を成立させなければならない状況が続いていた。

元勲とは、第一次伊藤内閣に入閣した、伯爵級の、薩長実力者のことである。黒田内閣が居抜きで成立したように、合意を形成すべきはそのメンバーであった。ところが、それぞれが辞職して、常には内閣にいない状況が進行する。

元勲の不在に、明治天皇は下問という形で対応した。黒田内閣期の伊藤への積極的な下問に始まる。憲法を作った、信任厚い、枢密院議長の伊藤である。憲法の運用はじめ何か問題点があれば、伊藤に下問した。以後明治天皇は、伊藤を中心に、内閣から離れた元勲に下問して、元勲の意見を、多様な意見を確認するようになる。それは、元田・佐佐木といった元侍補の私的顧問団の替わりともなった。

軍事については、日清戦争前は、熾仁親王参謀総長・大臣・山県への下問が行われた。明治二十六年三月十一日、第四議会を終えて山県が「末路之一戦」内閣を去り枢密院議長に就任したときには、天皇は徳大寺を通じて、「従前ノ通軍事上ノ儀御下問可有之《これあるべく》」「枢密ノ職ハ国家枢要ノ重事ノ顧問府タルニ付軍事上ノ儀御下問ノ節ハ腹蔵忌憚《ふくぞうきたん》ナク奉答」せよとの勅諭を伝えている（「徳大寺実則日記」）。

明治二十八年に黒田が枢密院議長になると、薩長のバランスもあり、黒田が没する三十三年まで明治天皇はしばしば黒田に下問をした。

元勲が全員内閣にいないから、内閣の上奏についての疑義は別の元勲に照会できる。こうして明治天皇は、顧問府の欠如を元勲で補《ほ》塡《てん》できた。それは政治的意見を異にして対立を深める元勲たちの意見の調整を図ることにもなる。

元来元勲たちは、天皇の命令がなくても相談すべき対象としてお互いに認知していた。しかし内閣から離れるようになると、天皇からの下問が、指導者集団の一員であることを確認することになる。ハイライトは後継首班選定である。第三章で元老のメンバーを数え上げたが、相互に指導者と認め合い、天皇も下問する存在であるという積み重ねの中で、元老は形成されていった。たとえば明治二十五年、政党対策で混迷を深める松方内閣に対して、伊藤が政党結成を提案、二月に入り、松方は天皇に上奏した。天皇は、元勲優遇の詔を与えた伊藤、黒田、山県へ下問した。一方、松方邸では、松方と三人の他に、井上馨、大山巌、西郷従道を加えて会合が開かれた。松方の後継が問題となった七月三十日には、天皇はまず伊藤、黒田、山県へ下問し、ついで井上に下問している。

明治三十一年の第三次内閣発足前に、伊藤は明治天皇に、天皇の前での元勲会議開催を提案し、認められている。その時呼ばれたのが、前首相の松方を除く、山県・井上・黒田・西郷・大山であった。以後この七人が後継首班選定に関与することになる。伊藤之雄氏は、明治三十一年を画期として、この七人が「元老」として、政界で、宮中で、新聞で認知されており、メンバーと機能が確定し、正当性を確保して、元老制度が確立したと指摘している。そしてこの年から、外務省は外交機密往復文書の写しを元老に送付している（「元老制度再考」）。

この七人の中で、明治天皇から元勲優遇の詔を貰っているのは、伊藤・山県・黒田・松方で、井上が類似の勅語を貰っている。したがって、元勲優遇と元老は関係ない。しかし天皇による下問対象の認定と元老とは深い関係がある。明治三十四年第四次伊藤内閣総辞職の際、徳大寺実則は、伊藤に対し、とりあえず首相を辞め「元勲の資格にて元老と会議する事とせば如何」と書通したという（「翠雨荘日記」）。伝聞情報ではあるが、失意の「建国の父祖」は元勲優遇によって元老会議に出席する言い訳が立つらしい。

千葉功氏によれば、日露戦後期の外交機密文書の配付状況を見ると、伊藤・山県には七七・六パーセント、松方・井上には一八・四パーセントで、大山には配付されておらず（黒田・西郷は没している）、濃淡があったという（『旧外交の形成』）。松方は総理大臣を二期やってようやく元勲優遇となった。天皇の元勲認定は、元老個々の権威に深い関係があった。

かった。大正期、山県が元老の資格として元勲優遇を利用しようと考えたのも、故のないことではなかった。

伊藤と立憲政友会

さて話は、議会対策に戻る。辞められない天皇は、元勲より恒久的な方策を模索した。

大隈内閣が自滅したとき、明治天皇は元勲たちに、今後の内閣組織の方法を尋ねている。①超然内閣を続けて議員を「操縦」するのか、②政党に関係しない超然内閣とするのか、③政党の代表者を数名入閣させるのか。第二次松方内閣が進歩党との提携を断絶したとき、松方は自由党と提携を目指すより「松方流」をやると自信を持って主張し、明治天皇は激励していた。しかし二ヵ月後の辞職であった。政党といかなる関係を作るのか明治天皇は深く憂慮し、政党の代表者を入閣させることにまで、政党の存在を認知し、③を提案したのである。ところが、外遊で不在の伊藤を除いた元勲たちは、③を大隈内閣の継続の提案と短期的に捉え、下問に結論を出さなかった。そして、山県有朋の首相就任を急いだ。山県内閣は憲政党（自由党系）と提携を行ったが、入閣させなかったので③ではなく、したがって新しい方策ではない。

伊藤は、第一次松方内閣の政党対策が混迷した明治二十五年一月に、第一次大隈内閣の組閣前に、国家的課題を考える政党を作り、与党として育成して政権の安定を図ることを提案した。しかし山県は、徹頭徹尾反対した。意見の合わないまま、伊藤は第三次内閣辞職後、遊説を行って、実業家や地域社会の有力者に語りかけ、組織の形成に乗り出していた。
伊藤の行動に、山県と提携を断絶した憲政党が着目した。星亨の主導のもと、党を解散して、伊藤新党に参加した。こうして明治三十三年九月、立憲政友会が発会式を迎え、伊藤はその総裁となった。

明治天皇は、伊藤の試みを支持することにし、お手元金を支給した。伊藤之雄氏が立憲政友会を「勅許政党」という所以《ゆえん》である。こうして伊藤に遅れて、明治天皇も政党の必要性を、恐らくは消極的に、認めるに至った。

立憲政友会発会式　明治33年9月15日

明治三十三年十月、立憲政友会を与党とする政党内閣である、第四次伊藤内閣が成立した。明治天皇の側面支援は、費用の拠出だけではなかった。

立憲政友会は、伊藤系の官僚、憲政党、プラスアルファで成立した。伊藤が期待するほどではなかったが、実業家もいた。もと藩閥政府支持派の議員も加わった。伊藤が政党を作るということで、尾崎行雄まで参加した。このように多様な人物が流れ込んだことで内訌《ないこう》が発生した。

大蔵官僚渡辺国武《わたなべくにたけ》が、問題児となった。渡辺は、財政に危機感をもって政友会に参加した。伊藤が組閣すれば、当然大蔵大臣となって経綸を実現しようとしていた。一方、伊藤は、盟友井上馨を大蔵大臣に任命しようとした。そこで渡辺は十月九日に政友会からの脱党宣言を行った。ところが一夜明けて「心機一転」と発言（『時事新報』）、最終的には大蔵大臣となった。渡辺の変心に、明治天皇の命令があったといわれている。国武の兄の宮内省内蔵頭渡辺千秋が仲介したらしい。明治天皇は、伊藤の内閣成立に間接的に手を貸した。

また伊藤の政党への宥和的姿勢は、政党に敵対的態度を取っていた藩閥や官僚に不満を増していた。最も反発したのは、政党と対決してきた地方官と警察が属する内務省であった。そして次を担う官僚層が、ポストが政党員に奪われることをおそれた。彼らは、最も超然主義を守ってくれそうな人物に期待する。それが山県有朋であった。こうして山県官僚閥が、政党勢力に対抗する勢力として形成される。

山県官僚閥とは人的な結合であるから、明瞭なメンバーシップを確定できるわけではない。おおよそを述べる。まず陸軍出身であるから、長派を中心に陸軍の支持があった。次に長きにわたって内務大臣を務めたので、内務省の支持があった。一時大臣を務めた司法省や、元来は伊藤が強かった宮内省にも影響力を強めていった。長派の次の世代も、おおむね山県に好意的であった。薩派とも良好な関係が築かれていた。そして貴族院も山県支持にまとまりつつあった。特に元官僚の勅選議員は出自から反政党的である。

その貴族院が、伊藤内閣の増税案を否決しようと動いた。藩閥政府の牙城貴族院が、内閣に反対する行動を示したのである。伊藤は、京都は南禅寺無鄰庵《むりんあん》に休んでいた山県に、「閣下ノ統率ニ属スル議員」、つまり子分が反対しているから何とかしろと電報を打った（『伊藤博文伝』下）。最後は、明治天皇が近衛篤麿《このえあつまろ》貴族院議長に勅語を与えて再考を促した。

こうして成立した予算を、再び渡辺国武が、経済状況悪化のため歳入が確保できないと実行を凍結しようとしたために、伊藤内閣は半年で瓦解した。渡辺は天皇の沙汰があると、辞表提出を頑強に拒んでいる。

明治天皇は、政府と政党の関係を安定させようとする伊藤の方策を支持した。立憲政友会の政党内閣を応援した。憲法制定後一〇年たって、政党を嫌っていた明治天皇は、政党を統治のゲームに参画させるため実質上政党内閣を認めるところにまで、変化した。ただし、天皇と議会が直接にあい対したわけではない。政府と議会の関係の容認である。

桂内閣と伊藤博文

伊藤内閣の総辞職後、後継は長派陸軍出身の桂太郎《かつらたろう》であった。山県閥の正嫡である。当時は「小山県内閣」と呼ばれた。とはいえ、桂は陽性の性格で、長州の先輩である伊藤とも関係が良かった。議会対策で多数党と意思疎通するには、立憲政友会総裁伊藤と連絡を取ればよく、これまでに比べれば容易であった。しかし桂には難点があった。伊藤との交渉は、衆議院の最大会派立憲政友会総裁との交渉なのか、元老との接触なのか区別が付かない点である。

伊藤にも難点があった。元老として桂の政策を支持しても、総裁を務める政党としての政

桂太郎　３度首相となり、日英同盟、日露戦争などを遂行

友会が受け入れるとは限らない。まして寄り合い所帯として出発したばかりであった。総裁専制を唱えても、歴戦の代議士たちが従うとは限らない。伊藤は政友会の統制に苦慮する。

伊藤の苦慮はさらに桂に跳ね返る。伊藤が合意しても、政友会が政府を支持するとは限らないことが、時の進行とともに明らかになっていく。

伊藤と桂の苦境を救うために、伊藤恩顧のもとに成長した策士伊東巳代治《いとうみよじ》が活躍した。伊東は、山県有朋・桂と相談して、伊藤を枢密院議長に就任させ、立憲政友会総裁を辞任せざるを得なくしようとした。明治天皇も、伊藤を救うためにその策に乗った。

伊藤は天皇の命を受け入れて、明治三十六年七月十三日に枢密院議長に就任した。後任の総裁は、九清華の一つ、侯爵西園寺公望。これで、山県官僚閥の二代目桂と、立憲政友会の二代目西園寺という釣り合った関係が成立する。こうして超然主義を守ろうとする山県官僚閥と、藩閥と提携した政党という二大政治勢力が確立し、政治は安定する。明治憲法体制、一九〇〇年体制、あるいは桂園時代の誕生である。政党は、一〇年の時を経て、明治国家の一つの政治主体として認知されることとなった。

明治天皇は、伊藤、ついで「西京人」西園寺が率いる政党であれば、安心ができたであろう。天皇・議会関係の安定である。また伊藤が枢密院議長となったことで、天皇は再び安定した諮問相手を見出せたであろう。

天皇と裁可

天皇・内閣（政府）と議会の関係を述べてきた。最後に今一度、天皇と内閣について触れておきたい。

ここまで述べてきたように、明治天皇は政治的意見を持っていた。各機関の決定を追認裁可するだけの国王が近代的な立憲政治だというのであれば、同時代的には、イギリスにおいても成立していない（水谷三公『王室・貴族・大衆』）。明治天皇が学んだシュタインの学説では、国王は、上奏に対して、顧問府の意見を聞いて、裁可するかしないかの決定権があった。裁可の有無が、統治者集団にとって予測不能であれば恣意的となる。単なるスタンパーであれば便利である。予測可能範囲に収まって判断基準が明確であれば名君となろうか。

後任の首相決定は、日清戦争までは元勲優遇をもらった首相経験者の意向がまず問われる。日清戦争後は、元勲全体に拡大される。そして首相の指名があるが、元勲たちは就任を拒否することがある。権威の否定と捉えても良いが、明治天皇を含め元勲集団が形成され、天皇が上位者であることが認められている、と考えたい。仲間内であるから拒否はあり得る。国家的な課題も、元勲に下問される。元勲が一致すれば天皇の異なる意見は通りづらいし、分裂していれば通りやすいというのは、明治十年代と同様である。

閣議には、第一議会の前あたりから、明治天皇は出ない。内閣に統治を任せる以上、出ないと決めたらしい。日常の政務を内閣に任せることは、天皇にとっても内閣との距離が定まり、多忙さからも解放され、安心できる。内閣に政治を任せたから、閣僚銓衡《せんこう》権も基本的には首相が持つ。しかし天皇も容喙《ようかい》する。首相が、強硬に主張した場合、たとえば第一次伊藤内閣の森有礼、第一次山県内閣の陸奥宗光・芳川顕正の任命のように、天皇はそれに従うが、逆に松方正義のように天皇の意向を尊重する場合もある。首相の個性の幅がある。

議会に提出する前の法や勅令の場合、第一次松方内閣では閣議前に天皇に説明した。内奏である。第二次伊藤内閣では、丁寧には行われない。同じ程度に落ちがあると考えて、『明治天皇紀』では、第一次山県・第一次第二次松方内閣では拝謁が多く、第二次伊藤内閣では少ない。では内閣で意見が割れた場合、内奏に納得できない場合、上奏された法案や勅令案、人事案に疑義がある場合、天皇はどうするか。顧問府が存在しないから、元勲に下問する。幸いなことに、そして皮肉なことに、元勲は内閣に存在しない例が増えるし、小田原や京都や神戸の御影《みかげ》など、東京にいないことも多い。手間暇かけてセカンドオピニオンが尋ねられる。

そして案が不十分であると判断されると、店ざらしになったり、再検討される。政府内のやりとりだから表面化しないがVeto（拒否権）の行使である。最初の文書は反古《ほご》となる。それに対して、法律案として議会に出た場合、これは可否が明瞭になる。議会で可決されれば、天皇も政府も拒否しないことが慣行となった。

参謀本部の上奏つまり帷幄《いあく》上奏は、内閣を通過しないので、明治天皇は判断を慎重にしなければならない。熾仁親王や次長など担当者への下問、山県や陸（海）軍大臣への下問を行って、裁可したり差し戻したりする。

上申文書での説明や内奏・上奏時の説明が不足していると、裁可が滞ったり、下問が重ねられたり、差し戻される。それはどんなものが多いか。印象であるが、そもそもイレギュラーしか記さないであろうが、『明治天皇紀』から判断すると、「変える」ことに明治天皇は非常に慎重である。もちろん上申文書には現行規定が添付されているものであり何が変わったか分かりはするが、「変える」ことに敏感である。明治天皇は記憶力がいいというのが側近奉仕者の定評である。裁可の姿勢と対応して、よけいにそういうイメージが定着したのではないか。

一例だけ挙げる。明治三十年七月、海軍省は明治十九年にイギリスに倣って廃止した中佐と中尉を復活させる海軍武官官階の改正を閣議を経て上奏した。明治天皇は、理由書を提出させ、武官官階の改正がしばしばであるのは好まない、必要があるなら認めるが、将来廃止があってはならないことを保証するよう海軍大臣に伝えて、九月十六日に裁可している。約二ヵ月裁可が留め置かれている。

明治天皇は、「機務六条」で内閣や軍令機関に統治を委ねることを受け入れた以上、不裁可という事例は少なかろう。それでも「変える」理由が不分明な場合は、裁可に手間と時間が掛かる。天皇のこうした姿勢はある程度了解されていくことになり、そしてこうした姿勢は、それまでの内閣・軍令機関の方針をよく理解していたことを示す。予測可能な範囲で納得のいく疑問だから、明治天皇は名君となる。

資質として記憶力が良かったのであろう。そして、天皇は辞められなかった。今の内閣と官僚ほどではないが、憲法制定後は閣僚と官僚はしばしば替わった。彼らに比べれば過去をよく知っていた。天皇の姿勢は統治の安定性に貢献はあったであろう。「変える」ことへの慎重さは、頑固という資質にも合った。有職故実は朝廷の習いとまで書けば筆が滑る。

「変える」ことに慎重であるから、明治天皇が主導者となることは少ない。そもそも上奏への裁可である。政治の姿勢は受動的であった。受動的ななかで、教育と軍には関心が大きかった。明治天皇の帝国日本への態度の洗練である。

第五章　万国対峙の達成

1　日露戦争と戦後の天皇像

日露対立

明治三十七年（一九〇四）一月六日、アメリカ合衆国フィリピン総督ウィリアムズ・H・タフトが陸軍長官に任じられ、帰国途中に来日した。日露戦争開戦ひと月前である。通訳に当たった長崎省吾《ながさきしょうご》によれば、公式訪問でないが、小村寿太郎《こむらじゅたろう》外務大臣の願いによって会談が実現した。会談には、都合によって明治天皇とタフト以外は、式部長官と長崎が同席しただけであった。明治天皇は儀礼的な挨拶の後、極東問題の切実な状況と、ロシアとの戦争を望んでいないことを、言葉を選んで述べた。東アジア情勢に対する憂慮がにじみ出ていたという（「長崎省吾談話速記第二回」「長崎省吾談話速記第三回」）。

明治天皇は、アメリカの外交政策が日本にとって重要であることを認識していた。小村の要請を理解していた。政府首脳と共通の見解を持つ元首として、影響力を増しつつあったアメリカの軍事責任者に、政府の政策を説明する。政府首脳は信頼して明治天皇に外交を任せた。

さて、日本政府は、朝鮮に他国の強い影響が及ぶことを安全保障上の問題と捉えて、清と対立し、日清戦争となった。この戦争は日本の勝利となったが、それに続く三国干渉は、日本の力が列強に及ばないことを白日の下に曝《さら》した。明治二十八年十月、三浦梧楼《みうらごろう》公使は王妃明成《ミョンソン》皇后を殺害し（閔妃《ミンビ》殺害事件）、未来に禍根を残した。日本に対する朝鮮政府の不信は高まり、国王高宗李煕《コジョンイヒ》はロシア公使館に逃げ込んだ。一八九七年（明治三十）に、朝鮮は大韓帝国と国号を変え、高宗は皇帝となって、清との宗属関係を否定した。日清戦争の勝利は朝鮮を自立させたが、親日化させなかった。それどころかロシアの影響力が増大した。

一八九九年（明治三十二）、清国北部で排外的な義和団の蜂起が起き（義和団事件）、列国は居留民保護のために出兵した。ロシアは満州（中国東北部）に出兵し、事件解決後も駐兵した。ロシアの軍事占領に対する危惧は日本だけのものでなく、列強が批判の目を注いだ。

それまで日本政府は、ロシア政府と交渉して韓国問題を解決しようとしていた。しかし硬化した国際世論を背景に、外務省では、満州問題とリンケージして解決を目指そうという強硬論が台頭した。日露間で、満州をロシアの勢力圏とし、韓国を日本の勢力圏とすることを容認し合うという満韓交換論である。こうした考えを、時の首相桂太郎は支持するようになり、明治三十四年末には、元老クラスも同意するに至った（千葉功『旧外交の形成』）。

ロシアとの勢力圏の確定のために、日本政府は、ロシア政府だけでなくイギリス政府とも交渉することとし、明治三十四年九月に伊藤博文がロシア・イギリスの訪問に横浜を出発した。一方それ以前から接触の始まっていたイギリスは、ロシアの南下を防ぐことを目的としていたが、伊藤の訪露に刺激され、十一月に入って具体案を提出する。明治天皇は、日本側修正案の伝達を望む桂に元老と主要閣僚との会議を命じ、伊藤の日英同盟一時棚上げを求める電報を受けて、さらに元老と主要閣僚との会議を命じた。その上で日本側修正案の伝達を十二月十日に許可している。元老は重要な国策の決定権を保持しており、明治天皇もそれを認めていた。

明治三十五年一月三十日、日英同盟は調印された。両国の清国韓国における利益擁護と、一方が他国との交戦の場合の中立を定めた。この結果、ロシアは満州から三期に分けて撤兵を表明したが、二期以後の撤兵を行わなかった。そこで日本は、明治三十六年八月からロシアとの直接交渉を開始した。しかしロシアは、満州については交渉範囲外とし、韓国内の勢力圏設定を譲らなかった。明治三十七年二月四日御前会議で対露開戦が決定となった。夕方内廷に入った明治天皇は、「今回の戦は朕が志にあらず、然れども事既に茲《ここ》に至る、之れを如何ともすべからざるなり」、もし失敗すれば「朕何を以てか祖宗に謝し、臣民に対するを得ん」と述べ、涙を潸々《さんさん》と流している（『明治天皇紀』第十）。

御前閣議の日の早朝、天皇は伊藤博文枢密院議長を内廷に呼び、寝もやられず朝を迎えたのであろう、白の和服の姿で、伊藤の意見を尋ねた。伊藤は、もし事が不利の場合は陛下にも重大な覚悟の時機が来るかもしれない、しかし「今日は最早断然たる御覚悟」が必要であると述べたという（渡辺幾治郎『明治天皇』下）。日清戦争の時と同様の不安があった。「よもの海　みなはらからと　思ふ世に　など波風の　たちさわぐらむ」という有名な歌は、天皇の心の声であった。

日露戦争

二月六日、日本はロシアとの交渉を打ち切り、国交断絶を通告した。そして二月八日と九日の旅順港攻撃や仁川港攻撃でロシア太平洋艦隊に大打撃を与え、制海権をほぼ獲得する。二月十日宣戦布告。以後海軍は、旅順港に逃げ込んだ太平洋艦隊を閉じこめる作戦を実施した。

一方陸軍は韓国を北上、鴨緑江《おうりよくこう》を越えて瀋陽《しんよう》・沙河《さか》の会戦に勝利した。明治三十八年一月には乃木《のぎ》希典《まれすけ》率いる第三軍が旅順を陥落させた。三月十日奉天《ほうてん》会戦に勝利したが、日本は持久戦に移らざるを得なかった。なおこの日が陸軍記念日となる。五月二十七日、喜望峰を回ったバルチック艦隊を、東郷平八郎《とうごうへいはちろう》率いる聯合艦隊が撃破した。この日が海軍記念日となった。

日本は国力上、継戦能力が限界に来ていた。ロシアも戦いに疲弊し国内の治安が悪化していた。両国とも、アメリカのルーズベルト大統領の仲介を受け入れて、九月五日、ポーツマス条約が結ばれた。日本は、樺太南部、遼東半島の租借権、さらに東清鉄道南部支線の長春旅順間を獲得した。一方戦中に、韓国に第一次日韓協約を、戦後の一九〇五年には第二次日韓協約を強要し、韓国の外交権を獲得、統監府を設置して、伊藤博文が統監に就任した。第一議会で山県有朋首相が演説した、国家の安全のためには国境線の維持だけでなく、その外側の利益線を確保しなければならないという国家目標を、ようやくに達成した。そしてロシアへの勝利は、列強に並び立つ国家建設という維新以来の目標の達成でもあった。

さて開戦に不安を抱いた明治天皇は、その後も眠れない夜があり、食も進まなかった（「柳原愛子刀自談話筆記」）。その一方で戦場の厳しさに思いを馳せ、暖炉の使用をやめた。そして日々出御、政務を行った（「子爵日野西資博談話速記第一回」）。戦争時の職務への精励が、明治天皇の精力を奪ったと側近はおおむね観察している。内廷や侍従試補には戦況について語らなかったが、旅順攻撃については珍しく「乃木も、アー人を殺しては、どもならぬ」と言ったという（「子爵日野西資博談」）。

そして講和成立の日の夜、明治天皇は怒号と銃声に心を痛めなければならなかった。講和への不満に起因する日比谷焼き討ち事件の喧騒が、宮城の堀を越えて伝わってきた。十月十六日の平和克復の詔勅は、諭告を含む苦いものとなった。

国民の形成

日清戦争は、人口約四一八一万人、男性約二一一二万人に対して、動員数約二四万人、戦歿者約一万三〇〇〇人であった。日露戦争は、人口約四七二二万人、男性約二三八八万人に対して、動員数約一一〇万人、戦歿者約八万四〇〇〇人であった。巻き込まれた数が違った。神奈川県の調査では、招魂碑・忠魂碑などの記念碑は、明治二十八〜三十二年に建立されたものが三三基、明治三十八〜四十二年では一六四基であった（国立歴史民俗博物館編刊

『近現代の戦争に関する記念碑』)。人々は、日本という国家の運命に否応なく同伴した。国民の成立である。

幕末の対外危機の中で、国民的エネルギーを結集することが必要なことは、指導者に認識されていった。軍事力の点でも、限られた武士が戦力であるより、義務としての国民皆兵の方が、動員数も多ければ安上がりでもあった。しかし幕末、江戸幕府が農民を武士にしようとしたとき、所属身分の負担である人夫役を払っているのに、なぜ武士の負担する軍役を提供しなければならないのかという不満が農民から出された。軍事を含む統治は武士が行うものであった(久留島浩「近世の軍役と百姓」『日本の社会史』第四巻)。

こうした状況を打破するために、明治政府は、武士の特権を剝奪していった。教育制度を整備した。そして新しい統治者として、西洋化した明治天皇を全国に巡幸させた。国会の開設も、国民のエネルギーの結集であった。維新後約四〇年経って、日本という領域の住民は、日本の国民となり、国民国家が成立した。

もちろん領域内の住民の文化的統合度は、江戸時代には高かった。たとえば、武士の使用する文体と字体は統一されていた。候文とお家流である。それは百姓の指導層までにも及んでいた。文化的統合度の高い社会の成員が国家への帰属意識を高めるのに、日露戦争までの日時が必要であった。

帰属意識を高めるには、外的緊張が効果的である。幕末の危機意識に始まって、日清・日露と危機が繰り返されて、国民意識は高まっていった。

陸軍凱旋観兵式　明治39年４月、青山練兵場で行われた。中央の馬車に明治天皇が乗る

国民の形成には、教育の効果も大きかった。学校教育において、祝祭日とそれに伴う式典が、天皇を中心とする国家意識を高めていった。明治天皇が就任を反対した初代文部大臣森有礼《もりありのり》は、明治天皇の危惧に反して、国家主義的教育を導入した。森は、天長節・紀元節は国家の大祝日であり、小学校で祝賀式を行い、唱歌を歌うことは、「忠君愛国ノ志気ヲ興シ教育ノ上進モ亦大ニ利スル」と演説していた（大久保利謙編『森有礼全集』第一巻）。神武天皇即位日と明治天皇誕生日を祝うことで、国家意識が高まるという意見である。

明治二十四年六月には小学校祝日大祭日儀式規程が定められた。紀元節・天長節・元始祭・神嘗祭・新嘗祭には、①御真影への敬礼、ない場合は省略（御真影の普及度はそれほどに高くない）、②教育勅語奉読

（これは普及している）、③忠君愛国を涵養する講話、④唱歌斉唱、という儀式を行うこと、孝明天皇祭・春季皇霊祭・神武天皇祭・秋季皇霊祭には①③④、一月一日には①④、を行うことが定められた。明治二十六年八月には小学校祝日大祭日の唱歌の歌詞と楽譜が定められ、それまで二種あった「君が代」が現行の楽譜に一本化されている。

目標喪失の社会

ロシアに勝利したことで、万国対峙の目標は達成された。達成後の虚脱感と、日露戦争遂行のための歪み、具体的には税負担の増大とが、社会を覆う。夏目漱石が、『それから』で描いた、高等遊民が登場する状況と、牛に対抗するためにお腹を一杯にふくらませた蛙にたとえた状況である。目標を喪失した青年は、虚脱するだけではなかった。官僚となるより実業家となって社会的成功を目指す者が増えた。依然政治的に関心のある者は、桂太郎と西園寺公望が交代で政権を担当する政治構造の打破を望む。北一輝《きたいっき》が『国体論及び純正社会主義』を書いたのは、こうした社会状況の中であった。一君万民論を唱えれば、つまり天皇さえ否定しなければ、日本に社会主義を導入することは可能であった。

折しも産業化の進展は、都市に、労働者と、それより遥かに多い生活に不安定な雑業者層を生み出した。彼らの要求を実現しようとする、労働運動や、社会主義も広まりつつあった。

国家への意識を持つ国民が幅広く成立した。国民が量において拡大したのであるが、質においては多様化した。この国民をどのように統合するかが、政治を意識する人々の課題となる。

一つの方法は、国会を通して民意を集約する方法であった。今ひとつは国会以外の回路を拡充することであった。

政党を強化して、国会の政治力を増大して、政策決定システムを改変しようとしたのが、立憲政友会の指導者の一人原敬《はらたかし》であった。地域社会の産業基盤形成に国費を投入し、近代化を均霑《きんてん》し、政党への支持を、具体的には政友会への支持を強固なものとする。地域社会の政治的要求を政友会に集約して、政友会の地位を高め、国会の力を強めようとした。現在の有権者に意識が集中するから、原・政友会は選挙権の拡大への意識は薄い。第二党であった憲《けん》政本党《せいほんとう》の方が熱心であった。

西園寺公望　最後の元老と呼ばれ、昭和15年に92歳で死去

二大政治勢力の一つとなった政友会は、政治力を伸ばしていった。桂太郎は、講和条約支持の見返りに、西園寺公望総裁の立憲政友会に政権譲渡を約束、明治三十九年一月に第一次西園寺内閣が成立する。第二次内閣で桂は西園寺・政友会をパートナーからはずそうとするが、結果的には協調関係は維持されて、交互の政権担当が続いていく。

国民動員の型

国民統合の今ひとつの方法は、官僚機構、あるいは官僚機構が関与する官製組織の充実であった。山県有朋が導入した、国―府県―郡―町村という地方自治制は、町村の合併による対立が日清戦争の頃に終息し、この回路で地域社会の要求を吸い上げたり、地域社会へ政府の意思を伝達したりすることが、より容易にできるようになっていた。この回路は、内務省だけでなく、他の中央官庁にとっても有益となった。さらに、それに寄り添う官製組織が整備される。

たとえば、明治三十三年の産業組合法によって、農村における生産・販売・消費・金融を共同化する産業組合の形成が図られた。また農会は、明治三十三年の農会法で国庫補助金が認められ、明治四十三年に帝国農会として法制化され、農業保護と地主の利益擁護を目的に活動した。明治四十三年十一月には帝国在郷軍人会が組織される。

ところで、日露戦争が国力を賭した戦いであったこと、賠償金が無く外国債を消却しなければならないことなどにより、富国化・産業化はより切実に達成されなければならなかった。山県系内務官僚井上友一《いのうえともいち》は、明治三十九年に、諸列強との世界市場での戦いには、民力・富力の充実が必要であると訴えていた。同じ頃文部官僚岡田良平《おかだりょうへい》は、戦費は人民の勤労によって補わざるを得ず、軽佻浮薄に流れては戦勝は却って国家の衰退となり、独立自助の精神と不撓不屈の気魄が必要と論じた（宮地正人『日露戦後政治史の研究』）。

富国化・産業化を実現するためにも、官製組織の充実が着目されるようになった。

行政と官製組織を通じて、政府の意図を伝達して富国化・産業化を行い、また国民の要求を吸収して統合することを、山県官僚閥は目指す。行政大権が天皇にある以上、官僚の統治の根拠は天皇にあり、政府の意図を伝達するにも、統合するにも、天皇の像を示しながらの行動となる。もちろん人は理屈だけでは動かないから、経済的利益も与えたではあろうけれども。

明治三十六年四月、明治天皇は、海軍大演習観艦式と第五回内国勧業博覧会に臨むため、兵庫・京都・大阪に行幸した。このとき田中光顕《たなかみつあき》宮内大臣の提案で、地方の有力工場への侍従差遣が初めて行われた。行幸の際には、産業奨励のために県庁などで産物が展示され、明治天皇は物品を購入していた。しかし施設そのものへの行幸は、六大巡幸以来減少していた。そこで田中は、大演習行幸の際に、実業家を集めて宮内官が天皇の賞讃を伝達したり、産業施設に侍従を派遣することを提起した。出不精の明治天皇に代わり、宮内官や侍従が担おうという計画である。明治天皇も、産業奨励の必要を感じていたのであろう、許可を与えた。

田中宮相は、土佐出身で、陸軍に入り会計を担当して少将に進む。自邸は目白の山県の屋敷椿山荘《ちんざんそう》の隣りであり、山県の洋行時は家計を預かった。紛《まご》う方なき山県閥のメンバーであった。一方で佐佐木高行《ささきたかゆき》・土方久元《ひじかたひさもと》と同じ土佐閥であることが、バランスを考えた場合、着目されたらしい。土方の後任として明治十八年七月に内閣書記官長となった。警視総監を経て明治二十八年に宮内次官。そして明治三十一年二月、土方の後任の宮相となった。書記官長と警視総監を務めたから有能であったのだろう。宮相を退いて後も、田中はしばしば拝謁しており、明治天皇の信頼も厚くなった。そして田中の就任以後、元来は伊藤の影響力の大きかった宮内省は、山県の影響力が大きくなっていく（伊藤之雄「山県系官僚閥と天皇・元老・宮中」）。

田中のように、山県官僚閥は、天皇を押し出して、国民の統合と産業化を図ろうとした。

天皇の威信と政府の統治

もちろん山県自身が、天皇権威と政府の統治を結びつけることに熱心であった。

第二次内閣の明治三十二年三月二十五日、山県は、明治天皇に、「伊藤ノ如《ごと》キ政事家ナレバ陛下ヲ煩《わずらわ》シ奉ラズシテ政務ヲ料理スルナランガ、有朋ノ如キハ陛下ノ威霊ニ依《よ》ラスンバ政事ヲ行フ、頗《すこぶ》ル困難ナリ、宜《よろ》シク裁製ヲ願フ、枢府議事ノ臨御ノ事、同拝謁被許《ゆるさるる》ノ事(ママ)」と、政務に励精することを上奏している（「徳大寺実則日記」）。日清戦争以後社会に高まる天皇の威信を察知し、それに寄り添うことで政治を行おうとした。また軍と官僚の権限を守ろうとした。明治天皇は、伊藤への信が最も厚かったが、元勲間の上位の調整者でもあり、元来は政党を危惧していたから、山県への配慮も大きかった。前後の伊藤内閣に比して頻繁に枢密院会議に出席し、山県はじめ拝謁を多く許して、第二次山県内閣を後援した。

山県内閣が軍部大臣現役武官制を導入し文官任用令を改正して、軍と官僚の利益を守ったことは述べた。そして山県内閣期に、七月十日に帝国大学（東京帝国大学）の卒業式への行幸が行われ、優秀者に軍の学校に倣って銀時計が下賜され、以後制度化された。もっとも陸海軍は不満を持ったので、翌年七月に、陸軍は大学校・士官学校・砲工学校・中央幼年学校・経理学校・戸山学校・乗馬学校に行幸と賞品、海軍は大学校に行幸と賞品、機関学校・兵学校に賞品と定められ、「陸海軍ノ学校ト区別判然」（「徳大寺実則日記」）となった。軍の方を尊重してはいるが、軍人と官僚の育成機関を重視することを、明治天皇は受け入れている。

要するに、行政と官制組織をつかって、天皇の権威を利用しつつ、社会の統合を行うことに山県官僚閥は熱心であった。明治天皇も、そうした方法の有効性を認識して、自らの役割を果たしていた。

戊申詔書と大逆事件

明治四十一年七月、確たる理由のないまま西園寺は首相を辞め、桂が就任した。辞任理由は政友会の方針であった積極財政政策の行き詰まりと考えられるが、辞任直前に、山県有朋が、西園寺内閣が社会党の取り締まりに緩慢であると明治天皇に上奏していた。そこで当時から西園寺内閣の「毒殺」として、社会運動取り締まりの手ぬるさが一因と囁かれていた。

桂は明治天皇に意見書を奏上して、首相を引き受けた。意見書は、外交に関しては、日英同盟を強固にし、日露・日仏協商をはじめ伊・墺・米と親交を図り、清には長期的視野で臨むこと、内政に関しては社会主義の浸透が憂慮されること、財政は緊縮とすること、政党との関係は見解を同じくするものと共に行うこととすること、を内容とした。そして十月十三日、上下《しょうか》心を一にして忠実・勤産に努め、祖宗の遺訓をしっかり守るようにという、いわゆる戊《ぼ》申《しん》詔書（「国運発展ノ本ヲ務ムルノ詔書」）が出された。主導したのは平田東助《とうすけ》内務大臣で、閣議では、小村寿太郎外務大臣と斎藤実《まこと》海軍大臣が、天皇を持ち出すことを不必要としたが、平田は「世態ハ非常ニ悪化シテ至尊ノ御威光ノ外ニハ一モ便ルベキモノナキ」と「泣カン計リニ訴ヘ」た（斎藤子爵記念会編刊『子爵斎藤実伝』第二巻）。天皇の威光による社会の引き締めである。明治天皇は道徳的教化に関心の深い君主であったから、この詔勅を出すことに同意したのであろう。

そして平田内相は、戊申詔書を基に、勤倹貯蓄・公共心の育成・国富の形成を課題として農村の再編を目指す地方改良運動に、さらに積極的に取り組んでいく。その際内務省は、戊申詔書が「勤倹」詔書と解釈されないよう注意を喚起していた。そして事例研究では、詔書は、内務省行政の回路で地域社会に浸透していったことが明らかになっている（笠間賢二『地方改良運動期における小学校と地域社会』）。

余儀ながら、戊申詔書の内容は前記の通りで、具体的な道徳事項は少ない。元田と平田の東洋的思想への素養の差であろうか。その結果、渙発直後の発信力は大きかったものの、教育勅語よりは永続的効果は少なかったと思われる。

社会の安定化には、皇室の恩恵も着目されるようになる。欧米の王室に倣って、慈善活動に力を入れる皇室像が模索されたことは、すでに述べた。被災者への個別的な下賜金は、欧米が意識される前から、そしてそれ以後も続けられていた。大型のものでは、明治三十年一月三十一日、英照皇太后大喪に際して内帑《ないど》金から四〇万円が慈恵救済資金として各地方に下賜された。各道府県と台湾は、基金として運用し、社会事業に支出するようになった（遠藤興一『天皇制慈恵主義の成立』）。皇室ではないが、明治四十一年からは内務省が定期的社会事業助成として紀元節下付金を開始している。

明治四十三年五月から、天皇暗殺計画容疑で、多数の社会主義者・無政府主義者が検挙され、幸徳秋水《こうとくしゅうすい》ら二四名が死刑判決を受けた。大逆《たいぎゃく》事件である。明治天皇の考えは伝わっていないが、政府の危機感は高かった。七月平田内相は桂首相に意見書を提出し、教育・救済事業・地方改良運動による共同心の育成を提案した（林茂ほか編『日本内閣史録』2）。処刑後の明治四十四年二月十一日には勅語が出され、施薬救療のために内帑金一五〇万円が政府に下賜されることが命じられた。これを基に、五月、恩賜財団済生会が設立され、貧困患者への救療が実施されていく。

皇室と慈善の結合が、改めて意識され、制度化されるようになった。社会の安定化のために慈善を行うことも、明治天皇が許した天皇像であった。

皇太子行啓と東宮御所

病弱の嘉仁《よしひと》皇太子の身体を健やかにし、地理の学習を進展させるために、有栖川宮威仁《ありすがわのみやたけひと》親王の主導で、明治三十三年から各地への旅行が行われた。したがって当初は私的な旅行である〝微行《びこう》〟であった。ところが明治三十六年の行啓から、歓迎行事が行われるようになる。そして皇太子の行啓とともに、鉄道が時間規律を運び、歓迎儀礼が身体に天皇崇拝の規律を学ばせ、施設準備が電気や道路などの社会資本の近代化を進展させた（原武史『可視化された帝国』）。ページェント（野外劇）の有効性が再び着目されるようになった。この明治三十六年に性格が変わって以後の行啓では、西園寺内閣の時より桂内閣の方が、歓迎行事の計画に熱心であった（伊勢弘志「「嘉仁巡啓」に見る国民統制政策と政策主体」）。

官制組織の整備とさらなる産業化・近代化を果たすのに、天皇の姿は有効であった。しかし明治天皇は出不精であった。そこに健康のために〝気さく〟に動く皇太子が現れた。山県官僚閥は、皇太子の行啓の積極的な活用に思い至った。また山県官僚閥は、荘厳装置にも熱心であった。行啓に合わせて近代的建築が整備され、近代化が喧伝される。

荘厳装置の最たる物が、東宮御所であった。明治三十一年（一八九八）八月十七日東宮御所御造営局が置かれて、東宮御所の建築が開始された。ここに、皇太子の居所とともに、外国からの賓客の接待機能を合わせ持たせることが構想された。その結果、地階を含め鉄骨入石造三層のネオバロック式の洋館が建設された。設計統轄は片山東熊《とうくま》である。明治四十一年（一九〇八）六月にほぼ完成した。当初予算二五〇万円は、明治天皇の抑制の沙汰が出されても膨れあがり、五一〇万円となった。出費の増大は明治天皇には不快であり、東宮御所の竣工式はなかったし、行幸もなかった。嘉仁皇太子も敷地続きの東宮仮御所から引っ越さなかった。

同じ時期、新宿御苑の整備計画が明治三十五年から行われていた。主導者は内苑頭福羽《ふくば》逸《はや》人《と》であった。明治初期の神祇行政の中心人物福羽《ふくば》美静《びせい》の養子である。逸人は植物を専門としており、主眼はイギリス式とフランス式の庭園の整備であったが、洋館建築も予定していた。設計者は東宮御所と同じ片山東熊である。田中宮相などが逸人の計画に理解を示し応援していた。

背面から見た東宮御所　南側庭園の噴水ごしに望む。現在の迎賓館赤坂離宮。写真は宮内庁総務課蔵

外国からの賓客は、赤坂で西洋建築に宿泊し、内装だけは西洋風の宮殿で明治天皇に会い、新宿御苑で西洋式庭園と西洋建築と鴨場《かもば》の接待を受けるという構想であったのかも知れない。

山県官僚閥が官制組織による国民統合と産業化を果たそうとしたとき、明治初期と同様に、行幸によって天皇を見せることが考えられ、その役割を果たしたのが、嘉仁皇太子の行啓であった。また産業化のためには、あらためて近代・西洋の呈示が必要であった。日露戦後に西洋化もないだろうという気がするが、産業化のためには西洋技術の移植が必要であり、近代化はまだまだ西洋化と同義であった。明治天皇は、引き続き西洋導入の範たる姿を見せることが求められた。その一例が、宮殿建築という西洋型の荘厳装置であった。しかし明治天皇は、元来西洋化には抑制的であった。まして宮殿が西洋風に壮麗に飾り立てられるのは好まなかった。明治天皇と山県官僚閥の構想の狭間に落ちたのが東宮御所であった。

2　皇室制度の再整備と波紋

明治天皇と内親王

明治天皇には一五人の子がいたが、成長したのは皇太子明宮嘉仁《はるのみやよしひと》親王と、常宮昌子《つねのみやまさこ》内親王・周宮房子《かねのみやふさこ》内親王・富美宮允子《ふみのみやのぶこ》内親王・泰宮聡子《やすのみやとしこ》内親王の五人であった。常宮誕生後、陸軍軍医総監橋本綱常が、皇子女を健康に成長させるには、女官に囲まれた生活より、子供を健康に育てた経験のある、宮中のことを知らない士族の家庭に託した方が養育上良いとの意見書を出した。明治天皇はこの意見を採用し、常宮と周宮を佐佐木高行に、富美宮と泰宮を長州閥の林友幸《はやしともゆき》に託した。

佐佐木が日記に記すように、天皇はなかなか内親王に会わなかった。皇太子とも幼児の頃はあまり会わなかった。奥でも子供たちの話はほとんどなかったという（「柳原愛子刀自談話筆記」）。常宮と周宮が「おもふ様（おとうさま）はわたし共は御嫌ひ」と歎くほどであった。周囲は、公私の間が厳格とか、子供と会うのを女々しいと考えているのかなどと揣摩《しま》し

明治天皇（睦仁親王　祐宮）
母…権典侍中山慶子
皇后…昭憲皇太后　美子

- 皇子（稚瑞照彦尊）　母　権典侍葉室光子
- 皇女（稚高依姫尊）　母　権典侍橋本夏子
- 薫子内親王（梅宮）　母　権典侍柳原愛子
- 敬仁親王（建宮）　母　同右
- 123代　**大正天皇**（嘉仁親王　明宮）　母　同右　皇后…貞明皇后　節子
  - 124代　**昭和天皇**（裕仁親王　迪宮）　皇后…香淳皇后　良子女王
  - 雍仁親王（淳宮、秩父宮）　妃…勢津子
  - 宣仁親王（光宮、高松宮）　妃…喜久子
  - 崇仁親王（澄宮、三笠宮）　妃…百合子
- 韶子内親王（滋宮）　母　権典侍千種任子
- 章子内親王（増宮）　母　同右
- 静子内親王（久宮）　母　権典侍園祥子
- 猷仁親王（昭宮）　母　同右
- 昌子内親王（常宮）竹田宮恒久王妃　母　同右
- 房子内親王（周宮）北白川宮成久王妃　母　同右
- 允子内親王（富美宮）朝香宮鳩彦王妃　母　同右
- 輝仁親王（満宮）　母　同右
- 聡子内親王（泰宮）東久邇宮稔彦王妃　母　同右
- 多喜子内親王（貞宮）　母　同右

房子内親王

昌子内親王

聡子内親王

允子内親王

明治天皇の子息たち　大正天皇には14人の兄弟がいたが、昌子、房子、允子、聡子以外は数え3歳までに夭逝している

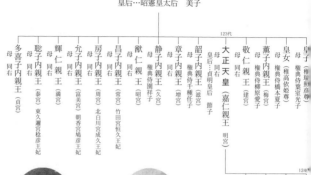

て納得するしかなかった（『佐佐木高行日記　かざしの桜』）。子供への接し方を知らなかったのではないだろうか。

　とはいえ天皇は天皇なりに心配りはしていた。明治四十一年二月二十九日、常宮と竹田宮《たけだのみや》恒久《つねひさ》王の婚儀が執り行われたが、明治天皇は、夕食時皇后に「葡萄酒ヲ注イデオ貰ヒナサイ、マア是デ宜カッタ」と言うほど、安心して非常に喜んだ（「子爵日野西資博談話速記第二回」）。この婚姻と、富美宮と有栖川宮栽仁《たねひと》王との婚姻は、明治三十九年一月明治天皇が決定し、三月に北白川宮《きたしらかわのみや》恒久王に竹田宮を、久邇宮《くにのみや》鳩彦《やすひこ》王に朝香宮《あさかのみや》を創設させて将来に備えさせていた。四皇女の婚姻は、明治天皇の意向が強く反映していた。栽仁王が明治四十一年四月に急逝後、誇張もあろうが、鳩彦王は、明治天皇から突然に「お前に富美宮をやる」と言われたという（大給湛子『素顔の宮家』）。

　明治天皇は、四皇女の年齢順に、未婚の男性皇族を相手に想定したらしい。天皇は、結婚後竹田宮恒久王の宮中席次を高くしようと徳大寺実則に下問、徳大寺からは皇位継承順と奉答されたらしく、さらに韓国から一時帰国した伊藤博文からは典範改正して親王宣下しなければ不可とたしなめられている（「徳大寺実則日記」）。北白川宮能久《よしひさ》親王庶子の恒久王は、弟の嫡子成久王より継承順位は下であった。結局恒久王の席次は皇位継承順となり、女性皇族だけの場合は、昌子妃は皇太子妃の次席となった。なお実際の皇族の席次は、宣下親王が存在したこの時期は継承順ではない。

　また栽仁王急逝によって、有栖川宮家は継嗣が存在しなくなり、明治天皇は皇孫の一人を

「有栖川宮へ相続之事」を伊藤博文に内談した（「徳大寺実則日記」）。しかしこれも典範上養子は不可能であった。のちに大正天皇が宣仁《のぶひと》親王に早くに高松宮号を許し、有栖川宮家の祭祀を継承させるぐらいが可能な手段であった。

　これらのことから、皇室典範が、皇位継承について君主の私意が入ることを徹底的に排除していたことが、十分にわかろう。

　ところで、皇女と栽仁王との結婚は明治二十六年頃から考えられており、明治三十八年三月には、伊藤が奏上している。十二月十四日には栽仁王本人が、もし内親王との結婚が叶わなければ臣籍降下し、謀反を起こすやも知れぬと伊藤博文に伝えていた（「徳大寺実則日記」）。なぜこれほどに内親王を強く望んだのであろうか。

　皇室典範によって、正式に世襲親王家は廃止され、親王宣下は行われなくなり、養子も認められなくなった。すでに親王宣下を受けていた皇族を除き、五世（孫の孫の子）以下は王・女王となった。その結果、親王宣下を受けた皇族の子女は、全て王・女王となった。正確には、大正九年の規程で、明治四年に七一歳で没した伏見宮邦家《ふしみのみやくにいえ》親王の子を五世の王相当と認めることになる。改めて皇族たちは、天皇との血の遠近を感じざるをえない。佐佐木は、明治三十五年に、内親王を皇族に降嫁させて皇族との血の近さを強めるべきであるという覚書を、内親王と結婚した皇族の継承順を上げる典範改正案を付けて、徳大寺に提出していた（『佐佐木高行日記　かざしの桜』）。

　その一方で、皇族永世主義を取るには、伏見宮邦家親王の子が多く、維新前後の宣下親王は一〇人を数えた。その一人久邇宮朝彦《あさひこ》親王も多くの子女に恵まれた。

つまりは明治天皇と血統の点で遠い、しかも猶子などで近さを擬製することもできない皇族が増加していた。そこで皇族永世主義を採用した伊藤博文も、明治三十一年二月の皇室の課題を列挙した意見書では、臣籍降下を考慮するようになった。

皇室制度の整備

明治三十二年（一八九九）八月二十四日に、帝室制度調査局が設置されて、皇室制度の再整備が始まった。再整備のきっかけは、前項でふれた明治三十一年二月に伊藤が皇室に関する課題を列挙した意見書を上奏したことであった。そこでは、帝室経済・皇室の冠婚葬祭・皇族の待遇・勲功者への賞与・爵位・神社寺院・請願と救恤《きゅうじゅつ》が検討課題とされていた。そして皇太子の教育と臣籍降下についても別に課題として取りあげていた。伊藤が総理大臣を辞任した後、帝室制度調査局は設置され、伊藤が総裁に就任した。副総裁は前宮内大臣土方で、即位・皇族令・財産・民事訴訟・婚儀葬祭などの調査が開始された。

まずは皇室婚嫁令が整備され、皇太子の結婚が行われた。間に合わなかったが皇孫裕仁《ひろひと》親王の誕生に合わせて皇室誕生令が準備された。必要なものから整備されていった。

伊藤は、立憲政友会総裁となって一度は総裁を辞任し、調査局は土方が預かったが、枢密院議長就任とともに、明治三十六年七月十六日総裁に復帰した。ついで副総裁に伊東巳代治《いとうみよじ》が就任し、巳代治の積極的な提案を基に調査が進展する。巳代治は未整備の皇室関係の法令を立案するだけでなく、皇室典範家法説を否定し、憲法と皇室典範・国法と皇室法の関係を明確化するという新しい課題を加えた。皇室典範制定時は、皇室と政治を分離するために、典範は天皇〝家〟の法とされていたが、たとえば皇室財産設定が国民の財産権と関係するように、実際は国民と関係せざるを得ず、そこで憲法と並ぶ国家の法典であることを明瞭にした方が良いと、巳代治は判断する。そして皇室典範を国家の根本法とする以上公布せざるを得ず、法律の制定手続きや公布方式を規定する公文式《こうぶんしき》を改正することで、皇室典範を新たに設ける下位法の皇室令とともに公布する規程とし、典範の性格変化を明示せずに勅令改正ですませてしまえると主張した（『日本立法資料全集17　明治皇室典範』下）。建議が伊藤に容れられ、以後巳代治を中心に調査が展開されていく。

明治三十七年十月十日、公式令《こうしきれい》案は上奏され、明治四十年二月一日公布となった。皇室典範・皇室令の側面では、典範改正は大臣と宮相が副署の上公布、国務に関する皇室令は首相・宮相と関係大臣が副署して公布と規定された。国務だから、宮相以外の大臣も副署して責任を取ることとなった。

明治三十七年十二月十二日には皇室典範増補が上奏され、四十年二月十一日に公布された。①皇族臣籍降下規定、②皇族の国法上の地位の明確化、が主な内容であった。①によって、永世皇族主義という原則が変更された。具体的な降下は、大正九年（一九二〇）の「皇族ノ降下ニ関スル施行準則」制定後に実行されることになる。②は、皇室典範と国法との関係の明確化の一端であった。

典範改正公布という重要な課題を達成して、明治四十年二月十一日帝室制度調査局は廃止された。典範改正以外にも皇室関係の法令の立案が行われ、上奏された法令等の案は五一件、うち三三件、主要なものを挙げれば、皇族会議令・皇室祭祀令・登極《とうきょく》令・摂政《せっしょう》令・立儲《りっちょ》令・皇室成年式令・皇室服喪令・皇室財産令などが公布された。皇室婚嫁令と皇室誕生令は皇室親族令にまとめられた。残り一八件は未裁可のまま明治天皇が崩御した。未裁可にはそれぞれに理由があったが、皇室葬儀令は、明治天皇が自分の葬式を決めるのかと裁可を渋ったという。

その後の皇室制度整備について触れておく。大正五年（一九一六）八月、李《イ》《り》王世子垠《ウン》《ぎん》と梨本宮方子《まさこ》女王との婚約が成立した。このため併合条約・併合詔書で優遇を約束された韓国王公族（大韓帝国皇帝の一族）の法的地位の明確化が必要となった。すなわち、典範では、皇族の降嫁対象は、皇族と特に許された華族であり、王公族を含むか否かが問題となった。十一月四日宮内大臣の下に帝室制度審議会が設置された。総裁は伊東巳代治。大正六年四月には、まず請願令が制定公布された。ついで王公家軌範案を作成したが、枢密院の大勢は典範増補を主張し、典範増補が十一月一日に枢府で可決され、皇族会議を経て十一月二十八日公布となった。二回目の皇室典範の改正であった。

大正十二年夏、牧野《まきの》伸顕《のぶあき》宮内大臣時代にあらためて帝室制度審議会が活性化する。裕仁皇太子が摂政に就任しており、いずれ新帝となる前に制度を整備しておく必要があった。その結果、皇室喪儀令・皇室儀制令・位階令・皇室陵墓令などが作成された。大正十二年以後の皇室令の整備で、戦前期の皇室制度が一応整うこととなった。

第二次世界大戦後の昭和二十二年五月、皇室令は一括して廃止されるが、宮内府長官官房文書課長の依命通牒により、従前の例に準じて事務を行うこととなり、儀式など現在も事実上依拠が続いている。

皇室祭祀令と登極令

帝室制度調査局で立案された、明治四十一年九月の皇室祭祀令と翌年二月の登極令に触れておこう。

登極令は践祚《せんそ》・改元・即位礼・大嘗祭《だいじょうさい》を規定する。皇室典範では、即位礼・大嘗祭は京都で行うと規定されていた。登極令立案に際しては、行幸を伴うことから一度に行う方が合理的であるとして、連続して行われることになる。そもそも帝室制度調査局は伊藤をはじめ即位を重視しており、連続となったのも大嘗祭が従属的に考えられたからであった。局員として立案した多田好問《ただこうもん》は、大嘗祭は天照大神《あまてらすおおみかみ》がニニギノミコトに稲穂を与えた天孫降臨の神話を起源にする儀式であり、新穀を奉じることで、生命が繋がれていることを示す、一番重い儀式と捉えるという、国学者の解釈を受け継いではいたが、それでも即位礼が中心の立案であった。そして多田は、大饗《たいきょう》（宴会）も憲法発布式や大婚二十五年式にならった洋式の宴を考えていた。つまり西洋の戴冠式を念頭に置いて儀式が整備され、したがって即位式が重要であった。国学者の大嘗祭観が浮上して大嘗祭の固有性が強調されるようになったのは、大正期以降であった（高木博志『近代天皇制の文化史的研究』）。

明治期においては、国家的儀礼は外国の目を意識したものであった。憲法発布式など、宮中三殿関係の儀礼では天皇は束帯《そくたい》・黄櫨染御袍《こうろぜんのごほう》であったが、宴会では洋装であった。即位礼でも、紫《し》宸殿《しんでん》の儀こそ明治の即位式にならって黄櫨染御袍であったが、大饗《たいきょう》は正装（洋装）であった。即位式に皇后が登場することも、西洋が意識されての変化であった。

登極令で改変されたことはほかにもあった。一つには、明治天皇まで、即位は、桓武天皇以来の、天智天皇が定めた法による継承であることを内容とする、近侍の官員が読む宣命《せんみょう》によって、宣言されていた。それが天皇自身の勅語となる。天皇は国民の前に登場すべきであった。また大正天皇以降、天智天皇には触れない。千年の伝統の杜絶である。

そして践祚と改元が同時に行われる一世一元制となった。中国の明や清のように崩御の翌年に改元する踰年《ゆねん》改元は採用されなかった。そのため天皇在位期間と年月の経過が、より深く関連づけて国民に認識されることとなったと思われる。

皇室祭祀令も、この時まで制定が遷延していた。皇室祭祀令で、天皇が親祭する大祭として、元始祭・紀元節祭・春季皇霊祭・春季神殿祭・神武天皇祭・秋季皇霊祭・秋季神殿祭・神嘗祭・新嘗祭・先帝祭・先帝以前三代の式年祭・先后の式年祭・皇妣《こうひ》たる皇后の式年祭が規定され、天皇が拝礼し掌典長が祭礼を行う小祭として、歳旦《さいたん》祭・祈年祭・賢所御神楽《かしこどころみかぐら》・天長節祭・先帝以前三代の例祭・先后の例祭・皇妣たる皇后の例祭が規定された。明治四年以来行われていた祭祀が、ようやく網羅的に成文化された。宮中制度の整備が西洋を意識している限り、祭祀は重要で必要不可欠ではあるが、法令化は急がれなかった。つつがなく実行されていれば十分と満足されていたのであろう。

なお宮中祭祀については、原武史氏が、福田和也氏との対談で、祭祀は明治に創られたから、明治天皇は覚めた意識があり代拝が増えると述べている。これについて大岡弘氏は、祭祀には潔斎《けっさい》が必要であり、国務のための体調管理を考えて明治天皇の親祭が晩年に減ったと論じている。明治天皇は、新嘗祭であっても代拝を命じている。また神仏を総動員して国土防衛にあたろうとした孝明天皇も、代拝は普通のことであった。天皇の習慣として、潔斎できなければ代拝が普通のことではなかっただろうか。

ところで、宮中祭祀令では、歳旦祭に先立ち、四方拝《しほうはい》を行うと規定された。四方拝は宮中三殿の祭祀ではないので、細かい規定がない。このあとの、天皇が神饌《しんせん》に近い物を食べる所作をする晴御膳も皇室令では規定されない。また皇太子は、『明治天皇紀』では、明治三十六年七月十四日から中元の参内を行っている。中元は、親が死んでいる場合は盂蘭盆《うらぼん》と混淆《こんこう》して弔う行事となっているが、生きている場合は祝賀する行事であり、名の如く、道教が起源である。

宮中の儀礼は、明治期には西洋を意識して整備された。祭祀は、大きく改変され天皇親祭が強調されたが、明治期は必要不可欠とはいえ積極的に法令化される動機は少なかった。明治天皇は、新儀が多いことは知悉していたが、父孝明天皇の神祇崇拝の教えを受け、宮中の慣例をも受け継いで務めていた。それ以外に京都時代以来の年中行事のほんのごく一部が、儀礼として継続されていた。それはおそらく明治天皇にとって伝統であった。継続した年中行事は内儀だけではなかった。朝儀として継続した歌御会始は、大正十五年の皇室儀制令では、重要な朝儀として数えられる。神宮奏事で始まる政始《まつりごとはじめ》も同様。これらは外国を意識していないから大きな変更はない。しかし衣服は正装、つまり洋装であった。

宮殿正殿での、西洋を意識した儀礼。宮中三殿での、束帯を着用した新儀が多い皇室祭祀。御座所鳳凰之間と奥宮殿での、洋装での名残の年中行事。いささか図式化がすぎるだろうか。

公式令と軍令

帝室制度調査局で立案された、さまざまな法令の公布の方式を定めた公式令は、皇室制度とは別の点でも問題をはらんだ法令であった。明治十九年の公文式では、法令は総理大臣が副署することとなっていた。しかし内閣職権が内閣官制に改められ、国務大臣の単独輔弼《ほひつ》制が強められたときに、各省専任事項に関しては、総理大臣の副署は不要で、各省大臣の副署だけでよいと改正された。その結果、原理的には、首相が知らない間に法令が上奏・裁可されて実行される可能性があった。統帥事項に関しては内閣を経由せずに上奏できる帷幄《いあく》上奏という制度があった。帷幄上奏権は、参謀本部長のほかに陸海軍大臣も持っており、統帥事項といえば二重に首相の関与を拒否できた。

明治二十九年四月二十九日、伊藤博文首相は大山巌陸軍大臣に、帷幄上奏といえども行政事件は閣議に掛けることを強く命じている。大山が陸軍雇用者への給与支給を内閣に掛けず上奏して裁可を求めたからであった。統帥事項が内閣の権限外にあることは認めても、法令制定という軍政事項、編制事項は内閣の統合内にあるべきであった。まして予算措置が必要な案件である。

そこで伊藤は、公式令で、法律・勅令は全て首相の副署を要すると改定した。内閣こそが国務を統合する存在であることを明確にし、首相の権限を強めた。また公式令では、詔書・勅書の副署と公布を規定し、前項で述べた皇室令という分類を設けて副署を規定している。

公式令の変化は、あまり注目されなかった。最初に気づいたのは、変化に敏感な明治天皇であった。公式令制定後ひと月経った明治四十年三月、海軍省は韓国の鎮海湾・永興湾に防備隊を置くことを上奏した。そして、公式令に従い首相と海相が副署して勅令として公布すべきであるとの論が起こった。天皇は帷幄上奏に類すると判断し、これまでの海軍大臣のみの副署・上奏と異なることに疑問を抱き、韓国赴任中の伊藤博文に問い合わせた。

伊藤は、予算の関係があり国民に義務が発生するから公布すべきである、帷幄上奏は純粋に軍事命令に限るべきである、勅令であれば公式令に則って首相と海相の副署が必要であると述べた。伊藤の意図は明瞭であった。

明らかになった首相権限の強化に、山県有朋をはじめ、陸軍は反発した。その結果、統帥事項について軍令という法令のカテゴリーを設け、軍令一号で軍令を規定するという荒技に出た。伊藤は反発したが、明治天皇の決断もあり、九月十二日軍令が定められた。帷幄上奏がすでに慣例として存在している以上、それに対応する法令形態を設けたとすれば、反対はできなかった。

公式令と軍令の成立について、瀧井一博氏は、伊藤の隠された国制改革意図を指摘する。公式令草案作成者の有賀《あるが》長雄《ながお》が、天皇の意思の制度化の必要性を力説していることから、副署規程を厳密にすることで、天皇の意思の発動には必ず責任を負う輔弼者が存在していることを明らかにしようとしたと論じた。輔弼者は国務を統一する内閣であった。国務の統合のためには、帷幄上奏を用いて内閣から分離しがちな軍政事項を内閣に取り込む必要があった。伊藤は、有賀と巳代治の提案を受け入れて、目立たない公式令を制定し、天皇のさらなる制度化と内閣の統合能力の強化を目指した。そして軍令では山県と妥協しながらも、軍行政の法治化を達成しようとしたと論じている（『伊藤博文』）。

伊藤はなぜこのような改革を志したのであろうか。改革の姿勢に変化のあった帝室制度調査局総裁の一時辞任の間に理由があるのではないか。

第四次伊藤内閣は、明治天皇の伊藤応援の好意から、渡辺国武への沙汰があった。このことが、内閣辞職の際、天皇に信任されたと渡辺が辞表提出を拒む原因となった。井上毅《こわし》の制度設計では、大臣は個別に天皇に責任を負う単独輔弼制であった。しかし黒田内閣以後、留任の場合は天皇の意思が示されることもあるが、大臣は全員が辞表を提出するのが慣例となっていた。実質的には連帯責任制であった。ところが渡辺の行動である。単独輔弼制によって閣僚は天皇に個別に信任されているとするならば、渡辺の行動は正しい。しかしそれでは、首相が辞表を提出しても、閣僚は残ることになる。閣僚の馘首は誰ができるのだろうか。総理大臣臨時代理西園寺公望は、首相が辞表を奉呈しているのに閣僚が奉呈しないのは将来に禍根を残すと渡辺を説得して、ようやく渡辺は辞表を提出した。単独輔弼制の問題点が明らかになった。

また第四次伊藤内閣ができる直前の九月十五日、第二次山県内閣の青木周蔵外務大臣は、山県に無断で日露開戦論を奏上していた（小松緑『明治史実外交秘話』）。単独輔弼制を論拠にすれば、青木の行動は可能であった。

このような事態から、今一度首相の権限を強め、内閣の統合能力を高める必要があると伊藤は判断したのではないだろうか。あわせて、統帥事項を内閣から切り離す傾向のあった軍をも統制下に置く、公式令が企図されたのであろう。

一方渡辺への天皇の態度は、伊藤への好意とはいえ、天皇の意思の不規則な奔出であった。宮内省関係者が関与したことは、元田永孚のような内閣とは異なる天皇の意思の出現ルートの誕生とも疑えた。さらに伊藤自身が貴族院沈静化のために天皇の勅語を利用したことも、落ち着いて考えれば、天皇の個別意思の奔出でもある。この点でも、詔勅・勅語の副署規程を明瞭にしておく必要があると、伊藤は反省したのであろう。

しかし伊藤が真意を隠したことは、軍令に関しては、良い結果を結ばなかった。明治天皇ですら、伊藤の意思を理解できず、副署について下問している。明治十二年以来統帥事項と一部軍政事項を帷幄上奏で処理してきた天皇には、陸海軍の対立は憂慮しても、伊藤のように軍を内閣の統制下に置くことに切実さはなかったであろう。伊藤の性急さと隠匿性に、山県が反射して軍令が制定される。軍令の制度化は、裁可者天皇には、輔弼（輔翼）機関の必要性を一層感じさせる。もちろんこれまで元帥山県や元帥府に、あるいは軍事参議会に諮詢していた。日露戦争中に山県が参謀総長になると、現役大将の桂首相に下問した。山県は戯《たわむ》れて言う、これまで大山巌総長の上奏で重要なものは自分に下問があったが、総長になってから上奏は桂に下問がある、「参謀総長に就任してより信を陛下に薄うせり」（『明治天皇紀』第十）。天皇の視点からは、別の観点からの意見を求めれば、当局者でない重臣に下問せざるを得ない。明治四十二年十月二十一日、天皇は初めて軍事参議院に親臨する。諮問機関を求めての親臨であろう。議長は山県であった。一方権力を維持するのに敏感な山県は、枢密院に対応する軍令についての下問機関を制度化し、元勲優遇・元帥として山県へあった下問を、制度として山県に下問されるように試みたのではないだろうか。

3　「明治の精神」の葬列

伊藤の死と朝鮮併合

明治四十二（一九〇九）年十月二十六日、伊藤博文がハルピンで暗殺された。伊藤の枢密院議長就任は、政党運営の失敗を意味し、また日英同盟の功の独占のために、桂太郎が伊藤を日露協商論者に仕立てたことは（千葉功『旧外交の形成』）、伊藤の権威を低下させた。しかし明治天皇の信頼は変わらなかった。明治天皇の視点からは、筆頭元老であった。

日露戦後から暗殺までの間に、伊藤には、明治三十八年十一月二十日に日韓協約締結に対して、勅語があった。日露戦争終結後大本営解散の宴に、明治天皇は特に伊藤を出席させた(「徳大寺実則日記」)。日本の韓国への干渉のトップである統監府が置かれ、その統監に伊藤が就任した際の明治三十九年一月十四日、天皇は統監が韓国守備軍の軍事指揮権を持つようにという勅語を、寺内正毅《てらうちまさたけ》陸軍大臣と大山巌参謀総長に自ら手渡した。そののち伊藤には、四十年二月に帝室制度調査に対して、また、八月二十日には第三次日韓協約締結に対して、十一月八日には皇太子訪韓に対して、さらに四十二年六月十四日にも統監辞職に対して、いずれもその労をねぎらう勅語を与えている。韓国統治に苦慮する伊藤を支えるためもあったが、伊藤への勅語はやはり多い。

この間、他の元老には、山県には大本営閉局の際に、大山には凱旋の時と先に述べた統監への軍事指揮権授与の件の際の二回、勅語が与えられただけであった。山県がすねるのも無理はない。もっとも勤王家山県は天皇の前では固くなって「奏上の詞に、

嘉仁親王と韓国皇太子の李垠　明治40年10月、韓国統監伊藤博文(前列右)が皇太子嘉仁を韓国に招いた

かどが立」ち、伊藤は「御心の安んずるやうに」言うから（「伊東巳代治談話筆記」）、仕方ないかも知れない。

なお伊藤が統監就任に際して目標としたのは、東洋の文明化と軍のコントロールにあり、朝鮮の併合は考えていなかった。しかし併合に転換した後で、暗殺された（瀧井一博『伊藤博文』）。暗殺はさらに併合を推し進めた。

明治天皇は、伊藤の葬儀について、三条実美より「上ナラズ又下ラザル」という意向であった（「徳大寺実則日記」）。そして、明治天皇は、伊藤の死に「特ニ御力落シ」で、段が付いたように老境に入ったと感じられたという（「子爵日野西資博談話速記第一回」）。天皇が形式的な裁可者でない限り、裁可には判断が必要であった。下問するのは、まずは伊藤であった。

陽性で有能な桂太郎への信任は増していた。のちに第二次内閣辞職の際は、元勲優遇の詔が出された。桂自身、元老は老衰し、次の首相候補として温存されるためにも西園寺公望に首相を譲るという趣旨を述べるほどに自信を高めていた（「徳大寺実則日記」）。とはいえ、桂・西園寺には明治天皇の権威が必要であった。第一次桂内閣に遡るが、桂首相は、日英同盟を批准する必要のない協約とし、秘密の保持から、調印前に枢密院に掛けるのを避けた。当然枢密院内に不満は高まるであろう。そこで、桂内閣は、天皇に皇居東溜之間で開催される枢密院への親臨を乞い、天皇が勅語を述べて、経緯を報告するという形態で乗り切ることにした。以後外交における政治的協定はこの方式が採用される（千葉功『旧外交の形成』）。

桂園時代、調印後報告のために明治天皇の枢密院行幸は増える。また桂園ともに天皇への拝謁を『明治天皇紀』の記載上では月に三回程度維持した。元老とともに歩んだ明治天皇にとっては、桂園の貫目は足りないであろう。

伊藤の死への嘆きは、親愛なる者を喪った哀しみであったが、優秀な下問者を失った裁可者の孤独な呻吟でもあった。

疲労と病の晩年

明治三十八年二月、明治天皇は糖尿病と診断された。天皇五四歳。二月一日の検査で、尿に一・二パーセントの糖分を含んでいた。現在と判断の基準が違うが、数値から見れば、かなり進行した病状であった。

日清戦争後、天皇は馬にも乗らないようになり、運動不足となった。政務の多忙や、奥などで偶然に天皇と会ってしまう下級の者への配慮と説明される（「松村龍雄談話速記第二回」）。運動不足もあって肥満が進行し、その結果益々運動から遠ざかった。

ところで、明治三十年一月に孝明天皇の正妻・英照《えいしょう》皇太后が崩御し、明治天皇と美子皇后は、四月に皇太后の陵参拝のため京都に行幸啓し、八月まで滞在した。暴風雨で帰還が延びたときは「低気圧もよいナー」と述べ、東京の麻疹の流行の終息には「まだ残つてる筈ぢや」といって、京都に滞在した。天皇は朝、白の着物のまま庭に降りるなど、のびのびと過ごしていた（「子爵日野西資博談」）。庭を散策するなど活動的で、乗馬も行ったという。

明治三十二年二月十五日、侍医局長岡玄卿《おかげんけい》は、明治天皇が京都では活動的であった経験から、肥満が進行しており健康のために京都行幸を勧める上書を提出した。京都御苑内の散策と乗馬で活動的とされるのだから、普段は奥宮殿と表御座所の往復であったのだろう。田中光顕宮内大臣がその趣旨を言上すると、明治天皇は激怒した。自分が京都を愛するのは知っているだろう、養生には良いだろうが停滞する政務をどうするのか、京都に行けば東京に戻りたくなくなるので自制しているのがわからぬのかと。

肥満は、天皇の体に負担を掛けていった。明治三十三年四月の神戸沖の観艦式行幸の頃には、ただでさえ船酔い体質の上に、肥満によって船に乗り降りする際の梯子である舷梯《げんてい》の昇降に敏捷を欠くようになっており、艦船への移動には不快感を示すようになっていた。明治三十四年四月から半年ほど下肢にむくみが起こり、十一月の大演習統監のための仙台行幸の際には、歩行を好まず特に階段の昇降に悩む状況から、仙台偕行社の御座所が二階から一階に移されている。明治四十一年十一月の観艦式の時には舷梯を特に作ってなだらかにするほどに、足の悪さがあからさまであった（「斎藤実談話速記」）。

明治天皇は甘いものも好きで、糖尿病と診断されてからは、砂糖の替わりにサッカリンを使ったり、「水くさう拵《こしら》へた」菓子を用意したという（「柳原愛子刀自談話筆記」）。

侍従日野西資博は、明治四十三年十一月の特別大演習統監のための岡山行幸で、天皇が統監後足をさすったり腰をたたいたりする姿を見るようになり、尿の出も悪いようで、天皇がこの頃から体調が良くなかったのではないかと推測している。翌年十一月の久留米演習の時も具合が悪かったようで、苦痛のため帰りの汽車をゆっくり走らせ、一時間近く遅れたという。心配した日野西は、徳大寺侍従長に養生するよう言上せよと言ったところ、徳大寺には自分からはいえないと断られた。柳原愛子に頼んだところ、天皇は聞き入れず、「わしなぞ死んでもかまはぬ、ほつておいてくれ」との言葉も出たという（「子爵日野西資博談」）。日野西は「ドウモワシガ死ンダラ世ノ中ハドウナルデアラウ、モウワシハ死ニタイ」という発言がしばしばあり、特に内儀について心配していたとも回想しており、体調だけでなく、社会全体への不安があったのかも知れない（「子爵日野西資博談話速記第一回」）。

晩年の天皇　明治42年11月、栃木県那須での演習を統監

明治四十五年七月十五日、枢密院で第三回日露協約の報告会が開かれ、天皇は出席した。なりがいいといわれる天皇は、着席後は微動だにしないのが常であったが、この日は姿勢が崩れ、居眠りもあった。山県有朋枢密院議長が軍刀で床をコツンとたたいて起こした。天皇はこの日から脈拍が不整であり、疲労が深かった。十九日晩餐中に御格子の間に入り倒れこんだ。侍医頭が診察したときには昏睡状態で、四〇度五分の熱があった。糖尿病から明治三

十九年一月に慢性腎臓炎を併発していたが、尿毒症になったのであった。二十日官報号外で容態を発表する。意識は恍惚として、熱は高く、不整脈が続いた。二十六日尿毒症末期に起こるシャイネ・ストーク症が現れ、二十九日昏睡状態となり、午後一〇時四三分崩御。践祚などの準備のために、三十日午前零時四三分心臓麻痺により崩御と発表された。

漱石、花袋らが語る崩御

夏目漱石は、『こころ』の主人公に次のように語らせる。「夏の暑い盛りに明治天皇が崩御になりました。其時私は明治の精神が天皇に始まって天皇に終わったような気がしました。……其後に生き残っているのは必竟《ひっきょう》時勢遅れだという感じが烈しく私の胸を打ちました」。

田山花袋《たやまかたい》は『東京の三十年』で次のように書く。

――「明治天皇陛下、“Mutsuhito the Great” 中興の英主、幼くして艱難《かんなん》に生ひ立たれて、種々の難関、危機を通過されて、日本を今日のやうな世界的の立派な文明に導かれた聖上、その聖上の御一生を思ふと、涙の滂沱《ぼうだ》たるを誰も覚えぬものはなかつた」。

即位の大典、遷都の儀式は幼くて見なかったが、「陛下の儀仗粛々として街頭を駛《はし》る時には、私はいつも路傍の群衆の中に雑《まじ》つて、余所ながら御威容を拝するのを常としてゐた」。

青山御所から宮城への移転、皇太子立太子式、つづいて御成婚の大典。

西南の役で父が戦死した。「日清の役、日露の役には、私は写真班の一員として従軍して、八紘にかゞやく御稜威《みいつ》の凜とした光景を眼《ま》のあたりに見て来た」。「私は思想としては

Free thinker であるけれども、魂から言へば、矢張《やはり》大日本主義の一人である」。

明治天皇とともに歩んだ明治の精神とは、維新から万国対峙を目指して、日清・日露と戦勝して大国の一つとなった、日本の成長物語であった。日本の成長の中心に明治天皇がいることは、節目節目に行われる儀礼と戦争で確認できた。伊藤博文が演出した儀礼は、実に効果的であった。

平癒祈願　明治45年7月、二重橋前で祈る人々

重大事件を風刺した生方敏郎《うぶかたとしろう》『明治大正見聞史』は、「明治天皇の崩御」で、次のように述べる。

——明治天皇不例の通知が来る。「従来、宮中のことは全く雲の上の生活であって、国民はそれについて、何事も見聞するの機会を与えられていなかった。然るに今度は旧来の風習を破って、陛下の御容態が毎日発表せられた。しかしそれは日々国民の憂いを増すばかりであった。世の中は段々薄暗くなって行くように思われた」。

九月十三日大葬の日、「奉弔」と記した白張の提灯や、黒い布を付けた国旗が、家々の前にあった。「黒い袴を穿《は》いて黒いリボンをつけた若い女学生に逢ったり、胸に小さい喪章を附けた克明な顔をした商人体の人々に逢ったりす

御大葬　上は、大正元年９月13日午前、赤坂見附から山王下で葬列を待つ人々。下は９月13日夜、葬場殿に向かう葬列。『明治天皇御大葬写真帖』より

ると、今日に限って、そこらが何となく浄《きよ》らかになったような気がした」。

近衛軍楽隊の「悲しみの極み」が聞こえた。近衛の葬列を見て「噫《ああ》何という悲しい姿であろう。私はこれまで人の歩むということにこんな悲哀を見たことがなかった」。旛《ばん》や弓などを持つ仕人《つこうど》の列の後、笙《しょう》や篳篥《ひちりき》の音が近づいてくる。「篳篥の悲しみは真に人の腸を絶つ」。霊轜《れいじ》が来る。「私の頭は茫としてほとんど何も考えずに、霊轜の行方を見送った」。「噫、俺の心は麻痺してしまった」。

批判精神豊かな新聞記者生方も、葬列に心が麻痺した。葬列は、洋装の軍人に、和装の仕人が続いた。洋楽の後の雅楽であった。昭和天皇の崩御が近づいた際に、その病状が連日報道されていたが、明治天皇の際にも病状は二十日以後報道され、二十二日には、一日三回から五回の発表となった。呼応する国民が成立していた。喪章も新しい習慣であった。『東京朝日新聞』は八月九日午後二時から五分間、新橋駅頭で喪章を付けている通行人の調査をした。一九九人中、着用者は男子七八人、女子二四人で一〇二人、非着用者は、男子六二人、女子三五人で九七人。官吏・会社員・学生風は着用者が多く、職人・商人は着用しないものが多い。三〇歳以下で付けている人が多く、十四、五歳以下は全員着用、四〇歳以上では付けていない人が多い。もっとも子供には人気で駄菓子屋で売られていたという。三〇歳以下に着用が多いのは、明治後期に生まれるほど、明治天皇への意識が強かったのであろう。

葬場殿　青山練兵場に設けられた。現在は聖徳記念絵画館の北側に「葬場殿趾」が残る

　陵は京都桃山に決まり、伏見《ふしみ》桃山陵《ももやまりょう》と名付けられた。明治三十六年四月から五月にかけての最後となった京都行幸の際に、明治天皇は突然皇后に、陵は桃山に造るよ

うにと命じたという。

八月二十七日、追号《ついごう》は明治天皇と決まった。大喪《たいそう》は九月十三日から十五日であった。十三日青山練兵場で葬場殿の儀が行われた。柩は列車で京都桃山に運ばれ、十五日朝、埋柩《まいきゅう》の儀と陵前祭が執行された。

終章　君主の成長と近代国家

1　大正天皇の課題

明治天皇の教誡

明治三十二年（一八九九）五月二十三日、おそらく嘉仁《よしひと》皇太子に示すために作成された思《おぼし》召《めし》書案がある（「徳大寺実則日記」）。

廿三日参　左ノ書付御手許奉呈。

一　伊勢神宮御尊崇之事。
　　但、年一度御参拝之事。
一　神武天皇山陵御参拝之事。
一　万事ニ淫スル莫《な》ク、之ヲ節ス。
一　賞罰ヲ明ニシ、愛憎ニ迷フ莫《なか》レ。
一　意ヲ用ユル平均ニ、好悪ニ由ル莫レ。
一　能ク喜怒ヲ慎ミ、色ニ形《あら》ワス莫レ。

右、皇太子教誡ニ示シ給《たま》フ歟《か》。

一つめと二つめは神事の重視である。三つめ以下はいずれも自由気ままな振る舞いへの訓誡である。嘉仁の気さくさ・自由な振る舞いは美点ともいえるが、明治天皇には危惧された。父子の関係は、どのようなものであったのだろう。

厳しい父と病弱の子

明宮《はるのみや》嘉仁親王は、明治十二年（一八七九）八月三十一日に誕生した。生来虚弱な体質で、九月末、十月末、そして一年後にはかなり危険な状態に陥った。その後も病弱で、幼少時に脳膜炎（髄膜炎）を患ったと考えられている。このため成長が順調ではなく、学習も時間不足から遅れが見られた。皇子御世話に命じられたのは中山忠能《なかやまただやす》で、明宮は中山邸に預けられ、中山慶子《よしこ》も「第二の御奉公」（「嵯峨仲子刀自談話筆記」）と父娘で養育に励んだ。祖父忠能夫妻に育てられ、生母慶子が側にいた明治天皇は、同様の環境を準備した。しかし明治天皇の祖父と母は、明治天皇が二八歳に成長した分だけ老いていた。また生母柳原愛子《やなぎわらなるこ》は、明宮の側にいるわけではなかった。明宮は、一五歳頃まで美子皇后を生母と思い、愛子を乳母と思ってつらく当たっていたという（『佐佐木高行日記　かざしの桜』）。曾祖父と祖母の過保護と病弱の相乗効果で嘉仁は発達が遅れ、わがままさが見受けられるようになった。

明治天皇は、第五章第二節で触れたように、子供に会わない人であった。明宮の場合は、のちに定例参内日が設けられたが、同様であった。しかし、明宮の成長に注意は払っていた。習字・道徳・唱歌などの担当を決め、内容をチェックした。厳格な規律を伴った教育を施そうとした御教育掛湯本武比古《ゆもとたけひこ》の提案を認め、社会性の涵養のため学習院に通学させた。明治十九年以後教育担当には、元侍補《じほ》・四将軍派である土方久元《ひじかたひさもと》、佐佐木高行《ささきたかゆき》、曾我祐準《そがすけのり》を登用した。

　佐佐木から曾我への交代は、武官が望ましいとの意見があったようで、明治二十四年六月には現役の奥保鞏《おくやすかた》少将が新設の東宮武官長に就任、翌年からは東宮大夫も兼ねた。そして嘉仁の身の回りの世話も女官から軍人が担当するようになった。この方針は後任の武官長黒川通軌《みちのり》にも継続された。明治天皇の支持の下の転換であろう。自らが明治四年以後武張った実地教育を受け、質実剛健の気風にふれた経験を、生育の遅れがちな皇太子に与えたかったのであろう。なお曾我の転任が、元侍補の明治天皇への影響力の低下と同時期であることも興味深い。

少年時代の嘉仁親王

　ところがこうした武張った教育が、皇太子に悪い影響を与えたらしい。明治二十八年五月には風邪、腸チフス、ついで軽い肺結核にかかった。一時は重体となって、十一月まで病臥した。伊藤博文が、号令式でなく、皇太

柳原愛子　大正天皇の生母

子の実情に応じた教育体制を求めて改革に乗り出した。第三次伊藤内閣が成立すると、伊藤は、皇太子の健康を図り政治と軍事に理解を深めさせる教育が必要で、元勲の中から監督者を任命すべきであり、天皇が考えている皇族・元勲から「伺候《しこう》」を選ぶという案も良い、という意見書を提出した（『伊藤博文伝』下）。

明治三十一年二月、大山巌《いわお》が東宮職の監督に任じられ、三月二十二日、熾仁《たるひと》親王没後では明治天皇が最も信頼する皇族である有栖川宮威仁《たけひと》親王が東宮賓友《ひんゆう》となった。威仁親王がやがて実権を握り、健康回復を第一にして伸びやかに暮らすことを目的とする教育となり、皇太子の健康と学習状況は大きく改善されていく。その一方で、再び気ままさが目立つようになる。

父とは違う天皇像

明治天皇は、自らの経験でよいと思うことを、担当者に一任するというやり方で堅持した。そういう心配の仕方であった。明治二十八年の皇太子大患後、明治天皇は、「これでわしもやつと安心した」とボロボロと涙を流した（「柳原愛子刀自談話筆記」）。「先祖ニ対シテ中訳ガ立ツ」とも言ったらしい（「子爵藪篤麿談話速記」）。

しかし厳しい教育は嘉仁の体に良くなかった。それを避けると嘉仁にわがままと気軽さが見出されるようになる。嘉仁の性格は、自制を美徳と学び実行している明治天皇には危うかった。そこで冒頭の教誡となった。

一方嘉仁にとっては、逢う回数の限られた、教育的な父は、恐かった。皇太子は天皇に威厳と近寄りがたさを、親愛よりも強く感じた。「御《お》上《かみ》ガ少シ御《お》恐《こわ》イヤウナ御様子」がはっきりわかったという（「子爵日野西資博談話速記第一回」）。

このような父子であるから、自然嘉仁は父とは違う天皇像を求めたようである。父明治天皇や子昭和天皇と異なり、和歌より漢詩を愛したことに、そうした意識が表れていよう。父子の関係も異なる。明治三十四年、皇太子夫妻に迪宮裕仁《みちのみやひろひと》親王が生まれると、明治天皇はこれまで通りの方法を守って、裕仁を川村純義《かわむらすみよし》に預けた。しかし川村が死去した後、裕仁は、東宮御所の側に設けられた皇孫御殿に移る。皇太子はしばしば子供たちを訪れて団欒を持った。自らの父子関係を反面教師として、新しい親子関係が創られたのだろう。

政治においても、自制と不動性が目標ではなくなる。

制度の安定と君主の個性

明治天皇崩御後、大正天皇の政治教育のために、桂太郎《かつらたろう》が内大臣兼侍従長になる。桂の台頭を嫌った山県有朋《やまがたありとも》が、桂を政治の場から遠ざけようとしたらしい。第二次西園寺《さいおんじ》公望《きんもち》内閣は、二個師団増設問題で大正元年（一九一二）十二月五日、総辞職する。後継は難航、桂が勅語を貰って組閣した。そして宮中・府中の別を乱すとの批判が起こる。桂にしてみれば、内大臣になったのは本意ではないし、師団増設もあずかり知らないことであった。しかし世論は、西園寺を倒した陸軍閥が、勅語を身にまとって首相になったと捉え批判した。尾《お》崎《ざき》行《ゆき》雄《お》の衆議院の演説、「詔勅ヲ以テ弾丸ニ代ヘテ政敵ヲ倒サントスルモノ」（『帝国議会衆議院議事速記録』）、は有名であろう。結局、翌大正二年二月十日、桂内閣は総辞職した。この一連の政治変動は、大正政変と呼ばれる。

なぜ勅語は受け入れられなかったのであろう。文部大臣を明治天皇からほぼ罷免された尾崎は、内閣とは別の天皇の意思があることを知っていたはずである。

桂の勅語利用は、伊藤のひそみに倣ったのかも知れない。それが王権と行政権の間であれば、上奏が却下されることもある天皇と内閣の関係であれば、天皇の個別的な意思があっても良かった。ところが天皇・内閣・議会の関係となったとき、和衷協同の勅語と異なり天皇が内閣のみをあからさまに支持する勅語を出しては、君主が公共性を担えなくなり、天皇・内閣・議会の安定的関係は揺らいでしまう。

さらに言えば、公共性を担うならば、内閣と別の意思を持つ君主の存在は認められることになる。終戦の詔勅が受け入れられた背景であろう。昭和天皇は、政府の戦争指導と異なる意思を持った存在であったとして地方巡幸に旅立ち、その解釈が受容される。天皇無答責と相俟って、内閣とは別の意思を持っていたと、平和を望んだ存在であったという解釈が成立する。

大正政変は、もう一つ短期的に大きな問題を引き起こしたと思われる。下問者の一時的総失脚である。桂には、どう見てもしばらくは下問する訳にはいかない。西園寺も、大正天皇が政友会鎮撫《ちんぶ》の勅語を出したために、違勅の罪をかぶって謹慎してしまう。西園寺自身が桂に、ある時は宮中ある時は府中で天皇を助けよと言ったのだから、罪悪感はあったであろう。桂を奉答した元老にも傷が付く。こうして内閣からの上奏に対して、下問する相手がいなくなってしまう。次の山本権兵衛《やまもとごんべえ》内閣が、軍部大臣を予備役にまで拡大し、文官任用令を改正するという果断な改革を断行し得た背景であろう。次の大隈重信《おおくましげのぶ》内閣で元老は復権するが、大正天皇が大隈を親しんだこともあり、大隈内閣の暴走は止められなかった。下問を通して天皇としての判断を慎重にし、かつ国策の統合を図るという智恵は、大正天皇に引き継がれなかった。「意ヲ用ユル平均ニ、好悪ニ由ル莫レ」という教誡は、大正天皇に伝わらなかった。

大正天皇　大正10年より裕仁親王を摂政とし、大正15年12月、48歳で崩御

明治憲法発布後、主に伊藤の構想によって憲法に拘束されるという点で立憲君主となった近代の天皇は、一般に政治家の個性によって政治制度は同一でも差異のある政治運営が発生するよ

うに、君主の個性によって政治運営の実態は異なった。明治天皇の自制が原則として上奏後の裁可において意思を表明するという態度となり、頑固さが変貌の速度を落とすという点で明治の立憲制のかわらなさという安定性を支えたのであれば、大正天皇の軽やかな意思表示という個性は立憲制を不安定化したといえるであろう。

2　明治天皇が維持した帝国日本

明治天皇の明治維新

明治天皇の生涯をたどって、明治天皇の大日本帝国を描いてきた。他の描き方もあったろうが、江戸時代の天皇との違いは何だろうか、明治天皇はどのように政治的に成長したであろうかという点に関心があるわたくしには、このような描き方が一番しっくりきた。

明治天皇は、江戸時代の皇子として育った。父孝明天皇からは、江戸時代の天皇と幕末の天皇を教えられた。

江戸時代の天皇としては、年中行事を学び、和歌は直接に習った。

幕末の天皇としては、まずは国難の中、神仏への、特に神祇《じんぎ》への崇拝を学んだ。幕末の天皇への期待の増大は、皇統の連続性を他国との優越性と考える、水戸学と国学の広まりに支えられていた。水戸学は本居学を批判するが、祖先祭祀の重要性は主張した。孝明天皇の神祇崇敬は過剰ではあったが、祖先祭祀を中心とする神事を盛んにするようとの時代の要請があった。やがては、遥かに昔の神武天皇陵を見つけ出して整備するに至る。
ついで武の重要性があった。禁中《きんちゅう》並《ならびに》公家《くげ》中諸法度《ちゅうしょはっと》では、天皇は文・雅が家職《かしょく》であった。天皇を含む朝廷は、文・雅が精神的にも財政的にも支えであった。しかし国難の中、孝明天皇は、幕府が攘夷を行わないのであれば、自らが武を率いると宣言した。行き着く先は、大和行幸であった。また政治的対立があった。宮中を護る武家の操練を嘉《よみ》さなければならなかった。

そして公議と天皇の権威の結びつきは、朝廷の天皇であるだけでは不十分となった。明治天皇は、公家と公家の文化の中で育ったが、神祇崇拝と武への親和、日本の全住民に見られる存在への変容を課題として出発した。

明治維新後、列強に少なくとも侵略されない国家建設には、列強を意識した維新官僚ほど、民衆のエネルギーの結集が必要に感じられた。そこで結集のために、生身の天皇の姿を、できるだけ広く見せようとした。諸勢力の連合政権である点からも、全ての権力の淵源である太政官が天皇を抱いた政府であることを見せる必要があった。朝廷の天皇の不十分さへの認識は高まった。あたらしい天皇像の創出は、主には岩倉具視《いわくらともみ》と大久保利通《おおくぼとしみち》が主導した。

列強を意識すればするほど、キリスト教排撃をめざす熱狂的な神道国家の形成は危険な選択であった。平田派国学の神道理論は排外的である点で採用できなかった。海外雄飛を唱える、当座の目標は天皇親祭を課題とする、津和野《つわの》派国学によって神道の基礎は作られる。以後曲折はあるが、宮中三殿における親祭の祖先祭祀が、天皇の守るべき神事として落ち着いた。

政治史的にも、平田派国学を信奉する公家や攘夷派は排除される。その上での廃藩置県である。もはや遠慮は要らない。復古よりは創業。欧化した、武張った天皇像が求められる。明治天皇も、英雄譚を好み、活動的であったから、好奇心もあって変化を受け入れる。身の回りに現れた武士出身の侍従に、英雄を好んで無骨な人物を愛するという傾向から親しめた。西郷隆盛《さいごうたかもり》に親炙《しんしや》した。のちの、外国人嫌い、外出嫌い、船嫌い、内儀の伝統墨守《ぼくしゆ》、欧化に抑制的ということが信じられないくらいに、変化を受容した。軍服をまとった天皇が、巡幸して、西洋化・近代化という国家像を見せていく。外国人との謁見儀礼も、国際標準に近づいていく。

明治十年代になって、二十代半ばになった明治天皇への政治教育が課題となった。言語化されない課題は、天皇がどの程度政治に関与するかであった。尊王論が維新の起爆剤であった。天皇の政治の関与の度合いなど、問題化できない。三条実美《さんじょうさねとみ》や岩倉にとって、新政府は朝廷の政治への復帰であった。天皇は朝廷の意思決定に参加して当然であった。大久保や西郷、木戸《きど》孝允《たかよし》は英邁な君主と賛辞を贈り、いずれは天皇が政治的意思を表明することを期待していた。

一方明治天皇は、武張った活発な活動が賞讃されて、恣意的な行動に傾いた。「私」の領域であったから、多少の放恣は許された。では「公」の領域で許されるだろうか。

天皇の教育係の侍補《じほ》として、近代化に抑制的で、儒教を重んじ、神道を信奉する、佐佐木高行や元田永孚《もとだながざね》たちが就任する。明治天皇は、恣意的な行動を諌《いさ》められた。その一方で、価値観において大きく彼らの影響を受けた。近代化に抑制的で儒教的道徳を重んじるという傾向での政治的意思の表明は応援された。天皇の政治的君主への成長を願った三条や岩倉は拒否しがたい。第二世代の伊藤博文や黒田清隆は、突如として現れた政治主体にとまどう。

他方、国民のエネルギーの結集は、参加の拡大論、国会開設論を生む。まして幕末以来公議は否定できない正《プラス》の価値であった。天皇と政府と国会の関係という問題も発生した。

立憲君主としての成長

これらの問題について、一つの解決策を見つけてきたのが、伊藤博文であった。

まずはシュタイン憲法学に則って、王権（天皇）と行政権（内閣）と立法権（国会）の調和が、国家の発展をもたらすと論じた。このことで、国王からある程度自立した内閣を主張でき、天皇の政治への関与を、憲法の拘束下に置いた。ついで、伊藤の世代の実力者・元勲の政治方針を政治的意思を持ち出した明治天皇に説き、元勲が一致した場合には天皇の意思を押し返した。こうして明治天皇は、志向としては侍補の価値観を維持しながらも、明治国家の発展のために、元勲たちの意見と折り合うようになった。明治天皇と元勲は指導者集団として一体化する。元勲が必要として奏上した行動を、明治天皇は受け入れていく。西洋化には忸怩《じくじ》たる思いがあったが、洋装の美子皇后の手を取って、観桜・観菊の園遊会に現れた。洋式にしつらえた宮殿で、外国人を交えて西洋料理の宴を開いた。銀婚式なるものを開催した。維新の前の節会とわわしい宴である明治の節会とは、名前だけの一致であった。

伊藤は、明治天皇を二重に制度化した。天皇の意思の発現ルートは内閣中心に限定される。恣意的な振る舞いも制限される。一般的な用法において専制的には、天皇は振る舞えない。

意思の発現ルートが制度化されたとしても、天皇と内閣の間には、上奏・裁可というせめぎ合いは依然存在する。明治天皇は政府首脳と一体性を強めたので、天皇の裁可拒否・再考要請の数は多くないし、深刻な亀裂には至らなかった。元勲クラスが対立するような深刻な課題は、そもそも裁可まで行かない。聖断とて、元勲クラスが納得する環境になって求められる。また元勲クラスが合意すれば、天皇の拒否は貫徹できない。こうして天皇と内閣の関係は安定する。その安定は、侍補が理想とした統治の先頭に立つ天皇像での安定ではない。天皇の活動量からすれば、低めの、ちょっとものぐさの安定である。

議会と内閣の関係は、憲法が与えた権限が意外に議会に有利に働いた。天皇と議会の関係では、天皇は解散の詔書や開院閉院の勅語を出し、議会は天皇に上奏する権限があった。開院の勅語は、毎回微妙に異なりその時期の課題を織り込んでいるが、議会が拒否することはなかった。議会の上奏は自制され、さらに天皇は必ずしも答えない慣例が成立する。その一方で議会の立法権を、天皇と内閣は天皇の法律裁可権を使って否定しなかった。こうして政治の対立は、天皇を括弧に入れて、内閣と国会の間で起こる。天皇は無答責で責任を負うのは輔弼《ほひつ》の大臣という憲法の構造が実体化する。宮中・府中の別は実体化する。

明治天皇は、議会を要素とする憲法内の存在となった。この意味で立憲君主であった。明治十四年来の伊藤のグランドデザインの完成である。もちろん明治天皇にも自分も作った憲法という意識が強い。近年、明治期の政治対立の際に憲法停止論があったことが強調されるが、明治天皇治世中はあり得ないのではないだろうか。

道徳教育と統帥権

伊藤の三極構造というデザインの中で、外れたものがあった。いずれも明治天皇が関心を持った分野であった。ひとつは教育、特に道徳教育であった。伊藤をはじめ元勲たちは、明治天皇の道徳への関与が神道に近づくことには、対外関係上から警戒した。しかし日常道徳においての、皇統の連続性にとって重要な祖先崇拝に必要な点での関与は、ある者は歓迎し、ある者は眉を顰《ひそ》めたが少なくとも反対しなかった。軍人勅諭・教育勅語・戊申《ぼしん》詔書。山県有朋とそれに連なる人々が熱心であった。

今ひとつは統帥を中心とする軍であった。明治十年前後、天皇は軍への関心を低めたが、権力維持の中心手段である軍を無視することはできなかった。三条・岩倉も、軍事力を持たない公家の悲哀を知っているがゆえに、明治天皇を説諭し続けた。明治十年代後半になって、明治天皇は軍に再び積極的な関心を持つようになる。統帥権の独立は、内閣にとっては問題であるし、議会にとっても三極構造の埒外《らちがい》の存在は問題であったが、明治天皇の眼からは、輔弼《ほひつ》（輔翼）の在り方が明瞭であれば、問題はなかろう。

とはいえ伊藤には問題であった。井上毅の単独輔弼制論とともに、内閣の統合能力を弱めるものであった。伊藤は公式令によって、天皇の輔弼は首相率いる内閣であることを明確にしようとした。その意図は、明治天皇には十分に了解されなかった。仮に了解しても、山県はじめ他の元老が支持していないものを、積極的には支持できない。軍令の誕生である。

神道に繋がる道徳論を中心とする教育と、統帥権とに議会の関与が及ばない点では、明治国家は前近代的で絶対主義的である。そういう研究が重ねられた。しかし明治天皇はじめ近代の天皇の振る舞いは、専制的でない。蛇足すれば、統帥権の独立は憲法の一部であったし、公式令以後は詔書も勅書も副署が必要であった。天皇の私的意思は、御沙汰《ごさた》しか存在しなくなる。

明治天皇による安定

天皇には、元勲が及ばない領域があった。それは君主間外交である。大津事件は、元勲たちにそれを印象づけ、天皇の権威を高めた事件であった。また元勲たちは、国会への対応を中心に対立を深める。天皇が呼びかけなければ集まらない。元勲たちも、呼びかけられて意思の疎通ができることもあった。こうして天皇の垂直型の調整が必要となる。この点でも天皇の権威は必要となる。明治二十年代を通して、明治天皇の政治指導者内での権威は確立する。

明治天皇が、シュタイン由来の伊藤の三極構造を理解したのであれば、内閣と議会の上奏に対して可否を判断して裁可することは天皇の権能であり、裁可のための顧問院が必要となる。明治天皇は、それを宮中顧問官、ついで枢密院に求めた。元田たち私的顧問団を枢密院に送り込んだ。それゆえに、元勲たちは枢密院を警戒した。憲法制定のための、元侍補や保守派のガス抜きの場とはしたが、それ以上の存在にはしなかった。結局明治天皇は、幸いなことに元勲たちが内閣に揃わないから、元勲たちに下問して意見を求めることができた。黒田内閣の後は、元勲優遇を創り出して、元勲が指導者集団から離脱することを防いだ。元勲たちは、歴史的に形成されたお互いに意思疎通を必要と認め合う集団であった。その集団と天皇の下問範囲が一致する。明治三十年頃の元老の形成である。

明治天皇にすれば、上奏を全て認める印判者にならないのであれば、判断を下問する、諮《し》詢《じゅん》する存在が必要であった。それが元老であった。伊藤が首相であれば、黒田・山県に下問がある。山県が首相であれば、伊藤・黒田に下問する。統帥を中心とする軍関係は山県が中心となる。絶妙のバランス感覚で、徳大寺《とくだいじ》実則《さねつね》を使って下問する。辞められない天皇の長期にわたる観察は、人間関係の機微を察知した。察知されたのは下問範囲だけではない。日清戦後の山本権兵衛を中心とする海軍の地位上昇活動を受けて、桂と山本の対等性には常に配慮していた。桂の次をめぐる児玉源太郎《こだまげんたろう》と寺内正毅《てらうちまさたけ》の関係にも配意を怠らなかった。

天皇の意思が政治に反映するとはいっても、内奏・上奏に対する反応で、受動的である。基本的には輔弼されての裁可である。下問先は、首相や大臣の経験者であり、現役の内閣や軍の方針からの大きな逸脱はなかろう。

天皇の意思を反映させた上で、天皇と内閣の関係を安定させるためには、あるいは天皇と軍の関係を安定させるには、天皇の下問行為という手入れが必要であった。元老が明治憲法の割拠性を補ったということを、天皇の側から見れば以上のような表現となる。

前節で述べた皇太子への訓誡で、放恣の戒めを述べているのは天皇の持つバランス感覚である。明治天皇は、明治国家の安定のために、三十歳代に強い自制を学んでいた。

ところで、宮中・府中の別という言葉がある。元田が伊藤に反論して用いていることから、天皇と天皇側近の意図が内閣とは別に存在する状況を排除するために用いられたのであろう。天皇の政治的意図は、内閣が輔弼すべきもので、他のルートで表出されてはならなかった。しかし宮中・府中の別は、天皇を含む宮中に意思が存在する事を意味する。

明治二十四年松方正義が内閣強化のために土方久元宮内大臣に文部大臣として入閣を望んだ。元侍補の土方を、よりによって文部大臣と言うところがミソである。しかし元来天皇の意思の実現のための天皇親政運動を起こした土方が、宮中・府中の別を理由に就任を拒絶している。内閣とは別の天皇・宮中の意思があってよいという考えが普及しつつあった。

明治二十六年、和衷協同の詔勅が出された。政党を含む帝国議会はこれを受け入れた。内閣は天皇に任命されるが、個別的な政策では天皇は別の意図がある。伊藤の三極政治の了解である。では表明された天皇の意思は、支持されなければならないのか。海軍軍拡の必要性を政党も理解していたという個別の事情はあるにしても、無答責の天皇の意思を支持しなければならないのだろうか。天皇が、対立を調停する上位の存在で、何らかの公共性を担っているという了解が存在したと考えていいのではないか。幕末以来天皇は公議と分かちがたかった。加えて、天皇は、教育勅語という道徳を命じる主体として認められていた。社会の道徳を命じうる存在であった。伊藤の憲法論は、内閣の統合から逸脱する、道徳を命じる君主によって支えられていた。

明治天皇は、受動的に権力を、明治憲法内の存在として行使する君主であった。明治憲法は割拠性が問題にされ、元老が統合を補ったと理解されている。明治天皇も、元老とともに指導者集団を形成して、明治憲法を支えた。内閣が統合できない軍の統帥機能も、天皇は受動的に統合した。憲法に収まらない、道徳とカミの領域も天皇の任務であった。もちろん受動的に、頑固に急変を避けて、したがって維持を中心に。明治天皇が支えた帝国日本であった。

京都の明治天皇

幕末に天皇が存在したことは幸いであった。というのは、現政府を批判して新政府を樹立しようとするとき、結集核が存在したことは、変動の終息を容易にしたであろうから。強い軍事力を持っていたとしても、薩摩藩・長州藩単独では江戸政府を圧倒できない。連合を形成するには、核が必要である。まして現政府の権威の発給源であった。権威の源に復する。合意は得やすい。

伏見桃山陵　明治天皇の陵墓。京都市伏見区

江戸政府を批判するに公議が用いられたことも大きかった。公議の実現の場が朝廷であった。明治天皇は、朝廷の天皇ではなかったし、ましてや薩長の天皇でもなかった。それを示すために、天皇は東京に向かう。

維新後の天皇は、明治日本の発展の折々に、伊藤の立案による国家的儀礼に、西洋化して現れた。日清・日露の凱旋式も西洋的儀礼であった。田山花袋《たやまかたい》の回想に見るように、明治日本の発展は、天皇の儀礼で確認された。国家発展の象徴として、伊藤のいう明治国家の「機軸」、精神的支柱となった。

「機軸」は国家発展の象徴だけではなかった。西洋的儀礼の前には、国民の目には触れないが、宮中三殿への奉告があった。国民の目に触れる祭祀としては、日露戦勝後は、伊勢神宮への奉告があった。靖国神社への親拝もあった。公式には、神道は宗教でなくなりつつあり、戦後はＧＨＱによって国家神道は狭義に解釈されたけれども、天皇はカミを祀り、死者を慰霊する存在であり続けた。共同体を基礎とした祖先崇拝として成立したカミとホトケの信仰世界と断絶してはいない。

ところで、制度として継続しているもののひとつに、位階がある。近年、天皇の継続の点で、中世以来官位の発給を続けた意義が指摘される。維新官僚は乱暴だから、廃藩後朝廷の序列である位階は廃止されたが、すでに受給されている人もいて、知らぬ間に復活する。位階は、贈位という方法で、死者に及ぶ。明治時代、天皇は行幸に合わせて、地域社会の偉人や旧藩主に贈位した。過去にさかのぼって、地域社会を統合する機能をはたした。皮肉なことに、位階令の制定は贈位を規定する難しさで難航、贈位を削除して大正十五年にようやく成立している。近代が積極的に変革しない分野の継続がある。

明治天皇は、和歌だけでなく、蹴鞠《けまり》、雅楽《ががく》、衣紋《えもん》といった宮中の伝統文化の維持に下賜金を出している。能楽も援助している。日本画への関心も深い。伝統は創られるものであろうが、江戸時代に宮中に受け継がれていたと考えられる文化の継承に深い関心を寄せた。神事を含めた宮中の文化の継承という点でも、「機軸」であった。もっとも、近世の年中行事で継続されたものはとても少ない。

その結果近代の天皇は、これだけ変改があるにもかかわらず、伝統の継続者として評価される。たとえば今上天皇の元侍従長渡邉允は歌会始の継続をもって伝統の継続と述べている（『平成の皇室』）。なお伝統の継続論のはらむ問題は本巻では十分には語っていない。

明治天皇は、能が好きであった。奥で自己流の謡《うたい》を吟じていた。侍従試補や掌侍に教えたりもした。明治三十六年四月、神戸での観艦式を終えて京都に入る車中で、天皇は歌を作った。

舞子の浜辺の柏山　仮の宮居《みやい》を供奉なして　はしる列車にまかせつゝ
はや大阪に立つけふり　日かけも覆ふて空暗く　これ商業の繁昌を
はしめてさとる供奉のとも　ふく春風も寒からす　やかて京都につきにけり
やかて京都につきにけり

能の道行《みちゆき》の詞章に思える。道行の節回しで謡える。天皇が好んだ「蟬丸《せみまる》」の節回しで謡おう。

やかて京都につきにけり

東京において、天皇は公であった。死して私の地、愛惜の地京都に休らえた。

学術文庫版のあとがき

平成三十一年（二〇一九）四月末日の今上天皇の退位が決まり、やがて光格《こうかく》天皇の譲位以来約二百年ぶりの上皇が誕生する。今上天皇の年齢を考えれば、通常の「職」であれば、そして本人にその意思があるのであれば、引退は普通のことと思う。しかし、皇室典範に譲位についての規程がないために、多くの議論が重ねられた。なぜ規程はないのであろうか。

本書は京都御所の建物から語り始めた。平安時代を復古した紫宸殿《ししんでん》、書院造りの小御所《こごしょ》、そして嗜好の反映する数寄屋《すきや》造りの茶室と辿っている。天皇や皇室制度というと、変わらない伝統が思い浮かぶ。伝統を、変わらないから貴重であり尊重しなければならないとする姿勢に反対して、所詮創られたものと断じてしまうのは簡単だけれど、何時、どのように、どのような目的で整備されたか確認することは必要と考える。まして本書で取り扱うのは、近代化＝西欧化であった明治期であり、天皇をとりまく制度が大きく改変された時代である。伝統の問題にしても、改変が伝統の名のもとに装飾されたならばその意図があるであろうし、社会が伝統と認識したならば社会の変化を考察する契機となる。本書では、天皇をとりまく制度や皇室制度について、その点に留意して執筆した。

では、明治期に作られた天皇をとりまく制度や皇室制度は、どのような点に重きが置かれたであろうか。最終的には伊《い》藤《とう》博文《ひろぶみ》が主導した制度設計は、皇位の継承を含めて、まずは安定的であることが重視された。明治皇室典範に譲位規程がない理由も、譲位を認めると、皇位の継承が不安定になることにある。その考えは、戦後の皇室典範にも引き継がれた。この事情については本書で触れているが、まとめてみよう。

　幕末は安政五年（一八五八）六月二十八日、孝明《こうめい》天皇は日米修好通商条約調印に反対して譲位を口にする。後継者として、伏見宮貞教《ふしみのみやさだのり》親王、有栖川宮幟仁《ありすがわのみやたかひと》親王、熾仁《たるひと》親王を挙げる。幟仁親王は、霊元《れいげん》天皇の四世王、その子熾仁親王は五世王で、律令では五世王は皇親（皇族）とは捉えない。まして伏見宮貞教親王は崇《す》光《こう》天皇から十五世、後《ご》花園《はなぞの》天皇の弟である貞《さだ》常《つね》親王を一世王としても十三世、皇親ではない。つまりこの三人は親王であって有資格者だが難点がある。孝明天皇の譲位の表明は、公家社会に大きな脅しであった。

　そして誕生する上皇の政治的重みはどのようになるであろうか。今回の世上の議論でも上皇と天皇が権力を争った保元の乱を例に出した論者がいたが、平安末期の院政の問題、つまり天皇という桎梏《しっこく》を離れた上皇の恣意的な権力行使の問題が存在する。そこまでさかのぼらなくても、徳川十一代将軍の家斉《いえなり》が、隠居した後も「大御所」と呼ばれて権力をふるい、政治が乱れた例が近くにある。それぞれの藩にも実例はあろう。たとえ天皇の意思であっても、譲位には政治的な不安定さを発生させる可能性が高い。

　さらに孝明天皇が譲位を口にしたとき、祐宮《さちのみや》（明治天皇）を候補に挙げていない。近世の制度では、通例、親王宣下《せんげ》があり皇儲《こうちょ》と認定されなければ、実子であっても後継者ではなかった。ここにも皇位継承を変更させようとする意思が入る余地がある。

元来律令制では天皇の子及び兄弟姉妹を親王と称したが、平安時代以降は天皇の命によって親王となる慣習であった（親王宣下）。したがって天皇から血統的に遠くても、猶子《ゆうし》（子どもと認めること、養子よりは弱いと考えられる）となって親王となりえた。江戸時代には世襲する四つの宮家があり、四親王家と呼ばれた。四親王家の当主は、猶子として天皇の子となって親王の称を授かり、天皇の後継候補者となった。

養子という点では、皇室典範では、天皇家・宮家ともに養子は否定された。イエの継承を重視する近世の社会では、血統に関わりなく養子を取ることは普通であったし、幕臣では江戸中期には一世代で三分の一が養子だったともいう。光格天皇は閑院宮《かんいんのみや》出身で「後桃園《ごももぞの》天皇の崩御の際、同天皇の養子となって皇嗣に立てられ」（『国史大辞典』）皇統を嗣いだが（東山天皇から三世）、後桃園天皇の皇女欣子《よしこ》内親王を中宮（正室）としており、女子に近縁者から養子を取ったという形に近い。しかし養子を迎えることは、選定に対し意思が働くこととなる。皇室典範制定の際、伊藤は養子を否定する。

女帝についても、範とした中国の律令には存在しないにも拘わらず推古天皇はじめ既に存在したために日本の律令では条文が設けられ、江戸時代には二人の女帝が即位したという現実があり、西洋にも女帝が現存するという国際標準があったが、伊藤と井上毅《いのうえこわし》は女帝の存在を認めなかった。女系も否定される。配偶者の問題、継承順の問題を考慮したと考えられる。

継承順では、庶出で継承されているという現実から庶出子を継承者として認める一方、嫡出子長子優先を確立した。継承順は厳格に定められた。

たとえば右のような場合、①〜④の継承順となり、④までの後継者が不在となったときに、庶出子はようやく天皇を嗣ぐことになる。そのように決めておかないと、③が年少だから庶出子に継承させようという意思が出現するかも知れず、ここまで確定しておく必要があった。

また当初皇室典範は国会の意思から遠ざけるためにも、家法として公布されなかった。つまり、伊藤博文は、皇室制度、特に皇位継承については簡単に変更されないことを基本にしたのである。

その結果、天皇をとりまく制度や皇室制度は、近世の朝廷の制度・公家の慣いと必ずしも継続してはいない。即位の儀礼も明治天皇の即位はそれまでと大きく異なるし、大正天皇以後に継続しているわけではない。

退位の話題から少し遠ざかった。本書は、天皇をとりまく制度や皇室制度の変化について、かなりの分量執筆している。これらの制度は、明治初期、憲法制定前後、明治三十年代の帝室制度調査局での調査時、大正後期の帝室制度審議会の立案時に大きく変わるが、それ以外の時期にも改変がある。本書中のあちらこちらで書いているが、現在の皇室をめぐる問題の参考にしていただければ幸いである。

本書執筆に際しては、筆者の記憶に依れば、天皇の通史の一つとして明治天皇を書くという依頼であった。近代の天皇は明治憲法では主権者であり、国家体制・政治体制そのものを対象とすることも可能であろうが、筆者のなし得ることとも思われず、本シリーズと趣旨が異なるであろう。明治天皇の伝記ということでは、伊藤之雄氏の『明治天皇』(ミネルヴァ書房、二〇〇六年)が刊行されたところで、しかも近代史研究の泰斗である伊藤氏は政治史についても十分に触れられている。そこで、明治天皇を伝記的に辿りつつ、明治天皇が明治国家とどう関わったか、特に立憲君主としてどう関わったか、天皇に直接関連する制度は如何なるものであったか、明治天皇の在り方は国民にどう波及していったかについて執筆することとした。天皇をとりまく宮中の制度への言及が多く、タイトルが『明治天皇の大日本帝国』となった所以である。

今回文庫化するにあたって、訂正は誤記や誤植を正す程度にとどめた。そこで、原本の刊行後の、明治天皇そのものを対象とする、あるいは皇室制度に関する研究の成果について、少し補っておきたい。

天皇の政治行動については、明治後期を中心に、安在邦夫他編著『明治期の天皇と宮廷』(梓出版社、二〇一六年)がある。明治後期においても、明治天皇は大きくは受動的に権力を行使していることが確認できる。ただ個々の行動については新しい論点もあり、本書についても批判的な言及もある。

本書は『明治天皇紀』を主たる史料としたが、これと対になる明治神宮監修『昭憲皇太后実録』（吉川弘文館、二〇一四年）が米田雄介氏の解題を付して刊行された。二〇一〇年には小田部雄次氏の『昭憲皇太后・貞明皇后』（ミネルヴァ書房）が刊行されている。これらを読むと本書でもふれた美子《はるこ》皇后（昭憲皇太后）の役割が確認できる。

宮中については、松田好史『内大臣の研究』（吉川弘文館、二〇一四年）がある。主たる対象は大正期以後の内大臣、平田東助・牧野伸顕・木戸幸一である。伊藤は天皇をとりまく制度を安定させることを目標としたと述べたが、根幹を決めることに主眼があった。細部の整備は明治三十年代の帝室制度調査局に持ち越され、実行は大正の帝室制度審議会の時代となる。このことに表れているように、宮中の制度は未決のことも多かった。内大臣という制度ですら、人物によって運用が異なった。本書で筆者が描いた宮中も、明治天皇と内大臣徳大寺実則との間で成立した状況であった。

皇室制度については、宮内庁が宮内省文書を公開するようになって、新しい成果が出ている。刑部芳則『帝国日本の大礼服』（法政大学出版局、二〇一六年）は、服制という視点から近代の皇室制度や儀礼の変化を述べる。また、ジョン・ブリーン『儀礼と権力　天皇の明治維新』（平凡社、二〇一一年）も皇室儀礼と政治について整理している。帝室財産については、池田さなえ氏が帝室財政の安定以外の産業政策の視点からの設定論の存在を示唆している（「近代皇室の土地所有に関する一考察」『史学雑誌』125－9、二〇一六年）。国分航士氏は帝室制度調査局の活動を明らかにし、宮中・府中の別の揺らぎを指摘する（「明治立憲制と「宮中」」『史学雑誌』124－9、二〇一五年）。

最後に大正天皇について付け加えたい。本書では明治天皇との差異をわずかに執筆したにすぎない。大正天皇の晩年については、既に原本刊行時に、「主君押し込め」であったとする原武史氏と、病であったとする古川隆久氏の論争があった。大正天皇の軽快さを描く原武史『大正天皇』（朝日選書、二〇〇〇年、朝日文庫、二〇一五年）と、「人物叢書」シリーズには珍しく辛辣な人物論にまで踏み込んでいる古川隆久『大正天皇』（吉川弘文館、二〇〇七年）を読み比べていただきたい。二〇一六年からは、非公開部分を推定した宮内省図書寮編修・岩壁義光補訂『大正天皇実録』（ゆまに書房）の刊行も始まっている。

二〇一八年　五月

西川　誠

参考文献（おもなもののみ、おおむね本文での言及順に挙げた）

全般に関するもの

『明治天皇紀』全巻（吉川弘文館、一九六八〜七七年）

『孝明天皇紀』全巻（平安神宮、一九六七〜六九年）

堀口　修編『「明治天皇紀」談話記録集成』全9巻（ゆまに書房、二〇〇三年）

第一巻：「伯爵万里小路通房談話筆記」「子爵日野西資博談」（日野西①）「子爵日野西資博談話速記第一回」（日野西②）「子爵日野西資博談話速記第二回」（日野西③）

第二巻：「長崎省吾談話速記第一回」「長崎省吾談話速記第二回」「長崎省吾談話速記第三回」

第三巻：「子爵藪篤麿談話速記」「嵯峨仲子刀自談話筆記」「男爵西五辻文仲談話速記」「慈光寺仲敏談話速記」「柳原愛子刀自談話筆記」「伊東巳代治談話筆記」

第五巻：「斎藤実談話速記」「松村龍雄談話速記第二回」

『明治大帝』（キング附録）（大日本雄弁会講談社、一九二七年）

渡辺幾治郎『明治天皇』上・下（明治天皇頌徳会、一九五八年）＊ある時期までの実証研究の到達点。

飛鳥井雅道『明治大帝』（筑摩書房、一九八九年）＊政治家としての天皇を改めて描き出した。

安田　浩『天皇の政治史』（青木書店、一九九八年）＊天皇の能動的君主の側面を強く打ち出す。

笠原英彦『明治天皇』（中公新書、二〇〇六年）

伊藤之雄『明治天皇』（ミネルヴァ書房、二〇〇六年）

御厨　貴『明治国家の完成』（日本の近代3、中央公論新社、二〇〇一年）

有馬　学『「国際化」の中の帝国日本』（日本の近代４、中央公論新社、一九九九年）
鈴木　淳『維新の構想と展開』（日本の歴史20、講談社、二〇〇二年、講談社学術文庫、二〇一〇年）
佐々木隆『明治人の力量』（日本の歴史21、講談社、二〇〇二年、講談社学術文庫、二〇一〇年）
北岡伸一『日本政治史』（放送大学教育振興会、一九八九年）
加藤陽子『戦争の日本近現代史』（講談社現代新書、二〇〇二年）
吉田　孝『歴史のなかの天皇』（岩波新書、二〇〇六年）

序章

藤岡通夫『京都御所』（中央公論美術出版、一九八七年）
久野　収・鶴見俊輔『現代日本の思想』（岩波新書、一九五六年）
瀧井一博『ドイツ国家学と明治国制』（ミネルヴァ書房、一九九九年）
鳥海　靖『「明治」をつくった男たち』（ＰＨＰ研究所、一九八二年）

第一章

東京大学史料編纂所編『復古記』第一冊（東京大学出版会、一九七四年覆刻、原版一九二九年）
松田敬之『次男坊たちの江戸時代』（吉川弘文館、二〇〇八年）
矢野健治「江戸時代に於ける公家衆の経済」上下『歴史地理』（六六巻三、四号、一九三五年）
李　元雨『幕末の公家社会』（吉川弘文館、二〇〇五年）
高橋　博『近世の朝廷と女官制度』（吉川弘文館、二〇〇九年）
『本居宣長全集』第二巻・第八巻（筑摩書房、一九六八・七二年）、「石上私淑言」（二巻）「玉くしげ」（八巻）
『平田篤胤　伴信友　大国隆正』（日本思想大系50、岩波書店、一九七三年）、「霊の真柱」

『新修平田篤胤全集』第六巻（名著出版、一九七七年）、「玉襷」
『国学運動の思想』（日本思想大系51、岩波書店、一九七一年）、「産須那社古伝抄」
藤田　覚『近世政治史と天皇』（吉川弘文館、一九九九年）
同　『幕末の天皇』（講談社選書メチエ、一九九四年）
『水戸学』（日本思想大系53、岩波書店、一九七三年）、「正名論」、「新論」、「弘道館記」、尾藤正英「水戸学の特質」
『水戸学大系第二巻　会沢正志斎』（水戸学大系刊行会、一九四一年）、「読直毘霊」
『吉田松陰全集』第五巻・第九巻（岩波書店、一九三九年）、「大義を議す」（五巻）
『水戸藩史料』上編坤（吉川弘文館、一九七〇年）
井上　勲『王政復古』（中公新書、一九九一年）
三谷　博『明治維新とナショナリズム』（山川出版社、一九九七年）
渡辺　浩『日本政治思想史』（東京大学出版会、二〇一〇年）
『岩倉具視関係文書』一・五・七（東京大学出版会、一九六八～六九年覆刻、原版一九二七～三五年）
『防長回天史』第三編下（柏書房、一九八〇年覆刻、原版一九二一年）
『中山忠能日記』四（東京大学出版会、一九七三年覆刻、原版一九一六年）
尾藤正英『江戸時代とはなにか』（岩波書店、一九九三年）
三谷　博・山口輝臣『19世紀日本の歴史』（放送大学教育振興会、二〇〇〇年）
高橋秀直『幕末維新の政治と天皇』（吉川弘文館、二〇〇七年）
米原　謙『日本政治思想』（ミネルヴァ書房、二〇〇七年）

第二章

『木戸孝允日記』一〜三（東京大学出版会、一九六七年覆刻、原版一九三二〜三三年）
『大久保利通文書』二・三・五（東京大学出版会、一九六七〜六八年覆刻、原版一九二七〜二八年）
岡部精一『東京奠都の真相』（仁友社、一九一七年）
佐々木克『幕末の天皇・明治の天皇』（講談社学術文庫、二〇〇五年）
山崎正董編『横井小楠遺稿』（日新書院、一九四二年）
『東京市史稿』皇城篇四（東京市役所、一九一六年）
栃木県立博物館編刊『明治天皇と御巡幸』（一九九七年）
伊木寿一「明治天皇即位式と地球儀」『歴史地理』（五二巻六号、一九二八年）
荒川久寿男「一世一元制の成立」『神道史研究』（二五巻五・六号、一九七七年）
所　功『年号の歴史』（雄山閣出版、一九八八年）
高木博志「明治維新と大嘗祭」『日本史研究』三〇〇号、（一九八七年）
渡辺　浩『東アジアの王権と思想』（東京大学出版会、一九九七年）
東久世通禧述『竹亭回顧録　維新前後』（東京大学出版会、一九八二年覆刻、原版一九一一年）
プティ・トゥアール、森本英夫訳『フランス艦長の見た堺事件』（新人物往来社、一九九三年）
石井　孝『増訂版　明治維新の国際的環境』（吉川弘文館、一九六六年）
宮地正人『幕末維新期の社会的政治史研究』（岩波書店、一九九九年）
多田好問『岩倉公実記』中巻・下巻（原書房、一九六八年覆刻、原版一九〇六年）
尾佐竹猛『維新前後における立憲思想』（文化生活研究会、一九二五年）
武田秀章「近代天皇祭祀形成過程の一考察」、井上順孝・阪本是丸編『日本型政教関係の誕生』（第一書房、一九八七年）
狐塚裕子「教部省の設立と江藤新平」、福地　惇・佐々木隆編『明治日本の政治家群像』（吉川弘文館、一九九九

三年）
東京大学史料編纂所編『保古飛呂比』五・八・十（東京大学出版会、一九七四・七六・七八年）
「大久保利通日記」、鹿児島県歴史資料センター黎明館編『鹿児島県史料　大久保利通史料　1』（鹿児島県、一九八八年）＊日本史籍協会本とほとんど変わらないがこちらを用いた。
『木戸孝允文書』三巻・七巻（東京大学出版会、一九七一年覆刻、一九二九～三一年）
高橋秀直「廃藩置県における権力と社会」、山本四郎編『近代日本の政党と官僚』（東京創元社、一九九一年）
児玉定子『宮廷柳営豪商町人の食事誌』（築地書館、一九八五年）
刑部芳則『洋服・散髪・脱刀』（講談社選書メチエ、二〇一〇年）
西郷隆盛全集編集委員会編『西郷隆盛全集』第三巻（大和書房、一九七八年）
『太陽』第一八巻第一三号、増刊、明治聖天子（一九一二年）
関口すみ子『御一新とジェンダー』（東京大学出版会、二〇〇五年）
武田秀章「四時祭典定則成立過程の一考察」『神道学』（一三六、一九八八年）
山口輝臣『明治国家と宗教』（東京大学出版会、一九九九年）
武田秀章『維新期天皇祭祀の研究』（大明堂、一九九六年）
岩壁義光・広瀬順皓編『太政官期地方巡幸研究便覧』（柏書房、二〇〇一年）
長谷川栄子「明治5年九州・西国巡幸と元田永孚」『熊本大学社会文化研究』3（二〇〇五年）
西園寺公望述、小泉策太郎筆記『西園寺公望自伝』（大日本雄弁会講談社、一九四九年）
石井研堂『明治事物起原』下（改訂増補版）（春陽堂、一九四四年）
宮崎県編刊『宮崎県史』史料編　近・現代1（一九二八年）
籠谷次郎『近代日本における教育と国家の思想』（阿吽社、一九九四年）
岡田芳朗『明治改暦』（大修館書店、一九九四年）

倉持　基「明治天皇写真秘録」、渋谷雅之・石黒敬章編『英傑たちの肖像写真』（渡辺出版、二〇一〇年）
木戸孝允関係文書研究会編『木戸孝允関係文書』4（東京大学出版会、二〇〇九年）
高橋秀直「征韓論政変の政治過程」『史林』（七六巻五号、一九九三年）
沼田　哲編『明治天皇と政治家群像』（吉川弘文館、二〇〇二年）
矢吹活禅『明治天皇行幸年表』（東京大学出版会、一九八二年覆刻、原版一九三八年）
沼田　哲『元田永孚と明治国家』（吉川弘文館、二〇〇五年）
海後宗臣『元田永孚』（文教書院、一九四二年）
霞会館華族資料調査委員会編『東久世通禧日記』下巻（霞会館、一九九三年）
伊藤博文関係文書研究会編『伊藤博文関係文書』四・八（塙書房、一九七六・八〇年）

第三章

渡辺昭夫「侍補制度と『天皇親政』運動」『歴史学研究』二五二号（一九六一年）
同　「天皇制国家形成途上における「天皇親政」の思想と運動」『同』二五四号（一九六二年）
御厨　貴「大久保没後体制」『年報近代日本研究三号　幕末・維新の日本』（一九八一年）
西川　誠「明治一〇年代前半の佐々木高行グループ」『日本歴史』四八四号（一九八八年）
沼田　哲・元田竹彦編『元田永孚関係文書』（山川出版社、一九八五年）
佐々木克「天皇像の形成過程」、飛鳥井雅道編『国民文化の形成』（筑摩書房、一九八四年）
遠山茂樹『天皇と華族』（日本近代思想大系2、岩波書店、一九八八年）
多木浩二『天皇の肖像』（岩波書店、一九八八年）
T・フジタニ『天皇のページェント』（日本放送出版協会、一九九四年）
原　武史『可視化された帝国』（みすず書房、二〇〇一年）

元田竹彦・海後宗臣編『元田永孚文書』第一巻（元田文書研究会、一九六九年）、「還暦之記」、「古稀之記」
稲田正次『教育勅語成立過程の研究』（講談社、一九七一年）
永井　和「太政官文書にみる天皇万機親裁の成立」『京都大学文学部研究紀要』四一号（二〇〇二年）
同「万機親裁体制の成立」『思想』九五七号（二〇〇四年）
小松　緑編『伊藤公直話』（千倉書房、一九三六年）
永井　和「朕は汝等軍人の大元帥なるぞ」、佐々木克編『明治維新期の政治文化』（思文閣出版、二〇〇五年）
稲田正次『明治憲法成立史』上・下（有斐閣、一九六〇・六二年）
大久保利謙『明治国家の形成』（大久保利謙歴史著作集2、吉川弘文館、一九八六年）
春畝公追頌会編『伊藤博文伝』中・下（統正社、一九四〇年）
清水　伸『明治憲法制定史』上（原書房、一九七一年）、「大博士斯丁氏講義筆記」
鳥海　靖『日本近代史講義』（東京大学出版会、一九八八年）
坂本一登『伊藤博文と明治国家形成』（吉川弘文館、一九九一年）
瀧井一博『文明史のなかの明治憲法』（講談社選書メチエ、二〇〇三年）
同『伊藤博文』（中公新書、二〇一〇年）
高木博志『近代天皇制の文化史的研究』（校倉書房、一九九七年）
E・ホブズボウム・T・レンジャー編、前川啓治・梶原景昭他訳『創られた伝統』（紀伊國屋書店、一九九二年）
高木博志『近代天皇制と古都』（岩波書店、二〇〇六年）
竹越与三郎『陶庵公』（叢文閣、一九三〇年）
津田茂麿『明治聖上と臣高行』（自笑会、一九二八年）
大久保利謙『華族制の創出』（大久保利謙歴史著作集3、吉川弘文館、一九九三年）

小田部雄次『華族』（中公新書、二〇〇六年）
大澤博明『近代日本の東アジア政策と軍事』（成文堂、二〇〇一年）
小林和幸『谷干城』（中公新書、二〇一一年）
長尾龍一『日本法思想史研究』（創文社、一九八一年）
同『日本憲法思想史』（講談社学術文庫、一九九六年）
坂野潤治『近代日本の国家構想』（岩波書店、一九九六年）
佐々木隆『藩閥政府と立憲政治』（吉川弘文館、一九九二年）
堀口　修『明治立憲君主制とシュタイン講義』（慈学社出版、二〇〇七年）、「澳国スタイン博士講話録」、「スタイン師講義筆記」
小林　宏・島　善高編『日本立法資料全集16・17　明治皇室典範』上・下（信山社出版、一九九六・九七年）
島　善高『近代皇室制度の形成』（成文堂、一九九四年）
川田敬一『近代日本の国家形成と皇室財産』（原書房、二〇〇一年）

第四章

オットマール・フォン・モール、金森誠也訳『ドイツ貴族の明治宮廷記』（新人物往来社、一九八八年）
園池公致「明治宮廷の思い出」『世界』一二九号（一九五六年）
同「明治のお小姓」『心』一〇巻六号（一九五七年）
同「明治のお小姓（五）」『同』一〇巻一二号（一九五七年）
坊城俊良『宮中五十年』（明徳出版社、一九六〇年）
米窪明美『明治天皇の一日』（新潮新書、二〇〇六年）
中島卯三郎『皇城』（雄山閣、一九五九年）

鈴木博之監修『皇室建築——内匠寮の人と作品』（建築画報社、二〇〇五年）
小野木重勝『明治洋風宮廷建築』（相模書房、一九八三年）
小沢朝江『明治の皇室建築』（吉川弘文館、二〇〇八年）
山﨑鯛介「明治宮殿の建設経緯に見る表宮殿の設計経緯」『日本建築学会計画系論文集』五七二（二〇〇三年）
同「明治宮殿の設計内容に見る儀礼空間の意匠的特徴」『同』五七八（二〇〇四年）
同「明治宮殿の造営過程に見る木造和風の表向き建物の系譜とその意匠的特徴」『同』五八二（二〇〇四年）
同「明治宮殿の設計内容に見る「奥宮殿」の構成と聖上常御殿の建築的特徴」『同』五八六（二〇〇四年）
同「西ノ丸皇居・赤坂仮皇居の改修経緯に見る儀礼空間の形成過程」『同』五九一（二〇〇五年）
トク・ベルツ編、菅沼竜太郎訳『ベルツの日記』上（岩波書店、一九七九年）
中山和芳『ミカドの外交儀礼』（朝日新聞社、二〇〇七年）
『枢密院会議議事録』第一巻（東京大学出版会、一九八四年）
刑部芳則「鹿鳴館時代の女子華族と洋装化」『風俗史学』37（二〇〇七年）
東京慈恵会医科大学百年史編纂委員会編『東京慈恵会医科大学百年史』（東京慈恵会医科大学、一九八〇年）
金澤周作『チャリティとイギリス近代』（京都大学学術出版会、二〇〇八年）
平塚　篤編『続伊藤博文秘録』（春秋社、一九三〇年）
『秘書類纂　帝室制度資料』上・下（原書房、一九七〇年覆刻、原版一九三六年）
片野真佐子「近代皇后像の形成」、富坂キリスト教センター編『近代天皇制の形成とキリスト教』（新教出版社、一九九六年）
同『皇后の近代』（講談社選書メチエ、二〇〇三年）

明治神宮編『昭憲皇太后』（明治神宮、二〇〇四年）、小堀桂一郎「美しき皇后の御歌」
黒沢文貴・河合利修編『日本赤十字社と人道援助』（東京大学出版会、二〇〇九年）
恒川平一『御歌所の研究』（還暦記念出版会、一九三九年）
宮本誉士『御歌所と国学者』（弘文堂、二〇一〇年）
北里　闌『高崎正風先生伝記』（自費出版、一九五九年）
佐々木隆『伊藤博文の情報戦略』（中公新書、一九九九年）
望月雅士「枢密院と政治」、由井正臣編『枢密院の研究』（吉川弘文館、二〇〇三年）
永井　和『近代日本の軍部と政治』（思文閣出版、一九九三年）
海後宗臣『教育勅語成立史の研究』（自費出版、一九六五年）、芳川顕正「教育勅語渙発由来」所収
井上毅伝記編纂委員会編『井上毅伝』史料篇第二（國學院大学図書館、一九六八年）
安丸良夫・宮地正人『宗教と国家』（日本近代思想大系5、岩波書店、一九八八年）
阪本是丸『国家神道形成過程の研究』（岩波書店、一九九四年）
保田孝一『最後のロシア皇帝ニコライ二世の日記』（講談社学術文庫、二〇〇九年）
佐々木隆「明治天皇と立憲政治」、福地　惇・佐々木隆編『明治日本の政治家群像』（吉川弘文館、一九九三年）
伊藤　隆編『山県有朋と近代日本』（吉川弘文館、二〇〇八年）
小宮一夫『条約改正と国内政治』（吉川弘文館、二〇〇一年）
勝俣鎮夫『戦国時代論』（岩波書店、一九九六年）
高橋秀直『日清戦争への道』（東京創元社、一九九五年）
山折哲雄『さまよえる日本宗教』（中央公論新社、二〇〇四年）
坂野潤治『明治憲法体制の確立』（東京大学出版会、一九七一年）

安在邦夫・望月雅士編『佐佐木高行日記　かざしの桜』（北泉社、二〇〇三年）
伊藤之雄「元老制度再考」『史林』第七七巻第一号（一九九四年）
村瀬信一『明治立憲制と内閣』（吉川弘文館、二〇一一年）
千葉　功『旧外交の形成』（勁草書房、二〇〇八年）
広瀬順晧編『伊東巳代治日記・記録』第七巻（ゆまに書房、一九九九年）、「翠雨荘日記」
伊藤之雄『立憲国家と日露戦争』（木鐸社、二〇〇〇年）
水谷三公『王室・貴族・大衆』（中公新書、一九九一年）

第五章

小林道彦『日本の大陸政策』（南窓社、一九九六年）
国立歴史民俗博物館編刊『近現代の戦争に関する記念碑』（二〇〇三年）
久留島浩「近世の軍役と百姓」、『日本の社会史』第四巻（岩波書店、一八八六年）
大久保利謙編『森有礼全集』第一巻（宣文堂書店、一九七二年）
佐藤秀夫編『日本の教育課題　第五巻　学校行事を見直す』（東京法令出版、二〇〇二年）
季武嘉也『大正期の政治構造』（吉川弘文館、一九九八年）
宮地正人『日露戦後政治史の研究』（東京大学出版会、一九七三年）
伊藤之雄「山県系官僚閥と天皇・元老・宮中」『法学論叢』一四〇編一・二号（一九九六年）
斎藤子爵記念会編刊『子爵斎藤実伝』第二巻（一九四一年）
笠間賢二『地方改良運動期における小学校と地域社会』（日本図書センター、二〇〇三年）
林　茂ほか編『日本内閣史録』２（第一法規出版、一九八一年）
遠藤興一『天皇制慈恵主義の成立』（学文社、二〇一〇年）

伊勢弘志「「嘉仁巡啓」に見る国民統制政策と政策主体」『日本歴史』七五〇号（二〇一〇年）
迎賓館編刊『迎賓館赤坂離宮改修記録』（一九七七年）
福羽逸人『福羽逸人回顧録』（財団法人国民公園協会新宿御苑、二〇〇六年）
大給湛子『素顔の宮家』（ＰＨＰ研究所、二〇〇九年）
原　武史・福田和也対談「『宮中祭祀』から見た皇室」『Ｖｏｉｃｅ』二〇〇五年八月号
大岡　弘「明治期皇室祭祀「恒例大祭」における御代拝の急増をめぐって」『神道宗教』二〇四・二〇五号（二〇〇七年）
小松　緑『明治史実外交秘話』（中外商業新報社、一九二七年）
夏目漱石『心』（『漱石全集』第六巻、岩波書店、一九六六年）
田山花袋『東京の三十年』（『明治文学全集99　明治文学回顧録集（二）』筑摩書房、一九八〇年）
生方敏郎『明治大正見聞史』（中公文庫、二〇〇五年）

終章

原　武史『大正天皇』（朝日選書、二〇〇〇年）
古川隆久『大正天皇』（吉川弘文館、二〇〇七年）
升味準之輔『日本政党史論』第三巻（東京大学出版会、一九六七年）
渡邉　允『平成の皇室』（明成社、二〇〇八年）
近代日本研究会編『年報近代日本研究二〇号　宮中・皇室と政治』（山川出版社、一九九八年）

未刊行史料

「徳大寺実則日記」／「三峰日記」／「参考史料雑纂」／「元田男爵家文書」　宮内庁書陵部

「大日本維新史料稿本」　東京大学史料編纂所
「尾崎三良関係文書」／「元田永孚関係文書」／「三条家文書」／「伊藤博文関係文書」／「伊東巳代治関係文書」／「井上馨関係文書」　国立国会図書館憲政資料室
「國學院大學図書館所蔵文書」　國學院大學図書館
「外務省記録」　外交史料館

年表

西暦	年号	天皇	関白など	国内事項	海外事項
一八五二	嘉永五	孝明	鷹司政通（関白）	9祐宮（睦仁、のちの明治天皇）が中山忠能邸で誕生する。父孝明天皇、母中山慶子。この年薩摩藩が反射炉を建設。	12ナポレオン3世即位。第二帝政開始。
一八五三	六			6ペリーが浦賀に来航。将軍徳川家慶没（六一歳）。10徳川家定が将軍となる。	
一八五四	安政元			3日米和親条約の調印。4禁裏御所が炎上し、祐宮ら下鴨社・聖護院に避難。桂宮邸を仮皇居とする。	3クリミア戦争開始。
一八五五	二			11禁裏御所再建。	
一八五六	三		九条尚忠（関白）	7米国総領事ハリスが下田に来航。8九条尚忠、関白となる。9祐宮、中山邸より禁裏御所へ移る。	10清国でアロー号事件。
一八五七	四			5下田条約調印。11祐宮、初めて歌を詠む。	5インド、セポイの反乱。9ムガール帝国滅亡。
一八五八	五			2堀田正睦参内、条約勅許を奏請。3中山忠能ら八八人列参。4井伊直弼が大老に就任。6幕府が日米修好通商条約に調印。7将軍徳川家定没（三五歳）。9安政の大獄が始まる。10徳川家茂が将軍となる。	
一八五九	六			1中山忠能、祐宮の御世話卿となる（のち御肝煎）。3祐宮、手習始（翌四月に読書始）。	
一八六〇	万延元			2咸臨丸がサンフランシスコに到着。3桜田門外で大老井伊直弼が刺殺される（四六歳）。7祐宮が儲君となる（九月に親王宣下、睦仁親王となる）。10和宮降嫁の勅許。	
一八六一	文久元			2露艦による対馬占領事件が起きる。5長州藩長井雅楽、	4南北戦争開始。

○印の数字は閏月を示す

西暦	年号	天皇	関白など	国内事項	海外事項
				航海遠略策を上奏。水戸浪士ら英国公使館を襲撃。11和宮、江戸着。	
一八六二	二		近衛忠熙（関白）	1坂下門外で老中安藤信正が刺傷される。2和宮と将軍家茂の婚儀。4島津久光が藩兵を率いて上京。5孝明天皇、廷臣に和宮降嫁を説明（親征勅語）。6勅使大原重徳が勅旨を将軍に伝達。6近衛忠熙、関白となる。7徳川慶喜を将軍後見職、松平慶永を政事総裁職に任命。8生麦事件。⑧松平容保を京都守護職に任命。	9ビスマルクがプロイセン宰相となる。
一八六三	三		鷹司輔熙（関白） 二条斉敬（関白）	1鷹司輔熙、関白となる。2中山忠能、睦仁親王御肝煎罷免。3孝明天皇が賀茂社へ行幸。4孝明天皇が石清水八幡宮へ行幸。5長州藩、米船を砲撃。7薩英戦争が起きる。孝明天皇・睦仁親王が会津藩等の練兵を見学。8八月十八日の政変。10平野国臣・沢宣嘉ら挙兵（生野の変）。12参予設置。12二条斉敬、関白となる。	11リンカーンのゲティスバーグ演説。
一八六四	元治元			7禁門の変、睦仁親王が紫宸殿上に卒倒する。朝廷が長州追討を幕府に命じる。中山忠能らを禁門の変により謹慎処分。有栖川宮父子の参朝停止。8英・米・仏・蘭の四国連合艦隊、下関を砲撃。	朝鮮、高宗即位。
一八六五	慶応元			10孝明天皇が条約勅許、兵庫開港を不許可。	4米国、南北戦争終結。
一八六六	二			1薩長同盟締結。6第二次長州征伐開始。7将軍徳川家茂没（二一歳）。8中御門経之ら二二人列参、朝彦親王・二条斉敬を弾劾。12徳川慶喜が将軍になる。孝明天皇崩御（三六歳）。	
一八六七	三	明治	二条斉敬	1睦仁親王が践祚する（明治天皇）。有栖川宮父子を赦	4北ドイツ連邦成立。6オ

			（摂政） 有栖川宮熾仁親王（総裁）	免。二条斉敬を摂政とする（十二月まで）。5有栖川宮熾仁親王を歌道師範とする。6一条忠香の娘勝子（のち美子）を女御に決定。10討幕の密勅、大政奉還。12兵庫開港、王政復古の大号令。摂関、将軍職を廃止して有栖川宮熾仁親王を総裁とし、議定・参与を置く。	ーストリア=ハンガリー帝国成立。
一八六八	明治元		有栖川宮熾仁親王（総裁） 三条実美（輔相） 岩倉具視（輔相）	1天皇の元服の儀が行われる。三職七科を設置。2太政官代で親征の令を出す。有栖川宮熾仁親王を東征大総督に任命。2仏公使等参内。3祭政一致の布告。天神地祇へ国是五ヵ条を誓う（五箇条の誓文）。孝明天皇の准后九条夙子を皇太后に冊立。大坂へ行幸（この間海軍視察、諸藩兵調練の視察、藩士の大久保利通・木戸孝允・後藤象二郎らの拝謁等）。4江戸城開城。④万機親裁の勅諭を発す。京都へ還幸。政体書を頒布する。三条実美・岩倉具視を輔相とする。5太政官札発行開始。8即位礼を行う。9改元、一世一元とする。10天皇、東幸のため出立。10天皇、江戸城（東京城と改称）に到着。万機親裁の詔を出す。12京都還幸。一条美子を皇后に冊立する。	12英国にて第一次グラッドストン内閣成立。
一八六九	二		三条実美（右大臣）	1横井小楠暗殺（六一歳）。3東京再幸、神宮親拝。5箱館にて榎本武揚等が降伏。6版籍奉還。神祇官に行幸。東京九段に東京招魂社創建。7太政官制改革により二官六省、開拓使、集議院等を設置。三条実美を右大臣とする。10皇后が東京に着御。12神祇官仮神殿に八神・天神地祇・皇霊を祀る。	11スエズ運河開通。
一八七〇	三			1大教宣布の詔を出す。4天皇、駒場野で練兵を視察。9天皇、越中島で練兵を視察。12新律綱領の制定。	7普仏戦争の開始。9仏、共和国を宣言。

西暦	年号	天皇	太政大臣	国内事項	海外事項
一八七一	四		三条実美（太政大臣）	3公家外山光輔ら逮捕。5元田永孚を宮内省出仕に採用。7廃藩置県。宮中大改革を開始。太政官制改革。三条実美を太政大臣とする。清国と修好条規等を締結。9皇霊を賢所に奉遷。10岩倉遣欧使節団の派遣決定。四時祭典定則の制定。11天皇、初めて海軍を親閲。全国の府県を三府七二県とする。大嘗祭を行う。	1ドイツ帝国成立。3パリ=コミューン（〜5）。
一八七二	五			3近衛兵設置。大学東校・文部省博物館での博覧会へ行幸。皇太后の上京（四月着）。大学南校へ行幸。4内廷改革、女官三六名を罷免。浦賀へ行幸。5正服にて大阪中国西国巡幸へ出立（〜7）。9大元帥の服制を定める。新橋横浜間鉄道開業式に行幸。11改暦の詔書を出す。徴兵の詔を出す。賢所に奉遷の八神・天神地祇を合祀して神殿と改称、宮中三殿の成立。	
一八七三	六			3天皇、散髪して白粉をやめる。4軍事演習のため千葉県大和田原へ行幸。5太政官制の改革。皇居火災、赤坂に仮皇居。7地租改正条例の制定。10遣韓使節問題で閣議分裂、西郷隆盛・江藤新平ら辞職。11内務省を設置。	
一八七四	七			1板垣・江藤・後藤・副島らが民撰議院設立を建白する。東京招魂社へ初めて行幸。天皇、外国から初めて勲章（ザクセン王国）を受ける。2佐賀の乱。台湾出兵を決定。4島津久光を左大臣とする。5木戸孝允を宮内省出仕とする。正院臨御の日を定める。6華族会館の創設。8大久保利通を全権弁理大臣として清国へ差遣。9天皇が蓮沼村で指揮長官として陸軍演習を実施。10清国との和議が成立す	

				る。この年、月五、六回程度御談会を開催。	
一八七五	八			1・2大久保、木戸、板垣が会談（大阪会議）。4賞牌（後の勲章）制定の詔。漸次立憲政体樹立の詔書を出す。太政官制改革、元老院・大審院を設置。5樺太・千島交換条約に調印。6地方官会議に臨幸。9江華島事件。10島津久光が三条実美弾劾上奏、島津、板垣の免官。	1清国、光緒帝が即位。
一八七六	九			2日朝修好条規調印。3廃刀令を出す。6東奥巡幸に出立（〜7）。10熊本神風連の乱、福岡で秋月の乱、山口で萩の乱が起こる。12東海地方で地租改正反対一揆。	12トルコ、帝国憲法公布。
一八七七	十			1地租軽減の詔を出す。大和・京都行幸。孝明天皇十年祭。2西南戦争開始、天皇京都駐輦。3御学問所に隔日出御。天皇が大阪鎮台病院へ慰問。5木戸孝允没（四五歳）。7東京へ還幸。8赤坂仮皇居へ内閣を移転、侍補を設置。9西郷隆盛自刃（五一歳）、西南戦争終結。内廷夜話を開始。10日々内閣臨御を定める。岩倉具視から維新以来の詔勅につき講義を受ける。学習院開業式に行幸。	4露土戦争開始。
一八七八	十一			1・2侍補から乗馬や節酒について諫言。4地方官会議臨御。5大久保利通暗殺（四九歳）。侍補ら、親政の実を挙げるよう天皇に諫言。7地方三新法を公布。8竹橋事件。北陸東海両道巡幸に出立（〜11）。12参謀本部の設置。侍補を改置して勅任とする。	
一八七九	十二			3勤倹の聖旨を出す。4御前議事式・公文上奏式を制定。6東京招魂社を靖国神社と改称。7米国前大統領グラントが来日。8第三皇子嘉仁親王（大正天皇）が誕生する。9教育令の公布。10陸軍職制を定め、陸軍の天皇直隷を規	

西暦	年号	天皇	首相など	国内事項	海外事項
一八八〇	十三			定。侍補制度を廃止。この年、元田永孚が「教学大旨」と「小学条目二件」からなる「聖旨」を編纂、伊藤博文と論争が起きる。2地方官会議に臨御。有栖川宮熾仁親王を左大臣に任命。参議省卿兼任を廃止。3太政官に六部を設置して参議が分掌する。内閣日則を定める。国会期成同盟が結成される。6外債募集を不可とする勅諭を出す。山梨三重両県京都府巡幸（～7）。	
一八八一	十四			3ハワイ王カラカウアが来日。6元田永孚ら「幼学綱要」を完成する。7開拓使官有物払い下げを決定。山形秋田北海道巡幸に出立（～10）。10国会開設の勅諭を出す。開拓使官有物払い下げを中止。参議大隈重信を罷免。自由党の結成。参議省卿兼任の復活。参事院を設置。	3ロシアでアレクサンドル2世が暗殺される。アレクサンドル3世即位。
一八八二	十五			1軍人勅諭を出す。3伊藤博文が憲法調査のため渡欧。4立憲改進党の結成。7朝鮮で壬午事変が起きる。8天皇、脚気の診断を受ける。済物浦条約に調印。11軍備拡張・地租増徴につき地方長官へ勅諭。12「幼学綱要」を地方長官に頒布。	
一八八三	十六			4即位式・大嘗会の京都での実施を定める。7第一号官報発行。岩倉具視没（五九歳）。8伊藤博文が帰国。9京都宮闕保存のため京都に宮内省支庁を設置。	
一八八四	十七			3宮中に制度取調局を設置。伊藤博文が宮内卿に就任、徳大寺実則を侍従長とする。7華族令を制定、五百余人へ授爵。天皇の意向で吉井友実を宮内大輔に任用する。12朝鮮	8清仏戦争が始まる。

一八八五	十八		伊藤博文（首相）	で甲申事変が起きる。事変処理につき御前会議開催。3嘉仁親王が中山邸から赤坂仮皇居内新御殿に入る。4国防会議の設置。天津条約を締結。7藤波言忠を欧米へ派遣（翌八月出立）。山口広島岡山三県巡幸（〜8）。12内閣制度を制定、第一次伊藤博文内閣成立。三条実美を内大臣に任命。宮中顧問官を置く。	
一八八六	十九			2宮内省官制を公布。公文式の公布。3参謀本部条例改正（陸海軍の二部とする。海軍の軍政と軍令を分離）。4湯本武比古を嘉仁親王教育掛とする。9伊藤博文が機務六条を奏上。10皇后、婦人慈善会の総裁となる。	
一八八七	二十			1天皇皇后皇太后、京都大阪へ行幸啓、孝明天皇二十年式年祭。3海防費三〇万円を御手許より下賜。5博愛社を日本赤十字社と改称し、天皇皇后の保護下に置く。7外相井上馨、条約改正交渉無期延期を各国に伝える。9井上外相辞任（伊藤首相が外相兼任）。土方久元を宮内大臣に任命。10高知県代表らが三大事件建白書を元老院に提出。12島津久光没（七一歳）。保安条例の施行。天皇、藤波言忠からシュタイン講義の進講を受ける。	
一八八八	二十一		黒田清隆（首相）	4市制・町村制の公布。4枢密院を設置（議長：伊藤博文）。黒田清隆内閣成立。5第一回枢密院会議開催、天皇臨御。6中山忠能没（八〇歳）。10明治宮殿が完成し、宮城と称する。この年、御真影を作製。	
一八八九	二十二		三条実美（首相兼任） 山県有朋	1天皇、赤坂仮皇居より宮城へ入る。2大日本帝国憲法を発布。皇室典範を制定。西郷隆盛に正三位を追贈。文部大臣森有礼が刺殺される。黒田首相が超然主義演説を行う。	5パリ万国博覧会開催（〜11）。

西暦	年号	天皇	首相	国内事項	海外事項
				8条約改正反対運動が活発化。10大隈外相遭難。黒田首相辞任。内大臣三条実美が首相を兼任。11黒田清隆・伊藤博文に元勲優遇の詔を出す。嘉仁親王を皇太子に冊立。12赤坂離宮内に東宮御所を設置。閣議で条約改正交渉延期を決定。内閣官制改定（首相権限の縮小）。第一次山県有朋内閣成立。	
一八九〇	二十三			2金鵄勲章創設の詔勅。3天皇、愛知県下にて陸海軍連合大演習を統監。4京都行幸。呉・江田島・佐世保へ行幸。5府県制・郡制を公布。7第一回衆議院議員総選挙。最初の貴族院伯子男爵議員互選選挙。10教育勅語を出す。11第一回帝国議会を開会。世伝御料を定める。	
一八九一	二十四		松方正義	1元田永孚没（七四歳）。2三条実美没（五五歳）。徳大寺実則、内大臣兼任。3皇室会計法の制定。4山県首相が辞任。5第一次松方正義内閣成立。天皇、山県に元勲優遇の意を示す。露皇太子ニコライが負傷（大津事件）、天皇が慰問のため京都・神戸へ行幸。12海相樺山資紀が蛮勇演説。	ロシア、シベリア鉄道建設を開始。
一八九二	二十五		伊藤博文	1伊藤が政党結成の意向を上奏。天皇認めず。2第二回衆議院総選挙。選挙干渉が行われる。6天皇、両院の予算協賛権を対等とする。7松方首相辞任。8第二次伊藤博文内閣が成立。10宇都宮行幸、天皇が陸軍特別大演習を統監。	
一八九三	二十六			2天皇、和衷協同の詔勅により製艦費として毎年三〇万円を下賜。5海軍軍令部を設置。	
一八九四	二十七			3天皇皇后結婚二十五年祝典。6清の出兵に対し朝鮮へ派	3朝鮮で東学党が蜂起、甲

				兵決定。大本営を設置。7朝鮮政府へ内政改革案を提出。日英通商航海条約に調印。8日清戦争開戦。宮中正殿に大本営を移す。侍従武官に岡沢精就任。9広島に大本営を移し、広島へ行幸、駐輦。黄海海戦。10帝国議会を広島で開会。	午農民戦争が起きる。
一八九五	二十八			1有栖川宮熾仁親王薨去（六一歳）。4下関にて清と講和条約に調印。露・仏・独三国が講和条約に干渉。5遼東半島還付の詔勅を出す。東京還幸。8台湾総督府設置。10朝鮮にて公使三浦梧楼らがクーデター、閔妃殺害。11自由党が伊藤内閣と提携。12靖国神社臨時大祭を行う。	
一八九六	二十九		松方正義	3立憲改進党など進歩党の結成。4侍従武官官制を制定。6山県・ロバノフ協定（朝鮮に関する議定書）調印。8伊藤首相辞職。9第二次松方正義内閣の成立。11横須賀へ臨幸、戦利艦を視察。	6露清間で条約調印、露が東清鉄道敷設権を獲得。
一八九七	三十			1皇太后崩御、英照皇太后と追諡、慈恵救済資金を地方に下賜。4天皇皇后京都へ行幸啓。10金本位制を実施。松方内閣と進歩党の提携を解消。12衆議院を解散、天皇の意向で松方首相が辞表提出。	6米、ハワイ併合条約調印。10朝鮮が国号を「大韓帝国」とする。
一八九八	三十一		伊藤博文 大隈重信 山県有朋	1第三次伊藤博文内閣成立。松方正義に元勲優遇の詔。元帥府設置。2宮内大臣に田中光顕任命。6自由党と進歩党が合同、憲政党を結成。伊藤首相辞表提出、第一次大隈重信内閣成立。8尾崎行雄文相の共和演説。10大隈首相が辞表を提出。11旧進歩党系議員が憲政本党を結成。第二次山県有朋内閣成立。陸軍特別大演習統監のため大阪へ行幸。内閣が憲政党と連携。12地租増徴案可決。	3ドイツが膠州湾を租借。4米西戦争が起きる。9清で戊戌の政変。

西暦	年号	天皇	首相	国内事項	海外事項
一八九九	三十二			3文官分限令・文官任用令・文官懲戒令を制定。5有栖川宮威仁親王を嘉仁親王輔導責任者とする。8帝室制度調査局を設置、総裁に伊藤博文を任命。	3山東で義和団が蜂起する。10ボーア戦争が始まる。
一九〇〇	三十三		伊藤博文	1嘉仁親王と九条節子が婚約（五月婚儀）。5軍部大臣現役武官制を施行。山県内閣と憲政党の提携解消。6清国出兵を閣議で決定。9立憲政友会発会式、総裁伊藤博文。山県首相が辞表を提出。10第四次伊藤博文内閣の成立。	6義和団が列国と交戦。清国が列国に宣戦布告。
一九〇一	三十四		桂太郎	2貴族院が増税法案否決。3天皇が貴族院に勅語（増税法案成立を求める）。4裕仁親王（のちの昭和天皇）が誕生する。5伊藤首相が辞表を提出、井上馨に組閣の命を出す（井上拝辞）。6第一次桂太郎内閣成立。7天皇皇后東宮御所に臨幸、裕仁親王と対面。9伊藤博文が日露協商の交渉のため洋行。10英国との同盟交渉を開始。11陸軍特別大演習統監のため仙台に行幸。	9義和団事件最終議定書に調印。
一九〇二	三十五			1第一回日英同盟協約調印。5嘉仁親王行啓（群馬・長野・新潟・茨城）。6雍仁親王（のちの秩父宮）が誕生。11陸軍特別大演習統監のため熊本へ行幸。	1シベリア鉄道、ウラジオストクとハバロフスクの間で開通。
一九〇三	三十六			3久邇宮邦彦王の王女良子女王（のちの香淳皇后）誕生。4近畿地方へ行幸（神戸で海軍大演習観艦式・大阪で第五回内国勧業博覧会）。6御前会議で対露交渉基本方針を決定。7伊藤枢密院議長に就任、政友会総裁には西園寺公望。10露駐日公使ローゼンと小村外相の交渉開始。嘉仁親王行啓（和歌山・香川・愛媛・岡山）。11陸軍特別大演習統監のため兵庫県下へ行幸。12連合艦隊を編制。	4露、清に撤兵条件七項目を要求、清拒否。7東清鉄道開通。8露、極東総督府を設置。蔵相ウィッテ辞任、ベゾブラーゾフ派の台頭。

一九〇四	三十七			2御前会議で対露開戦を決定。対露宣戦の詔勅を出す。大本営を宮中に設置。日韓議定書に調印（韓国の日本への軍事協力）。金子堅太郎を米国へ派遣。5ロンドンとニューヨークで外債募集。8第一回旅順総攻撃。第一次日韓協約調印（韓国の外交権を制限）。11外債募集の緊急勅令を出す。12二〇三高地を占領。	8露、バルチック艦隊太平洋派遣を決定。
一九〇五	三十八			1旅順の露軍降伏。宣仁親王（のちの高松宮）が誕生。3奉天会戦。5日本海海戦。6米大統領ルーズベルト、日露へ講和を勧告。7韓国・フィリピン問題につき桂・タフト協定。8第二回日英同盟協約締結。9ポーツマスにて日露講和条約に調印。日比谷で焼打事件が起こる。10平和克復の詔。11伊勢神宮に奉告。第二次日韓協約調印。12韓国に統監府を設置（伊藤を統監に任命）。桂首相が辞任。	1ペテルブルクで血の日曜日事件。8孫文らが東京で中国革命同盟会を結成。10ペテルブルクで最初の労働者代表ソビエト結成。
一九〇六	三十九		西園寺公望	1第一次西園寺公望内閣成立。2天皇、英国からガーター勲章を受ける。日本社会党第一回大会を開催。3竹田宮・朝香宮創設。鉄道国有法成立。8関東都督府を設置。11南満洲鉄道株式会社の設立。	9清で予備立憲の上諭。
一九〇七	四十			2公式令公布。皇室典範増補。皇族会議令公布。5嘉仁親王行啓（山陰地方）。6日仏協約調印（清国での両国勢力範囲の確定）。ハーグ万国平和会議で韓国高宗の密使が日本の侵略を訴える。7第三次日韓協約（統監の下に内政を監理する）。第一回日露協約調印。9軍令の制定。10生母中山慶子没（七三歳）。嘉仁親王行啓（韓国）。12留学のため韓国皇太子李垠が来日。	8英仏露三国協商成立。
一九〇八	四十一		桂太郎	4嘉仁親王行啓（山口・徳島）。7西園寺首相が辞任、第	7トルコで青年トルコ党の

西暦	年号	天皇	首相	国内事項	海外事項
				二次桂内閣成立。9皇室祭祀令公布。10戊申詔書を出す。11陸軍特別大演習統監のため奈良県へ行幸。12戊申詔書の趣旨により皇室財政節倹の勅諭。この年東宮御所ほぼ完成。	革命が起きる。11光緒帝没。西太后没。12宣統帝が即位。
一九〇九	四十二			2登極令・摂政令・立儲令・皇室成年式令を公布。6岩倉具定を宮内大臣に任命。9嘉仁親王行啓（北陸道）。10伊藤博文がハルピンにて殺害される（六九歳）。11陸軍特別大演習統監のため宇都宮行幸。	10清が英米と錦愛鉄道敷設契約。11米ノックス国務長官、満鉄の中立化案を英に提議。
一九一〇	四十三			3皇室身位令・皇室親族令の公布。立憲国民党結成。4渡辺千秋を宮内大臣に任命。6幸徳秋水らを逮捕。7第二回日露協約調印。8日韓併合条約に調印。朝鮮総督府設置（総督・寺内正毅）。11陸軍特別大演習統監のため岡山県へ行幸。12皇室財産令の公布。	11清、一九一三年に国会開設と公表。
一九一一	四十四		西園寺公望	1幸徳秋水らに死刑判決。2施薬救療のため一五〇万円下賜。日米新通商航海条約と付属議定書に調印（関税自主権の回復）。南北朝正閏問題が政治問題となる。5恩賜財団済生会の設立。7第三回日英同盟協約調印（米国を協約対象から外す）。8嘉仁親王行啓（北海道）。第二次西園寺公望内閣成立。桂太郎に元勲優遇の詔。11陸軍特別大演習統監のため福岡県へ行幸。	10清で辛亥革命が起きる。
一九一二	四十五 大正元	大正	桂太郎	3嘉仁親王行啓（山梨）。4嘉仁親王行啓（三重・滋賀）。7第三回日露協約調印。皇室会計令の公布。天皇崩御（六一歳）。嘉仁親王が践祚（大正天皇）。8桂太郎を内大臣兼侍従長に任命。先帝の追号を明治天皇とする。9明治天皇	1南京臨時政府成立、孫文が臨時大総統となる。2清朝宣統帝退位、清朝滅亡。3袁世凱が臨時大総統とな

				大喪。乃木希典・静子夫妻の殉死。伏見桃山に葬る（伏見桃山陵）。12第三次桂太郎内閣成立。	る。10第一次バルカン戦争勃発。
一九一三	二		山本権兵衛	2桂首相が辞任（大正政変）。山本権兵衛内閣成立。10中華民国を承認。12立憲同志会の結成。	
一九一四	三		大隈重信	3山本首相辞任。4皇太后の崩御（六五歳）。第二次大隈重信内閣成立。5皇太后の追号を昭憲皇太后とする。伏見桃山に葬る（伏見桃山東陵）。8ドイツに宣戦布告。	6サラエボ事件。7第一次世界大戦が始まる。
一九一五	四			1二十一ヵ条を中国に要求。5明治神宮創建を告示。11天皇、京都御所紫宸殿にて即位礼を挙行。	
一九一六	五		寺内正毅	7第四回日露協約調印。10寺内正毅内閣成立。憲政会結成。11裕仁親王立太子礼。帝室制度審議会設置。	
一九一七	六			11皇室典範増補。	3露、ロマノフ王朝滅亡（二月革命）。11ソビエト政権樹立（十月革命）。
一九一八	七		原敬	8シベリア出兵を決定。富山から米騒動が波及する。9原敬内閣成立。	11第一次世界大戦が終結。
一九一九	八			3朝鮮で三・一独立運動。6裕仁親王が久邇宮良子女王と婚約。	1パリ講和会議開催。6ベルサイユ条約調印。
一九二〇	九			7政府が天皇の病状を公表する。11明治神宮で鎮座祭が行われる。12裕仁親王と久邇宮良子女王の婚約反対を主張する山県有朋への反論が起こる（宮中某重大事件）。	1国際連盟が発足する。
一九二一	十		高橋是清	3裕仁親王が欧州歴訪のため出立（～9）。11原敬首相が暗殺される。高橋是清内閣成立。裕仁親王が摂政に就任。	7中国共産党創立大会。11ワシントン会議開催。

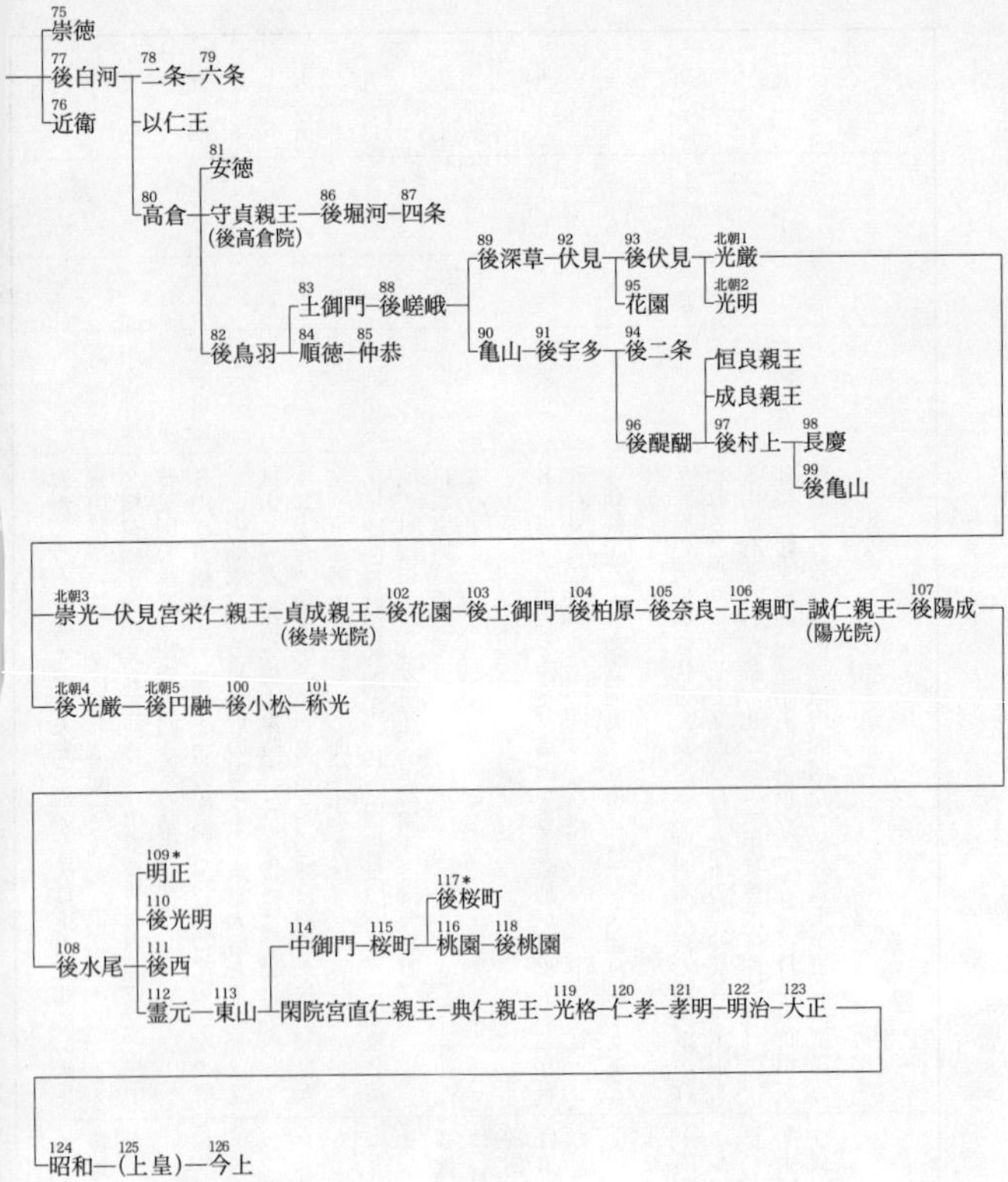

数字は『皇統譜』による代数。

＊は女帝を示す。なお、皇極・斉明、孝謙・称徳は重祚。

天皇系図

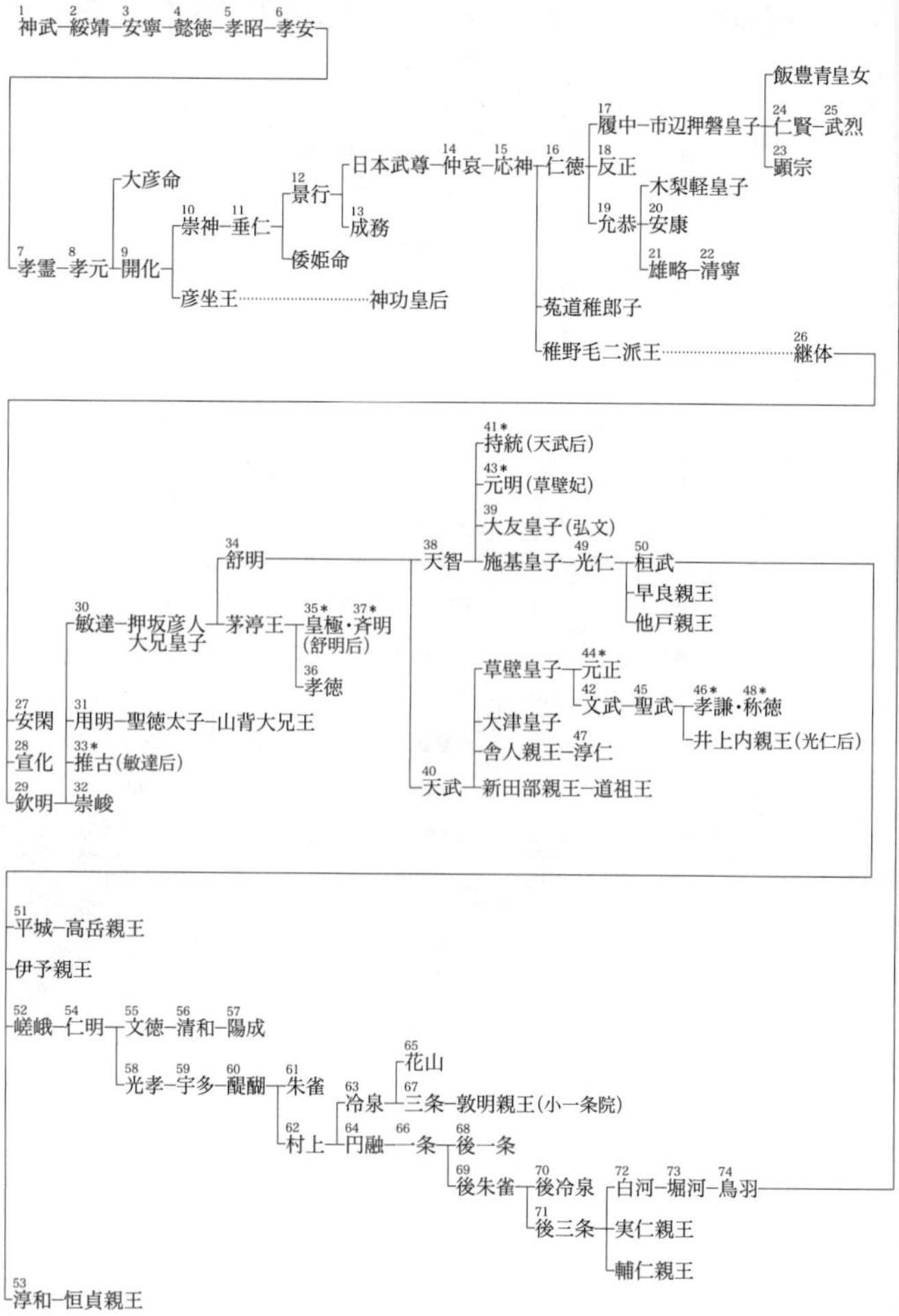

1 神武
2 綏靖
3 安寧
4 懿徳
5 孝昭
6 孝安
7 孝霊
8 孝元
9 開化
大彦命
10 崇神
11 垂仁
彦坐王
神功皇后
12 景行
倭姫命
日本武尊
13 成務
14 仲哀
15 応神
16 仁徳
菟道稚郎子
稚野毛二派王
17 履中
18 反正
19 允恭
市辺押磐皇子
飯豊青皇女
24 仁賢
25 武烈
23 顕宗
木梨軽皇子
20 安康
21 雄略
22 清寧
26 継体
27 安閑
28 宣化
29 欽明
30 敏達
押坂彦人大兄皇子
31 用明
聖徳太子
山背大兄王
33* 推古(敏達后)
32 崇峻
34 舒明
茅渟王
35* 皇極・37* 斉明(舒明后)
36 孝徳
38 天智
40 天武
41* 持統(天武后)
43* 元明(草壁妃)
39 大友皇子(弘文)
施基皇子
49 光仁
50 桓武
早良親王
他戸親王
草壁皇子
44* 元正
42 文武
45 聖武
46* 孝謙・48* 称徳
井上内親王(光仁后)
大津皇子
舎人親王
47 淳仁
新田部親王
道祖王
51 平城
高岳親王
伊予親王
52 嵯峨
54 仁明
55 文徳
56 清和
57 陽成
58 光孝
59 宇多
60 醍醐
61 朱雀
62 村上
63 冷泉
65 花山
67 三条
敦明親王(小一条院)
64 円融
66 一条
68 後一条
69 後朱雀
70 後冷泉
71 後三条
72 白河
73 堀河
74 鳥羽
実仁親王
輔仁親王
53 淳和
恒貞親王

代数	諡号・追号	名	父	母	在位期間
108	後水尾(ごみずのお)	政仁	後陽成	藤原前子	慶長16(1611) 3.27～寛永6(1629) 11.8
109	明正*(めいしょう)	興子	後水尾	源和子	寛永6(1629) 11.8～寛永20(1643) 10.3
110	後光明(ごこうみょう)	紹仁	後水尾	藤原光子	寛永20(1643) 10.3～承応3(1654) 9.20
111	後西(ごさい)	良仁	後水尾	藤原隆子	承応3(1654) 11.28～寛文3(1663) 1.26
112	霊元(れいげん)	識仁	後水尾	藤原国子	寛文3(1663) 1.26～貞享4(1687) 3.21
113	東山(ひがしやま)	朝仁	霊元	藤原宗子	貞享4(1687) 3.21～宝永6(1709) 6.21
114	中御門(なかみかど)	慶仁	東山	藤原賀子	宝永6(1709) 6.21～享保20(1735) 3.21
115	桜町(さくらまち)	昭仁	中御門	藤原尚子	享保20(1735) 3.21～延享4(1747) 5.2
116	桃園(ももぞの)	遐仁	桜町	藤原定子	延享4(1747) 5.2～宝暦12(1762) 7.12
117	後桜町*(ごさくらまち)	智子	桜町	藤原舎子	宝暦12(1762) 7.27～明和7(1770) 11.24
118	後桃園(ごももぞの)	英仁	桃園	藤原富子	明和7(1770) 11.24～安永8(1779) 10.29
119	光格(こうかく)	師仁・兼仁	典仁親王	大江磐代	安永8(1779) 11.25～文化14(1817) 3.22
120	仁孝(にんこう)	恵仁	光格	藤原婧子	文化14(1817) 3.22～弘化3(1846) 1.26
121	孝明(こうめい)	統仁	仁孝	藤原雅子	弘化3(1846) 2.13～慶応2(1866) 12.25
122	明治(めいじ)	睦仁	孝明	中山慶子	慶応3(1867) 1.9～明治45(1912) 7.30
123	大正(たいしょう)	嘉仁	明治	柳原愛子	明治45(1912)7.30～大正15(1926)12.25
124	昭和(しょうわ)	裕仁	大正	九条節子	大正15(1926) 12.25～昭和64(1989) 1.7
125	(上皇)	明仁	昭和	良子女王	昭和64(1989)1.7～平成31年(2019)4.30
126	(今上)	徳仁	明仁	正田美智子	令和1(2019)5.1～

代数	諡号・追号	名	父	母	在位期間
85	仲恭(ちゅうきょう)	懐成	順徳	藤原立子	承久3(1221) 4.20〜承久3(1221) 7.9
86	後堀河(ごほりかわ)	茂仁	守貞親王	藤原陳子	承久3(1221) 7.9〜貞永1(1232) 10.4
87	四条(しじょう)	秀仁	後堀河	藤原竴子	貞永1(1232) 10.4〜仁治3(1242) 1.9
88	後嵯峨(ごさが)	邦仁	土御門	源通子	仁治3(1242) 1.20〜寛元4(1246) 1.29
89	後深草(ごふかくさ)	久仁	後嵯峨	藤原姞子	寛元4(1246) 1.29〜正元1(1259) 11.26
90	亀山(かめやま)	恒仁	後嵯峨	藤原姞子	正元1(1259) 11.26〜文永11(1274) 1.26
91	後宇多(ごうだ)	世仁	亀山	藤原佶子	文永11(1274) 1.26〜弘安10(1287) 10.21
92	伏見(ふしみ)	熙仁	後深草	藤原愔子	弘安10(1287) 10.21〜永仁6(1298) 7.22
93	後伏見(ごふしみ)	胤仁	伏見	藤原経子	永仁6(1298) 7.22〜正安3(1301) 1.21
94	後二条(ごにじょう)	邦治	後宇多	源基子	正安3(1301) 1.21〜徳治3(1308) 8.25
95	花園(はなぞの)	富仁	伏見	藤原季子	徳治3(1308) 8.26〜文保2(1318) 2.26
96	後醍醐(ごだいご)	尊治	後宇多	藤原忠子	文保2(1318) 2.26〜延元4(1339) 8.15
97	後村上(ごむらかみ)	憲良・義良	後醍醐	藤原廉子	延元4(1339) 8.15〜正平23(1368) 3.11
98	長慶(ちょうけい)	寛成	後村上	藤原氏	正平23(1368) 3〜弘和3(1383) 10以後
99	後亀山(ごかめやま)	熙成	後村上	藤原氏	弘和3(1383) 10.27以後〜元中9(1392) 閏10.5
北朝	光厳(こうごん)	量仁	後伏見	藤原寧子	元徳3(1331) 9.20〜正慶2(1333) 5.25
	光明(こうみょう)	豊仁	後伏見	藤原寧子	建武3(1336) 8.15〜貞和4(1348) 10.27
	崇光(すこう)	益仁・興仁	光厳	藤原秀子	貞和4(1348) 10.27〜観応2(1351) 11.7
	後光厳(ごこうごん)	弥仁	光厳	藤原秀子	観応3(1352) 8.17〜応安4(1371) 3.23
	後円融(ごえんゆう)	緒仁	後光厳	紀仲子	応安4(1371) 3.23〜永徳2(1382) 4.11
100	後小松(ごこまつ)	幹仁	後円融	藤原厳子	永徳2(1382) 4.11〜応永19(1412) 8.29
101	称光(しょうこう)	躬仁・実仁	後小松	藤原資子	応永19(1412) 8.29〜正長1(1428) 7.20
102	後花園(ごはなぞの)	彦仁	貞成親王	源幸子	正長1(1428) 7.28〜寛正5(1464) 7.19
103	後土御門(ごつちみかど)	成仁	後花園	藤原信子	寛正5(1464) 7.19〜明応9(1500) 9.28
104	後柏原(ごかしわばら)	勝仁	後土御門	源朝子	明応9(1500) 10.25〜大永6(1526) 4.7
105	後奈良(ごなら)	知仁	後柏原	藤原藤子	大永6(1526) 4.29〜弘治3(1557) 9.5
106	正親町(おおぎまち)	方仁	後奈良	藤原栄子	弘治3(1557) 10.27〜天正14(1586) 11.7
107	後陽成(ごようぜい)	和仁・周仁	誠仁親王	藤原晴子	天正14(1586) 11.7〜慶長16(1611) 3.27

代数	諡号・追号	名	父	母	在位期間
57	陽成（ようぜい）	貞明	清和	藤原高子	貞観18(876) 11.29～元慶8(884) 2.4
58	光孝（こうこう）	時康	仁明	藤原沢子	元慶8(884) 2.4～仁和3(887) 8.26
59	宇多（うだ）	定省	光孝	班子女王	仁和3(887) 8.26～寛平9(897) 7.3
60	醍醐（だいご）	維城・敦仁	宇多	藤原胤子	寛平9(897) 7.3～延長8(930) 9.22
61	朱雀（すざく）	寛明	醍醐	藤原穏子	延長8(930) 9.22～天慶9(946) 4.20
62	村上（むらかみ）	成明	醍醐	藤原穏子	天慶9(946) 4.20～康保4(967) 5.25
63	冷泉（れいぜい）	憲平	村上	藤原安子	康保4(967) 5.25～安和2(969) 8.13
64	円融（えんゆう）	守平	村上	藤原安子	安和2(969) 8.13～永観2(984) 8.27
65	花山（かざん）	師貞	冷泉	藤原懐子	永観2(984) 8.27～寛和2(986) 6.23
66	一条（いちじょう）	懐仁	円融	藤原詮子	寛和2(986) 6.23～寛弘8(1011) 6.13
67	三条（さんじょう）	居貞	冷泉	藤原超子	寛弘8(1011) 6.13～長和5(1016) 1.29
68	後一条（ごいちじょう）	敦成	一条	藤原彰子	長和5(1016) 1.29～長元9(1036) 4.17
69	後朱雀（ごすざく）	敦良	一条	藤原彰子	長元9(1036) 4.17～寛徳2(1045) 1.16
70	後冷泉（ごれいぜい）	親仁	後朱雀	藤原嬉子	寛徳2(1045) 1.16～治暦4(1068) 4.19
71	後三条（ごさんじょう）	尊仁	後朱雀	禎子内親王	治暦4(1068) 4.19～延久4(1072) 12.8
72	白河（しらかわ）	貞仁	後三条	藤原茂子	延久4(1072) 12.8～応徳3(1086) 11.26
73	堀河（ほりかわ）	善仁	白河	藤原賢子	応徳3(1086) 11.26～嘉承2(1107) 7.19
74	鳥羽（とば）	宗仁	堀河	藤原苡子	嘉承2(1107) 7.19～保安4(1123) 1.28
75	崇徳（すとく）	顕仁	鳥羽	藤原璋子	保安4(1123) 1.28～永治1(1141) 12.7
76	近衛（このえ）	体仁	鳥羽	藤原得子	永治1(1141) 12.7～久寿2(1155) 7.23
77	後白河（ごしらかわ）	雅仁	鳥羽	藤原璋子	久寿2(1155) 7.24～保元3(1158) 8.11
78	二条（にじょう）	守仁	後白河	藤原懿子	保元3(1158) 8.11～永万1(1165) 6.25
79	六条（ろくじょう）	順仁	二条	伊岐氏	永万1(1165) 6.25～仁安3(1168) 2.19
80	高倉（たかくら）	憲仁	後白河	平滋子	仁安3(1168) 2.19～治承4(1180) 2.21
81	安徳（あんとく）	言仁	高倉	平徳子	治承4(1180) 2.21～寿永4(1185) 3.24
82	後鳥羽（ごとば）	尊成	高倉	藤原殖子	寿永2(1183) 8.20～建久9(1198) 1.11
83	土御門（つちみかど）	為仁	後鳥羽	源在子	建久9(1198) 1.11～承元4(1210) 11.25
84	順徳（じゅんとく）	守成	後鳥羽	藤原重子	承元4(1210) 11.25～承久3(1221) 4.20

歴代天皇表② 在位欄は文武、桓武〜昭和は践祚の年月日を起点とする ＊＝女帝

代数	諡号・追号	名	父	母	在位期間
29	欽明(きんめい)	(天国排開広庭)	継体	手白香皇女	宣化4(539) 12.5〜欽明32(571) 4.15
30	敏達(びだつ)	(渟中倉太珠敷)	欽明	石姫皇女	敏達1(572) 4.3〜敏達14(585) 8.15
31	用明(ようめい)	(橘豊日)	欽明	蘇我堅塩媛	敏達14(585) 9.5〜用明2(587) 4.9
32	崇峻(すしゅん)	泊瀬部	欽明	蘇我小姉君	用明2(587) 8.2〜崇峻5(592) 11.3
33	推古＊(すいこ)	額田部	欽明	蘇我堅塩媛	崇峻5(592) 12.8〜推古36(628) 3.7
34	舒明(じょめい)	田村	押坂彦人大兄皇子	糠手姫皇女	舒明1(629) 1.4〜舒明13(641) 10.9
35	皇極＊(こうぎょく)	宝	茅渟王	吉備姫王	皇極1(642) 1.15〜皇極4(645) 6.14
36	孝徳(こうとく)	軽	茅渟王	吉備姫王	皇極4(645) 6.14〜白雉5(654) 10.10
37	斉明＊(さいめい)	(皇極重祚)			斉明1(655) 1.3〜斉明7(661) 7.24
38	天智(てんじ)	葛城・中大兄	舒明	宝皇女(皇極)	天智7(668) 1.3〜天智10(671) 12.3
39	弘文(こうぶん)	伊賀・大友	天智	伊賀采女宅子娘	天智10(671) 12.5〜天武1(672) 7.23
40	天武(てんむ)	大海人	舒明	宝皇女(皇極)	天武2(673) 2.27〜朱鳥1(686) 9.9
41	持統＊(じとう)	鸕野讃良	天智	蘇我遠智娘	持統4(690) 1.1〜持統11(697) 8.1
42	文武(もんむ)	珂瑠	草壁皇子	阿閇皇女(元明)	文武1(697) 8.1〜慶雲4(707) 6.15
43	元明＊(げんめい)	阿閇	天智	蘇我姪娘	慶雲4(707) 7.17〜和銅8(715) 9.2
44	元正＊(げんしょう)	氷高・新家	草壁皇子	阿閇皇女(元明)	霊亀1(715) 9.2〜養老8(724) 2.4
45	聖武(しょうむ)	首	文武	藤原宮子	神亀1(724) 2.4〜天平勝宝1(749) 7.2
46	孝謙＊(こうけん)	阿倍	聖武	藤原安宿媛	天平勝宝1(749) 7.2〜天平宝字2(758) 8.1
47	淳仁(じゅんにん)	大炊	舎人親王	当麻山背	天平宝字2(758) 8.1〜天平宝字8(764) 10.9
48	称徳＊(しょうとく)	(孝謙重祚)			天平宝字8(764) 10.9〜神護景雲4(770) 8.4
49	光仁(こうにん)	白壁	施基親王	紀橡姫	宝亀1(770) 10.1〜天応1(781) 4.3
50	桓武(かんむ)	山部	光仁	高野新笠	天応1(781) 4.3〜延暦25(806) 3.17
51	平城(へいぜい)	小殿・安殿	桓武	藤原乙牟漏	延暦25(806) 3.17〜大同4(809) 4.1
52	嵯峨(さが)	神野	桓武	藤原乙牟漏	大同4(809) 4.1〜弘仁14(823) 4.16
53	淳和(じゅんな)	大伴	桓武	藤原旅子	弘仁14(823) 4.16〜天長10(833) 2.28
54	仁明(にんみょう)	正良	嵯峨	橘嘉智子	天長10(833) 2.28〜嘉祥3(850) 3.21
55	文徳(もんとく)	道康	仁明	藤原順子	嘉祥3(850) 3.21〜天安2(858) 8.27
56	清和(せいわ)	惟仁	文徳	藤原明子	天安2(858) 8.27〜貞観18(876) 11.29

歴代天皇表①

代数	漢風諡号	日本書紀	古事記	父	母
1	神武 (じんむ)	神日本磐余彦 (カムヤマトイハレヒコ)	神倭伊波礼毗古	鸕鷀草葺不合尊	玉依姫命
2	綏靖 (すいぜい)	神渟名川耳 (カムヌナカハミミ)	神沼河耳	神武	媛蹈韛五十鈴媛命
3	安寧 (あんねい)	磯城津彦玉手看 (シキツヒコタマテミ)	師木津日子玉手見	綏靖	五十鈴依媛命
4	懿徳 (いとく)	大日本彦耜友 (オホヤマトヒコスキトモ)	大倭日子鉏友	安寧	渟名底仲媛命
5	孝昭 (こうしょう)	観松彦香殖稲 (ミマツヒコカエシネ)	御真津日子訶恵志泥	懿徳	天豊津媛命
6	孝安 (こうあん)	日本足彦国押人 (ヤマトタラシヒコクニオシヒト)	大倭帯日子国押人	孝昭	世襲足媛
7	孝霊 (こうれい)	大日本根子彦太瓊 (オホヤマトネコヒコフトニ)	大倭根子日子賦斗邇	孝安	押媛
8	孝元 (こうげん)	大日本根子彦国牽 (オホヤマトネコヒコクニクル)	大倭根子日子国玖琉	孝霊	細媛命
9	開化 (かいか)	稚日本根子彦大日日 (ワカヤマトネコヒコオホヒヒ)	若倭根子日子大毗毗	孝元	鬱色謎命
10	崇神 (すじん)	御間城入彦五十瓊殖 (ミマキイリヒコイニヱ)	御真木入日子印恵	開化	伊香色謎命
11	垂仁 (すいにん)	活目入彦五十狭茅 (イクメイリヒコイサチ)	伊久米伊理毗古伊佐知	崇神	御間城姫
12	景行 (けいこう)	大足彦忍代別 (オホタラシヒコオシロワケ)	大帯日子淤斯呂和気	垂仁	日葉洲媛命
13	成務 (せいむ)	稚足彦 (ワカタラシヒコ)	若帯日子	景行	八坂入姫命
14	仲哀 (ちゅうあい)	足仲彦 (タラシナカツヒコ)	帯中日子	日本武尊	両道入姫命
15	応神 (おうじん)	誉田 (ホムタ)	品陀和気	仲哀	気長足姫尊
16	仁徳 (にんとく)	大鷦鷯 (オホサザキ)	大雀	応神	仲姫命
17	履中 (りちゅう)	去来穂別 (イザホワケ)	伊耶本和気	仁徳	磐之媛命
18	反正 (はんぜい)	瑞歯別 (ミツハワケ)	水歯別	仁徳	磐之媛命
19	允恭 (いんぎょう)	雄朝津間稚子宿禰 (チアサヅマワクゴノスクネ)	男浅津間若子宿禰	仁徳	磐之媛命
20	安康 (あんこう)	穴穂 (アナホ)	穴穂	允恭	忍坂大中姫命
21	雄略 (ゆうりゃく)	大泊瀬幼武 (オホハツセノワカタケル)	大長谷若建	允恭	忍坂大中姫命
22	清寧 (せいねい)	白髪武広国押稚日本根子 (シラカノタケヒロクニオシワカヤマトネコ)	白髪大倭根子	雄略	葛城韓媛
23	顕宗 (けんぞう)	弘計 (チケ)	袁祁之石巣別	市辺押磐皇子	荑媛
24	仁賢 (にんけん)	億計 (オケ)	意祁	市辺押磐皇子	荑媛
25	武烈 (ぶれつ)	小泊瀬稚鷦鷯 (チハツセノワカサザキ)	小長谷若雀	仁賢	春日大娘皇女
26	継体 (けいたい)	男大迹 (チホド)	袁本杼	彦主人王	振媛
27	安閑 (あんかん)	広国押武金日 (ヒロクニオシタケカナヒ)	広国押建金日	継体	目子媛
28	宣化 (せんか)	武小広国押盾 (タケチヒロクニオシタテ)	建小広国押楯	継体	目子媛

ら・わ行

ま行

や行

な行

は行

た行

さ行

か行

索 引

明治天皇、美子皇后、伊藤博文、元老、侍補など、本書全体にわたって頻出する語は省略した。

あ行

KODANSHA

本書の原本は、二〇一一年七月、小社より刊行されました。

西川　誠（にしかわ　まこと）

1962年生まれ。東京大学大学院人文科学研究科博士課程中退。現在，川村学園女子大学教授。専攻は日本近代政治史。主な共編著に『日本立憲政治の形成と変質』，共著に『明治天皇と政治家群像』『皇室事典』，論文に「大正後期皇室制度整備と宮内省」，また，『木戸孝允関係文書』の編纂にも携わる。

講談社学術文庫

定価はカバーに表示してあります。

天皇の歴史７
明治天皇《めいじてんのう》の大日本帝国《だいにっぽんていこく》
西川《にしかわ》 誠《まこと》

2018年６月11日　第１刷発行
2024年10月３日　第３刷発行

発行者　篠木和久
発行所　株式会社講談社
東京都文京区音羽 2-12-21 〒112-8001
電話　編集（03）5395-3512
販売（03）5395-5817
業務（03）5395-3615

装　幀　蟹江征治
印　刷　株式会社新藤慶昌堂
製　本　株式会社国宝社

ISBN978-4-06-511851-1

「講談社学術文庫」の刊行に当たって

　これは、学術をポケットに入れることをモットーとして生まれた文庫である。学術は少年の心を養い、成年の心を満たす。その学術がポケットにはいる形で、万人のものになることは、生涯教育をうたう現代の理想である。

　こうした考え方は、学術を巨大な城のように見る世間の常識に反するかもしれない。また、一部の人たちからは、学術の権威をおとすものと非難されるかもしれない。しかし、それはいずれも学術の新しい在り方を解しないものといわざるをえない。

　学術は、まず魔術への挑戦から始まった。やがて、いわゆる常識をつぎつぎに改めていった。学術の権威は、幾百年、幾千年にわたる、苦しい戦いの成果である。こうしてきずきあげられた城が、一見して近づきがたいものにうつるのは、そのためである。しかし、学術の権威を、その形の上だけで判断してはならない。その生成のあとをかえりみれば、その根は常に人々の生活の中にあった。学術が大きな力たりうるのはそのためであって、生活をはなれた学術は、どこにもない。

　開かれた社会といわれる現代にとって、これはまったく自明である。生活と学術との間に、もし距離があるとすれば、何をおいてもこれを埋めねばならない。もしこの距離が形の上の迷信からきているとすれば、その迷信をうち破らねばならぬ。

　学術文庫は、内外の迷信を打破し、学術のために新しい天地をひらく意図をもって生まれた。文庫という小さい形と、学術という壮大な城とが、完全に両立するためには、なおいくらかの時を必要とするであろう。しかし、学術をポケットにした社会が、人間の生活にとってより豊かな社会であることは、たしかである。そうした社会の実現のために、文庫の世界に新しいジャンルを加えることができれば幸いである。

一九七六年六月　　　　野間省一

2341

落合弘樹著

秩禄処分《ちつろくしょぶん》　明治維新と武家の解体

明治九年（一八七六）、ついに〈武士〉という身分が消滅した！　支配身分の特権はいかにして解消され、没落した士族たちは、この苦境にどう立ち向かっていったのか。維新期最大の改革はなぜ成功したかを問う。

電P

2376

山川三千子著（解説・原　武史）

女官　明治宮中出仕の記

明治四十二年、十八歳で宮中に出仕した華族・久世家の長女の回想記。「雀」と呼ばれた著者は、明治天皇夫妻の睦まじい様子に触れ、皇太子嘉仁の意外な振る舞いに戸惑う。明治宮中の闇をあぶりだす一級資料。

電P

2380

アルベール・ド・バッソンピエール著／磯見辰典訳

ベルギー大使の見た戦前日本　バッソンピエール回想録

関東大震災、大正の終焉と昭和天皇即位の大礼、満洲事変、相次ぐ要人へのテロ……。駐在して十八年、練達の外交官の目に極東の「日出ずる帝国」とその指導層はどう映じたのか。「戦前」を知る比類なき証言。

電P

2384

藤井讓治著

江戸開幕

幕府の基礎を固めた家康、秀忠、家光の徳川三代。外様大名対策、史上初の朝廷支配、キリシタン禁制と鎖国、老中制の確立……。二百六十余年にわたる太平を生み出した強固な体制の成立と構造を解明した名著。

電P

2446

タイモン・スクリーチ著／森下正昭訳（解説・田中優子）

江戸の大普請　徳川都市計画の詩学

徳川家は、千年の雅都・京に負けない町を作り出したかった。壮麗な日本橋は、経済の象徴「金座」、時を支配する「時の鐘」を従える。江戸の風景を再現し、その意図を解読する。格好の江戸散策手引書。

電P

2474

江坂輝彌《てるや》著（序文・サイモン・ケイナー）

日本の土偶

「土偶」は年代、地域により大きく違う。どこから来て、どのように変容したのか。三〇〇点以上の図版で一万年の歴史を立体的に解説。稲作が広がる前の列島の景色や縄文人の世界観を想起させる、伝説的名著。

電P

天皇と日本史を問い直す、新視点の画期的シリーズ

学術文庫版

天皇の歴史 全10巻

【編集委員】大津透　河内祥輔　藤井讓治　藤田覚

① **神話から歴史へ**
大津 透

② **聖武天皇と仏都平城京**
吉川真司

③ **天皇と摂政・関白**
佐々木恵介

④ **天皇と中世の武家**
河内祥輔・新田一郎

⑤ **天皇と天下人**
藤井讓治

⑥ **江戸時代の天皇**
藤田 覚

⑦ **明治天皇の大日本帝国**
西川 誠

⑧ **昭和天皇と戦争の世紀**
加藤陽子

⑨ **天皇と宗教**
小倉慈司・山口輝臣

⑩ **天皇と芸能**
渡部泰明・阿部泰郎・鈴木健一・松澤克行